中央高校基本科研业务费专项资金资助项目
Fundamental Research Funds for th

组织身份的多维建构

——以大学英语教学部为例

剑波 著

Multidimensional Construction of Organizational Identity

-Case Study on College English Teaching Department of A University

中国财经出版传媒集团
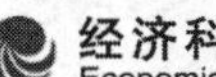
经济科学出版社
Economic Science Press

图书在版编目（CIP）数据

组织身份的多维建构：以大学英语教学部为例/温剑波著．
—北京：经济科学出版社，2018.6
ISBN 978－7－5141－9469－2

Ⅰ．①组…　Ⅱ．①温…　Ⅲ．①英语－教学研究－高等学校　Ⅳ．①H319.3

中国版本图书馆 CIP 数据核字（2018）第 141540 号

责任编辑：王　娟　张立莉
责任校对：杨　海
责任印制：邱　天

组织身份的多维建构
——以大学英语教学部为例
温剑波　著
经济科学出版社出版、发行　新华书店经销
社址：北京市海淀区阜成路甲 28 号　邮编：100142
总编部电话：010－88191217　发行部电话：010－88191522
网址：www.esp.com.cn
电子邮件：esp@esp.com.cn
天猫网店：经济科学出版社旗舰店
网址：http://jjkxcbs.tmall.com
北京季蜂印刷有限公司印装
710×1000　16 开　15.75 印张　270000 字
2018 年 8 月第 1 版　2018 年 8 月第 1 次印刷
ISBN 978－7－5141－9469－2　定价：59.00 元
（图书出现印装问题，本社负责调换。电话：010－88191510）

前　　言

高等教育领域中的管理体制改革以及市场化改革重塑着大学英语教学部（以下简称大英部）的组织身份。尤其是以效率为本的新管理主义对大英部有着全方位的深远影响，随着大学英语教学改革的推进，大英部正经历着身份的危机和重构。作为一名大学英语教师，笔者亲身感受并经历了大英部在新时期身份定位的模糊和发展的困惑。尤其近几年来，随着语言提供渠道的多元化，高等教育中市场化和管理主义的兴起，使得大英部原先光环隐藏下的缺点被无限放大：缺乏科研核心竞争力，难以获得科研经费的支持；大学英语教学的市场融入度偏低，其效率远远低于专业培训机构；大英教师职业发展处于瓶颈期和十字路口，面临职业发展方向的选择等问题，这些因素导致了大英部发展的困惑和地位的逐渐边缘化。选择大英部作为考察的对象，是作为科层制的院系在组织身份建构中处于核心地位，是连接高校与大学教师的桥梁，在推进教学改革、提升科研能力、完善社会服务等方面发挥着巨大作用①。选择大学英语教师作为考察对象，是想要了解语言教学和学习，我们必须了解语言教师；要了解教师，我们必须了解他们是谁：尤其了解他们赋予自己的或者被他人所赋予的职业、文化、政治和个体的身份认同②；而以组织身份作为分析的切入点，是因为组织身份作为大学的符号维度是一个极有意义的研究问题，因为它连接了大学的过去与未来，传统与现代。同时在一个高等教育传统价值面临重构的时代，组织身份还可以重塑大学中的价值和范式，尤其当大学处于变革中时，组织身份成为研究高等教育的重要概念和切入点③。

---

① 张洪峰．大学组织变革中的博弈分析．华东师范大学博士论文，2010：132.

② Varghese，M，Morgan，B，Johnston，B & Johnson，K A. Theorizing language teacher identity：Three perspectives and beyond. *Journal of Language*，*Identity and Education*，2005，4（1），21－44.

③ Stensaker B. Organizational identity as a concept for understanding university dynamics. *High Education*，2015（69）：103－115.

本书是对以上变革和问题的回应。以建构主义为理论基础，从组织文化分析的维度建立理论分析框架，以身份为概念工具，本书采用质性个案研究方法，选取某大学英语教学部为具体分析案例，以访谈为主要的资料收集方式，通过对大学英语教师的叙事和话语对大英部的身份建构进行分析，从而阐释了组织身份的建构过程，在此基础上，继而探究大英部在当前高等教育变革背景下如何重塑自我身份以满足高等教育变革的要求和不同利益群体的诉求。本书通过对组织身份的分析，一方面，关注组织变革的历程，了解组织对自我建构的意义理解；另一方面，考察大学英语教师的职业身份建构，从而能够透视组织变革中所蕴含的价值与意义，以及与宏观教育结构和社会环境之间的张力。

“建构”的内涵是对意义的理解和阐释，是一个过程并非一个完成品，“身份”的本质既是一个特征也是一个过程，因而身份可以被建构。身份作为一个概念研究工具，可以用来分析社会变革对院系组织和大学教师所带来的影响，由于“身份”的形成是内外部情景因素交互作用而在动态过程中建构形成的，因而可以凸显组织在不同维度所经历的复杂过程和承受的复杂影响。身份的建构需要一定的话语体系和情景因素，是在特定的历史和文化情境中通过话语和意义协商来完成的。在高等教育变革的背景下，大英部的身份建构发生着变化，其组织身份经历着危机、差异、分裂和整合不同维度的建构，但这并非完全是一个线性发展的状态，而是一个复杂的、动态的发展过程，呈现出多维性和螺旋发展的特征，组织身份的建构就是四个维度交替发展的过程。组织成员在面对情景变化时的意义阐释，最终形成了组织身份中“个体—情境”互动的身份建构和多维框架。在大英部组织身份的变革中，大学英语教师的职业身份建构是组织身份形成的重点，教师对于自我身份的解读以及对于组织的认知构成了组织身份建构的基础。进一步的研究发现，大英部身份危机的核心在于其身份合理性的问题，这一问题的产生是源于大英部与其过去的地位相比而产生的落差感，以及对自我未来发展中不确定性的担忧；大英部身份建构的过程充满了差异性，从而形成了不同的教师亚文化群体以及不同的发展变革理念；由于与客观世界之建构性特征相关的自我认知变得模糊不清，逐渐增加的焦虑感便会威胁到对自我身份认同的认知，① 从而导致教师在对于自我主体的选择上存在一定模糊性，模糊性和不确定性成为大英部身份分裂的

① 安东尼·吉登斯．夏璐译．现代性与自我认同，中国人民大学出版社，2016：42.

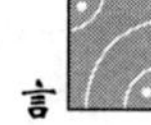

重要特征，并贯穿在大英部的变革和组织的叙事中。在危机、差异和分裂中，组织身份也得以整合，但这个过程并非一蹴而就，而是受制于各种因素的影响，使大英部在其身份整合中形成了新的身份标签。危机、差异、分裂和整合在组织四个维度的身份建构中所形成的压力、分力、张力和合力共同构成了大英部身份建构中的复杂性和多维性，并最终形塑了其组织身份。

大英部作为一个组织，不仅与周围环境存在冲突，自身也是一个充满冲突的系统。它有分化但没有瓦解，是因为组织内部存在各种整合的力量，将大学英语教师和各分化群体之间连接在一起。直面市场，适应变革，遵循效率，以学术英语为主，通用英语和通识英语为辅的学术团体构成了大英部身份建构的核心特征。对于大英部而言，其组织身份整合的本质在于对组织内的文化机制、市场机制和科层机制的整合和确认的过程，随着学术英语的引入和确认，在大英部未来的组织身份建构中可以形成三种不同的合力，一是可以确立大英部多元化的组织身份；二是可以整合“语言”教师和“专业”教师之间身份的冲突，建构合理的教师职业身份；三是为英语学科发展提供充足的理论依据，为建立大学外语教育语言学科身份奠定实践基础。

本书剖析了高等教育变革背景下大英部组织身份的建构维度和过程，回应了当前大英部面临的身份危机，呈现出多维身份建构和变化发展的特征，具有很强的时代特色和一定的本土理解。本书的研究对于进一步理解组织身份和职业身份以及促进大英部的改革和大学英语教师的职业发展具有很好的理论意义和实践意义。

由于笔者水平有限，书中难免存在纰漏和不足之处，恳请广大读者不吝赐教，以便进一步充实和完善。

目　　录

第一章

绪　论

市场化和新管理主义从全方位影响高等教育的变革，进而形塑了大学的组织结构和身份，大学在变革中逐渐向效率为导向的模式靠拢，从而具有市场化和新管理主义的文化特色。受内外部因素的影响，大学组织的结构变得更为复杂化。“身份”的内涵就是“个体—情景”的互动建构，“身份界定了组织、群体和个人”①，在这一背景下，身份成为研究高等教育变革的重要维度。尤其进入 21 世纪以来，很多学者采用“身份”概念作为研究工具来分析社会变革对大学和大学教师所带来的影响，并关注高等教育变革背景下院校的组织身份及其构建（Billiot，2010；Churchman，2006；Clegg，2008；Harris，2005；Jawitz，2009；MacDonald，2013；Nixon，1996；Winter，2009，2014；Stensaker，2015）。组织身份作为大学的符号维度是一个极有意义的研究问题，它连接了大学的过去与未来，传统与现代。同时在一个高等教育传统价值面临重构的时代，组织身份还可以强化大学中的价值和范式。尤其当大学处于变革中时，组织身份成为研究高等教育的重要概念和切入点②。它可以帮助大学管理者和教师认清作为组织“我们是谁”的问题③。在大学的变革过程中，院系在组织身份建构中处于核心地位，是连接高校与大学教师的桥梁，是大学变革的动力源泉所在④。高等教育的变革改变着大学与其他利益相关者如政府、市场、教师、学生的关系结构，影响着院系资金来源的方式、课程模式、治理方式、教师身份和发展目标等，冲击着院系中旧有的核心价值并重塑其新的

---

① Albert，S，Ashforth，B E，& Dutton，J E. Organizational identity and identification：Charting new waters and building new bridges. *The Academy of Management Review*，2000（25）：13 – 17.

② Stensaker B. Organizational identity as a concept for understanding university dynamics. *High Education*，2015（69）：103 – 115.

③ MacDonald，G P. Theorizing university identity development：multiple perspectives and common goals. *High Education*，2013（65）：153 – 166.

④ 张洪峰. 大学组织变革中的博弈分析. 华东师范大学博士论文，2010：132.

组织身份和职业身份。本书研究的问题正是对于以上变革的回应，即大英部如何在高等教育和教育市场变革的背景下建构其身份理解。将组织身份的理论应用于大学英语教学部（以下简称大英部）的研究是一个很好的尝试，也是前人未曾有的研究。本章主要分析研究的实践背景，在此基础上，提出组织身份的重要性和必要性，并提出初步的研究目的和研究问题，继而阐释本书在理论层面和实践层面的意义。

第一节　研究缘起

一、问题的关注

本书关注大英部的组织身份及其建构，以及组织身份与职业身份之间的关系问题，主要基于以下几个方面的考量：一是笔者本人就是大学英语教师（以下简称大英教师），亲身感受并经历大英部在高等教育变革时期身份定位的模糊和大英教师职业发展的困惑，希望本书能够为大英部的组织变革和教师的职业发展提供分析的视角，并提供组织发展的建议。二是新时代背景下，作为学科的大学英语以及作为职业的大英教师都面临着发展的瓶颈，如何正本清源，为两者未来的发展厘清思路，解决庞大的英语教师群体的职业出路也是需要认真思考的问题。三是在过去的几十年中，由于英语语言资源提供的稀缺性，大学中的大英部一度是最受欢迎的系部，享有很高的声誉、地位以及物质回报，而大英教师的地位也“水涨船高”，享有校内外的各类资源，但近几年随着语言提供的多元化，以及高等教育中市场化和管理主义的兴起，使得原先光环隐藏下的缺点被无限放大：缺乏科研核心竞争力，难以获得科研经费的支持；大学英语语言教学的市场融入度偏低，其效率远远低于专业培训机构；大英教师职业发展处于瓶颈期和十字路口，面临职业发展方向的选择等问题。这些因素导致了大英部地位的逐渐边缘化，成为提供基础教学服务的辅助机构，这一巨大的身份落差感为本书提供了绝好的素材和视角。四是对于单一的英语教师个体的研究，关注点过于狭小，不少文献有关于教师个体生命史的研究，这些研究仅仅局限在个体的身份建构和成长，并不能反映出当前大英部的整体生存状况，另外，对于大学本身的关注又难以触及到像大英部这样的

基础院系，往往忽略了对这一组织群体生存特征的考量，正如张洪峰指出的，作为科层制的院系在组织身份建构中处于核心地位，是连接高校与大学教师的桥梁，在推进教学改革、提升科研能力、完善社会服务等方面发挥着巨大作用[①]。因而大英部作为一个整体成为最好的研究对象。五是对于身份构建问题的研究也有源自对当前高等教育变革中教师职业身份建构的考察，组织身份的变革和教师职业身份的构建相互影响，互动交织。瓦吉斯等（Varghese et al.）指出，想要了解语言教学和学习，我们必须了解语言教师；要了解教师，我们必须了解他们是谁：尤其了解他们赋予自己的或者被他人所赋予的职业、文化、政治和个体的身份认同[②]。六是关于身份的研究是当前理论界关注的热点话题，对组织身份的研究也有来自理论的推动。何和布朗（He & Brown）也认为组织身份是研究组织以及组织与周围环境互动的核心议题。将组织身份的理论应用于大学英语教学部的研究是一个很好的尝试[③]。由此，本章将基于实践背景的梳理，明确研究目的并提出初步的研究问题，并进一步讨论研究的意义。

二、研究背景

（一）全球化与高等教育的国际化

在所有的组织中，大学或许是最容易受到全球化和国际化影响的组织机构[④]。全球化无疑是当今世界最为显著的时代标志，随着人员、知识、技术、资金跨国界流动的加剧，全球化的发展引发了高等教育的国际化，大学在不断朝着更深、更广的方向发展。国际化逐渐成为国家高等教育政策的一个重要维度和高等院校的一个核心战略议题[⑤]。具体到院校层面来看，国际化成为各国大学普遍的发展策略。大学国际化活动的水平、重要

① 张洪峰．大学组织变革中的博弈分析．华东师范大学博士论文，2010：132.

② Varghese，M，Morgan，B，Johnston，B，& Johnson，K A. Theorizing language teacher identity：Three perspectives and beyond. *Journal of Language，Identity，and Education*，2005，4（1）：21－44.

③ He，H and Brown，A D. Organizational identity and organizational identification：A review of the literature and suggestions for future research. *Group & Organization Management*，2013，38（1）：3－35.

④ Morrow，R A，Torres，C A. The state，globalization，and educational policy. N. C. Burbules，C. A. Torres（Eds.）. *Globalization and education：Critical perspectives.* London：Routledge，2000，pp. 27－56.

⑤ Van der Wende，Marijk C. Internationalization Policies about New Trends and Contrasting Paradigms. *Higher Education Policies*，2001，14（3）：249－259.

性与规模均与日俱增，国际化日益融入到高等院校的战略管理环节，出现了“国际化的主流化”①。20世纪后半叶，一些国家通过国际合作和交流强化高等教育国际化，从而提高本国高等教育的国际竞争力，高等教育国际化逐渐成为国家发展战略的重要组成部分。

中国的高等教育国际化始于20世纪90年代。进入21世纪后，尤其是加入WTO（世界贸易组织）后，我国政府加快了高等教育国际化改革的步伐，提出了加快高等教育发展，推进高等教育国际化的高等教育长期发展战略。2010年中共中央、国务院印发了《国家中长期教育改革和发展规划纲要（2010～2020）》，明确提出了以开放促发展，积极开展深层次、宽领域的教育交流合作的政策纲领，为全面、快速提高教育国际化水平，推进高校教育国际化改革进程，提供了充分的政策基础，也使得大学国际化发展获得了新的内涵。中国的大学正努力把国际化渗透到学校工作的方方面面，力图借鉴世界一流大学的办学理念、管理模式和运行机制、引进世界一流人才、面向世界开放办学等方式努力提高自身的国际化办学的效率、水平和层次。当今的高等教育国际化，不仅有一系列国际组织的推动，而且许多国家的政府和高等学校都有明确的指导思想，设立了专门的组织机构，并且制订了明确的发展战略和策略②。大学国际化直接关系到大学的国际竞争力和国际声誉，国际化成为众多大学建设一流大学的目标和手段。根据自身资源和发展特色制定本校的国际化发展战略已经成为许多高校的普遍选择，也成为许多大学的基本共识。国际化突破了人员的国际流动而逐渐延伸、渗透到大学的方方面面事务之中，尤其是进入大学的教学、科研、管理这些核心事务之中，高等教育的国际化涉及大学中所有人员的切身利益，关系到高校所有教学、科研、行政等各部门的设置和协同。无论是旨在国内高等教育活动中融入国际的和多文化的国内教育国际化，还是强调高等教育活动中师生跨国交流的国外教育国际化，都离不开高校教师的积极参与和院系以及各级职能部门的协同支持。国际化成为目前我国高等教育重要的转型标志，国际化对大学和院系的组织形式和发展提出了新的要求和挑战，尤其体现在英语的普及、具有国际化内容的课程开发、教师的国际交流、科研的国际化以及国际合作办学的兴起，这些无不影响着院系的改革和发展。

---

① Barbara M Kehm and Ulrich Teichler. Research on Internationalisation in Higher Education. *Journal of studies in international education*, 2007, 11 (3－4): 260－273.

② 陈学飞. 高等教育国际化：跨世纪的大趋势. 福州：福建教育出版社，2002：2－24.

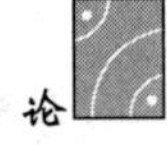

总之，全球化和国际化重塑了高等教育领域中关于市场、竞争与管理的新秩序，组织身份和职业身份的环境发生了根本性的变化，从而使得原本复杂的身份结构更加复杂。

（二）新管理主义在高等教育中的兴起

20 世纪 80 年代，随着新公共管理理论的兴起，在高等教育管理中，高校积极尝试借鉴、引入私营机构的管理模式和相关管理理论，推动了高等教育改革的机构运作方式的转型①。90 年代后，一些西方国家的政府试图摒弃僵化的官僚体制，为公共组织带来活力以提升政府绩效，这场改革被称为“政府再造运动”。新公共管理主义坚持以市场为中心，强调政府管理模式改革，主张限制、取消政府干预。基于该理论，一些西方国家充分发挥市场机制作用，积极引入私营机构的先进管理模式，大力推行公共部门变革，重视效率、效益、节约的原则，提出了以服务公众为导向，制衡分权为原则，绩效管理为准绳的重要管理理念。

在新管理主义思想的影响下，大学具有更多的自治管理权力，大学的日常运作中也以学生和市场为导向，这一导向的转移是新公共管理主义市场维度在高等教育改革中的体现，一方面，反映政府尝试让大学在社会经济建设上承担更多的责任，并提升服务质量和水平；另一方面，尝试鼓励大学在筹资方面积极引入市场竞争因素②。同时，在新管理主义影响下，大学管理人员的权力得到提高，很多国家都采取了加强大学管理执行人员权力的措施，其管理也进一步走向专业化，这表明大学的权力中心部分发生了转变，大学由不同功能的人员团体组成，如学术的、技术的、管理的。教师的学术自由权利却在一定程度上受到限制。同时，新公共管理主义理论下的高等教育改革逐渐呈现出关注市场，追求效益效率、体制重组，强调充分分权、注重绩效，重视办学质量等特点③。社会、经济和政治的变革使管理主义思想渗透到了大学的运作中去，使院系和教师对自我的学术任务和学术角色的意义理解产生了变化，并最终构建其组织身份和职业身份。

---

① Amaral, A, Magalhaes, A & Santiago, R A. The rise of academic managerialism in Portugal. In Alberto Amaral, Lynn Meek and Ingvild M. Larsen (eds). *The Higher Education Managerial Revolution*? [C]. Dordrecht: Kluwer Academic Publishers, 2003, pp. 101 – 123.

② 李跃进．西方国家高等教育新管理主义改革模式研究．兰州大学硕士毕业论文，2007：35.

③ 姜勇．新公共管理主义视野下高等教育改革的方向与挑战．高教探索，2011（1）：42 – 46.

（三）高等教育市场化

高等教育市场化强调市场机制的引导作用，将市场作为优化配置教育资源的有效方式，优化调节教育供需双方的市场行为，以达到市场供求均衡的状态。长期以来，作为国家公共领域的重要组成部分，高等教育始终接受国家的经费支持和行政管理。20 世纪 70 年代，随着高等教育由精英教育向大众教育转型，加之西方国家经济萧条，财政负担日趋沉重，各国政府纷纷削减教育经费投入，致使高等教育在资金紧缩的背景下艰难前行。80 年代，随着新公共管理主义思潮的兴起，一些西方国家积极尝试在公共领域引入市场机制，大力推行公共部门的市场化改革。这场来势汹汹的改革对西方国家的高等教育领域产生了深远影响，决定了其发展路径和方向。西方发达国家通过引入市场机制，开启了高等教育市场改革，强调教育市场化，重视与市场化关系密切的绩效评估①，强化了市场化特征在教学、科研、社会服务等环节的渗透和体现。并在践行过程中，出现了由内而外的市场化（旨在科研成果商业化落地，实现产学研协调发展）、由外而内的市场化（强调基于企业管理模式的教育机构重组设计）的两种发展路径②。

20 世纪 90 年代后期，我国高等教育领域借鉴西方国家经验，开始引入市场机制，推进高等教育市场化改革，建立与社会主义市场经济体制、政治体制和科技体制相适应的新教育体制。作为教育服务产品的关键生产要素，大学院系和基层教师在其机构设置、教学、科研环境、人事制度、绩效考核办法等方面都受到了市场化的巨大影响；而作为独立法人，大学逐步摆脱政府完全控制，按照市场规律，决定自身发展与运行。在教学层面上，师生建立了教育市场中的供需生产关系；在科研方面，科研成果由实验室和学校逐步走向市场，强调服务国家发展、社会经济建设，满足国家全球化竞争的知识需求；在师资方面，则注重优化教师学缘、地缘结构，实施评聘分离的聘任制，鼓励拓展师资引进渠道③。

高等教育中聘任制改革就是对市场中竞争因素的回应，通过“优胜劣汰”的市场规则来处理大学内部的人事关系。学术职业从以前的“铁饭

---

① Ball, S J. *Educational Reform and the Struggle for the Soul of the Teacher*. Education Policy Studies Series, No. 17. Hong Kong: Hong Kong Institute of Educational Research in CUHK, 1999, pp. 3 – 4.

② Taylor, S, Rizvi, F Lingard, B and Henry, M. *Educational policy and the politics of change*. London: Routledge, 1997, P. 89.

③ 孙冬梅，孙伦轩．论高等教育市场化对大学教师的影响．江苏高教，2011（2）：56 – 58.

碗”“大锅饭”将被“竞争上岗”所取代。这与市场化改革中“效率”优先的原则一致。由于聘任制改革是影响组织建构的重要因素，一方面，带来了积极的市场效率；另一方面，聘任制改革在户籍改革、福利保障、经费使用，以及配套制度等方面的不完善也成为制约改革的因素。

适应“适者生存”的市场原则后，高校的绩效指导方针越来越明确。大学的经费不仅仅依赖于有限的政府财政拨款，更多的是要从市场上寻找资金渠道，因而大学非常注重投入与产出的比例。市场化改变了组织和个体的关系结构，使教师从依附于大学组织的“单位人”成为契约关系下的“社会人”（周光礼和彭静雯，2007；陈志成，2001），教师具有了更多的独立性和自主性，尤其是教师具备了获取额外资源的重要渠道。同时市场化也改变了院系中的学术结构，尤其是在课程和专业设置方面，市场化的力量促使院系改革更贴近市场需求，能够“生产”高质量的毕业生以适应雇主的需求，课程以“市场为导向”，强调实用性和应用性，高等教育课程和专业设置更加多元化、社会化。因而高校要想培养出高素质的人才，提高社会声誉度，只能面向市场提供课程供给，并不断地对其进行调整，以满足学生的各种需求，从而最终在激烈的市场竞争中求得生存。

第二节 研究目的与问题的提出

一、研究目的

身份是一个相对较新的研究议题，最近十几年才在高等教育领域引起学者的关注和兴趣。身份是理解主观现实的关键因素，是组织主观情景中的重要组成部分。“我们是谁”的问题影响到“我们”的行为，影响到组织对于变革方向的选择，而组织内部教师职业身份的重要性即在于其与专业知识、专业实践的关系（Enyedy et al.，2006；Watson，2006；Barren，2008；Cheung，2008；Cohen，2008）。通过分析身份，既能够关注组织变革的历程，了解组织对自我建构的意义；同时还可以关注个体教师的身份建构，注意到他们所处的社会环境和制度结构，从而能够透视组织变革中所蕴含的价值，以及与宏观教育结构和社会环境之间的张力。因而对教育变革中身份的分析有助于我们更好地了解组织内的文化变迁和组织变革，探讨教师应对变革的态度与策略以及教师个人职业身份的形成与发展①，也有助于探索如何更好地支持组织的发展和变革②。因而身份为组织怎样行动、怎样理解组织成员的工作和在社会中的位置提供了参照框架。

组织身份是组织的最重要标志，是影响组织成员工作行为的重要因素。因而非常有必要了解大英教师是如何理解他们的组织身份和职业身份的，以及组织身份又是如何影响他们的教学、科研等工作，在这个过程中，教师的职业形塑又是如何塑造着组织的身份。大学作为组织，一般是由教师、院系和大学三层结构而组成，不同于其他组织，大学系统是由一些半自治或松散的次级系统构成，大学的任务和教师群体是根据不同的知识领域而分类的，大学的各院系也因教师研究领域的差异而分化（Gizir & Simsek，2005；Trow，1977），正是因为院系之间存在的差异才构成了大学内部不同院系组织身份的独特性。大学中所包含的学术职业文化、院系文化以及高等教育文化等都体现在大学的各院系中，所有这些因素构成了组织身份建构的情境因素。由此，大英部是由多种文化构成的，它本质上是动态变化的，它并非是一个同质化的组织机构。考虑到中国大学的特殊文化环境，以及当前大学的社会情景脉络，本书主要以“身份”为切入点，从教师本体出发采用质的研究方法来探索大英部组织的身份问题，洞察高等教育变革背景下其组织身份建构的过程，以及大英教师对于自我职业身份的认知，进而探求教师的职业身份和组织身份的关系，为大英部的变革和教师的职业发展提供一个新的研究视角和分析纬度。

二、研究问题的初步提出

组织身份是组织变革中的重要组成部分，并与组织形象和组织文化密切相关。组织身份的变化影响组织成员的身份和认同感，而组织成员的身份变化也会影响组织的变革和组织身份的变化。由于组织是非人格化的实体，组织本身并没有意义感知，组织本身的身份只有通过组织成

---

① Thomas L & Beauchamp C. Learning to Live Well as Teachers in a Changing World: Insights Into Developing a Professional Identity in Teacher Education. *The Journal of Educational Thought* (*JET*), 2008, 41 (3): 229 - 243.

② Coldron, J, & Smith, R. Active location in teachers' construction of their professional identities. *Curriculum Studies*, 1999, 31 (6): 711 - 726.

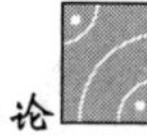

员的身份认知过程才能构建。由于个体身份的差异性和复杂性，因而组织身份的构建也是一个复杂的、动态的过程。组织成员之间相互协商，以及组织内部与外部不同利益群体的相互影响是组织身份构建的最重要因素。社会建构主义强调了身份建构中交互和协商的重要作用，尤其关注身份建构过程中的社会情境因素，为本书的分析提供了较强的理论支持。

在社会建构主义的原则框架下，基于霍尔（Hall）对于身份分析中的组织身份危机研究以及马丁对于组织文化的多维度分析框架（这一部分会在理论基础章节进行详细的论述），两者共同提供了具体的技术操作支持，本书初步提出了以下研究问题：在我国高校变革的宏观背景中，大英部是否存在着身份危机，如果有，在面临和处理这些危机的过程中，大英部的身份出现了怎样的结构变化和意义建构，大英部最终是否重构了其组织身份？

以上问题构成了本书的初步研究问题，而具体的研究问题则会在文献研究之后的设计部分进行详细地阐释。

第三节 研究意义

一、理论意义

首先，对大学中院系的研究可以拓宽对组织身份和个体身份的内涵和范畴的理解，通过组织身份为切入点对院系组织的研究可以丰富当前组织身份研究的广度和深度。纵观文献，对院系组织的实证研究很少，尤其是通过组织身份这一切入点的研究更少。依据社会同一性理论，身份认同对象可以是大团体（如国家），也可以局限于小规模团体（企业、学校、院系等）。当认同对象指向为个体所隶属的组织时（如教师所属的院系），则称为组织认同①。因此，作为社会认同的一种特殊形式，组织身份就是通过将整合后的组织同一性内容，嵌入个体的自我意识建构中，使其具有

① Riketta M. Organizational identification：A meta-analysis. *Journal of Vocational Behavior*，2005（66）：358－384.

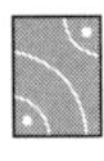

与组织同命运的知觉[①]。因而以身份为视角对院系的审视可以丰富组织身份理论的研究内容。

其次，本书对组织身份的研究采用了话语叙事视角和组织文化多维度的动态分析视角，两个视角的应用可以促进对于组织身份认识的深刻性和全面性，如何更好地结合这两个技术分析的手段“充分发挥两者的优点，从而能够实施全面地、细微地、深入地探究和探索”[②]，更好地理解组织身份，对组织身份的研究有深刻的启发意义。叙事方式的建构主义模式完美地切合了组织身份的特征，通过教师的叙事，能够展示出“有趣的、可读的故事，而且故事本身内容丰富并很有深度”[③]。叙事视角将组织身份看作社会和象征的建构，这与社会建构论视角下对组织身份的阐释相一致，即组织身份是一个动态的建构过程。而组织的多维度分析将组织身份放在一个更加宏观的、综合的分析情境中，从而对组织身份的研究从本质主义的静态观向更加宏观的动态视角发展。

最后，有助于充实国内对大英教师身份的理论研究，拓宽教师专业身份建构的研究范畴。对组织身份的研究离不开对组织内成员的研究，研究院系组织身份的主要关注点之一，也是研究教师个体的职业身份变化。随着国内外教师教育理论的发展，进入 21 世纪后，我国教育理论界也兴起了一股研究教师专业化的热潮，使教师专业发展成为教育研究领域的显性学科。尽管对教师发展和身份研究更多的是采用西方的研究范式，但近几年一些国内研究者也力图从不同的理论视角和研究旨趣，深入透视教师专业生活的多个方面。总体上看，这些研究相对集中在教师专业发展模式、教师的角色与职后教育等领域，缺乏对教师主观意识的研究。而身份视角正是对于这一研究不足的弥补，从而拓宽了对教师研究的理论深度。随着第二语言教学改革实践和理论研究的深入，教师的身份对于教学改革的顺利推进的现实意义愈发凸显。由于国内对第二语言教师的身份研究尚处于起步阶段，除了对西方文献进行综述、评介，本土性的研究还是相对缺乏。尽管国内外很多学者都运用了教师专业身份或职业身份，但并未凸

---

① Ashfonh B E, Mael F. Social identity theory and organization. *Academy of Management Review*, 1989, 14 (1): 20–39.

② Fairhurst, G T. *Discursive leadership: In conversation with leadership psychology*. CA: Sage, 2007, P. 184.

③ Gioia, D A. From individual to organizational identity. In Whetten, D., & Godfrey, P. C. (Eds), *Identity in organizations: Developing theory through conversations*. Thousand Oaks, CA: Sage, 1998, P. 28.

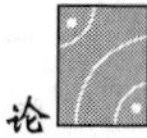

显出第二语言的特殊性和第二语言教师的维度。由于外语学科的特殊性，学者对大英教师更多的是一种理论思辨式的研究，而针对语言教师的叙事研究也是近几年才被研究者所重视。本书从身份的视角透视大英教师的理念和发展，并将身份视为一种分析工具，探讨在当前的大学英语变革中教师身份建构的复杂过程，因而对于教师职业发展具有重要的理论借鉴意义。

二、实践意义

首先，通过组织身份的研究可以了解当前大学中的基础教学部，大英部的生存状态。从文献的研究现状来看，对于大英部作为一个整体科层组织的研究很少，尤其是从身份这一视角出发做的研究更少，因而通过大英部的身份建构可以了解当前高等教育变革和教育市场变革背景下大英部的发展现状，为大英部的变革提供政策建议。

其次，本书有助于加深对本土语境下实践变革的认识。高等教育变革的实践已经深入到大学和院系的各个角落。“身份”是一个外来概念，其一开始就存在着本土适应性问题，从而凸显了身份的情境依赖性。而对“身份”的理解必须结合本体，因而也就不可避免地具有很强的历史和文化属性①。当前中国的高等教育所处的社会情境更是文化、社会、经济等各种力量彼此长期相互作用的结果。因此，不论是大学院系的身份还是教师的专业身份都承载着社会和历史轨迹。正是特定的社会情景环境塑造着院系和大英教师的专业身份，因此，西方话语对身份的界定是无法直接拿来用于本土环境中的，必须结合中国的社会实践来考察教师的身份构建，所以对大英部组织身份的研究具备了独特的本土蕴含和实践意义。通过组织身份的研究可以了解当前大学中基础教学部大英部的生存状态，因而研究其身份建构就显得有特别的实践意义。

最后，本书可丰富和深化对大学外语教育实践的认识。随着 21 世纪后外语教育政策成为我国学界的热点研究领域②，大学英语的学科地位和专业地位成为一个具有必要性和迫切性的课题。而所谓学科地位和专业地

---

① Day，C and Kington，A. Identity，well-being and effectiveness：the emotional contexts of teaching. *Pedagogy*，*Culture and Society*，2008，16（1）：7－23.

② 郝成森．我国外语教育政策研究的概况与前瞻．现代大学教育，2013（1）：57－64.

位的根本就在于学科和专业具有什么样的“身份”问题。长期以来，对大学英语的研究基本上集中于教学法的研究，而忽视了作为“自我”的研究，这才是影响英语教学实践的本质所在，而事实上，教师身份所具有的主体性和主动性发挥的程度，直接影响到教学实践和教学效果。因此，必须对当前大英教师的身份诉求问题予以高度重视，并及时进行解决。政府是政策的推行者，但无论是政策文本还是理论研究多持自上而下、挑战与应对的运思理路①，鲜有研究从组织和个人的视角和立场出发，来倾听教师对大学英语教育政策和改革的理解和感受。因此，关注高等教育改革中院系身份和教师的专业身份，了解他们的生存状态及其所经历的变化，了解他们是谁、应该是谁的认识②，从而能深刻理解在专业和社会情境中，大学教师对变革是如何反应的，又是如何成为变革的能动者，如何进行专业发展的。因此，本书可以为大学英语改革的实施、对大英教师教育的政策与实践提供一定的参照和借鉴。

三、研究创新

首先，多维视角的分析是对前人研究不足的补充。一方面，多维研究取向丰富了组织身份的研究，扩展了马丁的三维度分析在实践中的应用，使组织身份的建构呈现出过程性和多维性，由于三维度分析并没有给出一个最终的组织变革的结果，更多提供了不同的视角，在本书的研究中，将整合维度作为对组织身份建构的统一认识更符合实践逻辑。另一方面，在多维的分析中将本土概念放在组织结构的宏观研究中，并采用微观的叙事策略，这样就可以观照不同层面下不同利益群体的感受和影响，使组织身份的建构能够回应不同利益群体的诉求，这一研究策略可以将个体的身份研究同样可以用于对组织的较为宏观的架构研究中，这样就避免组织身份研究中的抽象和空洞。多维的分析可以使大学、市场、大英部、管理者、教师和学生等群体共同粘合在一起，从而构成了组织身份建构的情境因素。组织身份的形成不仅仅是微观的组织层面的独立构建，更是宏观层面的、社会系统下的宏观构建。“对于组织身份虽然有多维度的研究，然而

① 陶青. 新时期教育现代化三大关系的分析、批判与重建. 现代教育管理，2008（5）：8－10.

② Thomas，L & Beauchamp，C. Learning to Live Well as Teachers in a Changing World：Insights Into Developing a Professional Identity in Teacher Education. *The Journal of Educational Thought*（*JET*），2008，41（3）：229－243.

却缺乏交叉研究和综合研究"①。任一维度的研究都是对组织身份研究的较好切入，而综合的分析更是对于组织身份的研究提供了一个多维的分析维度。

其次，以组织身份作为研究的切入口，为大英部及其大英教师的研究开辟了一个广阔的空间。具体到大英部的研究，从身份的视角探寻大英部的变革和发展，并不是简单地用身份和组织的叠加。身份和身份的认同既是个人存在的基础，也是组织发展需要具备的根本属性。目前，国内外学者大多从大学英语学科定位、英语课程改革、英语教师职业发展等方面开展研究，这些研究对于大英部身份的确立都很有必要。但是从组织身份的视角对大英部各方面问题的追问并对组织身份的系统研究，目前看来还是鲜有涉足。所以，基于研究视域的转换，以组织身份作为研究的切入口，为大英部及其大英教师的研究开辟了一个广阔的空间。

最后，组织身份的研究中采用叙事方式，并从危机、差异、分裂和整合四个维度的叙事来分析组织身份的意义，是本书的另外一个创新之处。通常对于组织身份的研究更多是一种量化分析或关系研究或模型设计（李永鑫等，2009；王成城等，2009；杨杰，刘玲，2010；潘阳，2014；朱伏平，张宁俊，2010；朱伏平，2012），而基于对整个组织的质性叙事研究很少，既有的叙事研究也更多关注教师个体的生命史研究，缺乏对于整个组织的关注。因而本书的质性叙事研究可以弥补量化分析方面存在的不足，叙述视角可以使研究者认识到组织身份是一个多维的和关系的建构，可以打破传统的本质主义研究范式，既关注组织之所以为组织的核心特征以及组织成员对组织核心特征的理解和认知，又关注社会建构视角下教师是如何理解大英部的，是一种情感因素的叙事视角切入，符合身份的社会建构和象征建构。

---

① He，H and Brown，A D. Organizational identity and organizational identification：A review of the literature and suggestions for future research. *Group & Organization Management*，2013，38（1）：3－35.

第二章

文献研究

第一节　个体身份

一、身份概念辨析

（一）关于“身份”的翻译

身份用英语单词“identity”表示，同时还可以翻译成“认同”或“身份认同”，从词源上来看，“identity”来源于拉丁文，由词根 idem（same）构成，其英文含义包含“同一”“独特”两个层面，揭示了“相似”和“相异”两层关系，基本蕴意为主体在物质、特质、属性、状态等方面具有绝对或本质的同一性①。对于 identity 的解释，学者孟樊指出，认同英文为 identity，中文则应译为认同、身份、属性或同一性②。但鉴于 identity 具有状态、属性的同一性、同一主体的蕴意，加之，个体、组织的身份确定也来自认同，因此，identity 通常被译为“认同”③。基于认同概念的分析，戴维·莫利认为认同不是边界内的文化现实，而是个体、组织的差异构成了认同，其涉及排斥与包含的含义④。钱超英认为，对 identity

---

① James A H Murray，Henxy Bradley，W A Craighead C T Onions. eds. The Oxford English Dictionary，Vol. VII，0xford：C larendon Press，1989，P. 620.

② 孟樊. 后现代的认同政治，台北：扬智文化事业股份有限公司，2001：16.

③ 孟樊. 后现代的认同政治，台北：扬智文化事业股份有限公司，2001：17.

④ ［英］戴维·莫利. 认同的空间——全球媒介、电子世界景观和文化边界，司艳译，南京：南京大学出版社，2001：61.

的翻译反映了对身份和认同的疑虑。使用“认同”这个中文译词，给人一种“有求于外”或“向外求同”的印象。但“认同”，所体现出的是一个过程性和动态变化的过程，“身份”则是个体在认同过程中所形成的一种对自己从事某工作或作为人存在的意义感知。《辞海》对“身份”“认同”做出了解释，认为“身份”是指个体的地位出身和资格①。而“认同”则是指社交活动中，个体间的感情、经验或生活阅历等有意或无意的同化，最终形成共同想法②。认同常常在心理学研究中应用，但认同的含义超越了心理学研究通过实验、实证途径，描述了认同的应用场域；但无法深入解释其含义。认同的核心是个体的自我延伸，重视自我在群体内的归属，其本质不仅有心理蕴意，而且还包含群体的概念③。王娟认为“我是谁”“与他人的差异”“从属于某个特定群体”等属性的总和称为“身份”。在个体确认身份时，既要了解自己归属群体的特征，实现对内的自我统合，又要强调与自己的差异性，实现对外的他人区隔，这是一个“认同”的过程。因而，蒋欣欣认为，identity 的内涵存在纵向、横向两维度：纵向强调个体差异；横向则注重群体归一。若将身份译作“身份”，则是凸显差异性的体现；译作“认同”，则是强调自我统合的内涵④。

（二）“三位一体”的内涵

“三位一体”来自神学概念，通常比喻的是三个方面连成的密不可分的整体。“identity”也具有这一属性，不论是“身份”“认同”抑或“身份认同”，其本质上指的是同一个概念整体，即“identity”，身份。因而使 identity 成为一个复杂的概念，身份认同在当代适用范围十分广泛，既可以用于个人认同、地域认同，也可以用于国家认同⑤。韦伯（Weber）认为，作为一种地位、资格的表征，身份可以视作基于生活阅历、教育经历、社会声望（出身、职业层面的声望），所得到的肯定或否定的权力。他进一步阐释：身份建立在以下基础之上：一是生活方式；二是教育过程，包括实际经验和理性的训练以及对应的生活方式；三是因出身或因职

① 辞海 5. 上海：上海辞书出版社，1999：1152.
② 辞海 1. 上海：上海辞书出版社，1999：947.
③ 梁丽萍．中国人的宗教心理．北京：社会科学文献出版社，2004：12.
④ 蒋欣欣．西方女性主义理论中的“身份/认同”．文艺理论与批评，2006（1）：97－102.
⑤ Joseph E D. *Identity and Social Change*. Transaction Publishers，2000，P. 53.

业而获得的声望[①]。与“身份”注重人际关系的含义不同，“认同”偏重追求、确认的内涵，决定了人们解读、认知世界的方式选择[②]。身份的获得是一个社会过程，而涂尔干则提出集体意识、共同意识的观点，认为身份认同是社会个体所普适具有的信仰、感情综合，其建构了个体的生活体系[③]。故“身份认同”是对一种地位、资格的主动追求和确认。利科（Ricour）也将身份划分为作为共性的身份（identity as samenes）和作为自我的身份（identity as selfhood）[④]。身份的这两个向度也不是彼此毫不相干，而是相互渗透、交互作用。两者的区别只是对差异和类型的不同强调。因而学者对身份的研究基本上是围绕着同一性和差异性这两个方面进行研究，认同既包含了“个体的差异”，又强调“群体的同一”，是社会自我与个体自我的有机整合[⑤]。具体而言，个人身份是指个体对自我统合意识，强调与他人的差异性；而社会身份则是个体对自身归属于某一社会群体、社会类别的集体意识，强调群内相似性，强化群际差异性。因而身份由“两种不同的变量所形塑，两者同时起作用，一方面是相似性和持续性；另一方面是差异性和分裂性”[⑥]。

身份是一种关系的、互动的存在。布切奥茨和霍尔（Bucholtz & Hall）将其定义为“对自我和他人的社会定位（positioning）”，他们进一步解释道，“身份认同是在互动的话语语境中所形成的而非存在于固定社会类别或单一个体形态（individual pshyche）的静态结构中”[⑦]，因而身份认同是一种关系的存在。诺顿（Norton）认为，认同是人们如何理解个体与世界的关系，这种关系是如何建构的以及人们如何理解个体未来的可能性[⑧]。他强调个体的认同是随着社会和经济环境的变化而变化，认同是一个持续发展的过程，通过意义符号（significant symbols）在社会文化环境中进行持续地交际和协商。因此，认同不是一个静止的实体，不是人们所具有

---

① 马克斯·韦伯．韦伯论大学．南京：江苏人民出版社，2006：90－102.

② Brown T MeNamara O. *Becoming a Mathematics Teacher*: *Identity and Identifications.* New York: Springer. 2011, P. 47.

③ 涂尔干．社会分工论，渠东译，北京：生活·读书·新知三联书店，2000：32.

④ Ricoeur, P. *Oneself as another* (K. Blamey, Trans.). Chicago: University of Chicago Press, 1992.

⑤ 李茂森．教师的身份认同研究及其启示．全球教育展望，2009，38（3）：86－90.

⑥ Hall, S. Cultural identity and diaspora. In J. Rutherford (Ed.), *Identity*: *community*, *culture*, *difference* (pp. 222－237). London: Lawrence and Wishart, 1990, P. 225.

⑦ Bucholtz & Hall. Identity and interaction: a sociocultural linguistic approach. *Discourse Studies*, 2005, 7 (4－5): 585－614.

⑧ Norton, B. *Identity and Language Learning*: *Gender*, *Ethnicity*, *and Educational Change.* Harlow, English: Longman, 2000, P. 5.

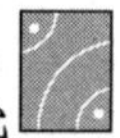

的，而是人们正在使用、证明和解释个人与他人与环境关系动态的变化过程。把认同等同于关于个体的故事，是关于个体具体的、有意义的和可复述的故事，因此它是动态性的①。钱超英认为，认同与差异相对而相关，是为人和他所生存的世界作为文化环境（即“文化历史设定”）之间的被意识到的联系。利用这种联系，个体可回答“我曾经是谁、现在是谁”“我为什么如此生活”的问题，得以做出关于其生活意义的解释，使自我和变化着的环境的有效联系得以重建。

（三）身份与角色辨析

在社会学中，身份与角色（role）在概念上尽管有一些交叉，但其内涵仍完全不同。角色最初来源于戏剧，后来角色成为社会学理论中的一个重要概念，角色是社会分工的结构化结果，是指个体在社会中所处的地位。角色不蕴涵地位高低的语义，更关注自身及其所属群体对该地位的心理期望、行为预期。它强调对特殊地位或社会位置的期望，也分析这些期望在行为层面达成的效果②。身份既有区分角色的语义，又有体现社会地位高低的内涵。因此，身份是结构性、建构性的统一，结构表现了某一群体在整个社会结构中的阶层地位；建构则表现在其是一种人为的价值假设，使得行动者的实践带有某种被强制性或自我强制性的内容，认同的内涵是通过价值的正当性即“合体统”与非正当性即“有失体统”之间的差异体现出来③。一般认为，角色是个体因占据一定的社会位置而产生的行为模式。社会角色是指与个体社会地位、身份相称的权力、义务和行为模式，反映了个体所处社会地位的行为预期，是建构社会组织的重要基础。

角色定位主要取决于他人的期望、界定，不是“自我”④，而与角色不同，身份的确认，则不仅需要社会组织协商，且更需要个体的组织认同⑤，角色是他人的期望和界定，但是，身份除了是社会协商的历程，更需要当事者的认同。如教师角色是指社会各界对人民教师这一职业群体的一种心理的期待、行为的约束规范，而教师身份是指每个教师的意义来源

① Sfard, A & Prusak A. Telling identities: In search of an analytic tool for investigating learning as a culturally shaped activity. *Educational Researcher*, 2005, 34 (4): 14－22.

② 余宏亮．教师作为知识分子的角色重构研究．西南大学博士学位论文，2004：18.

③ 阎光才．我国学术职业环境的现状与问题分析．高等教育研究，2011（11）：1－9.

④ ［英］齐格蒙特·鲍曼著．张成岗译．后现代伦理学．南京：江苏人民出版社，2003：22.

⑤ 周淑卿．课程发展与教师专业．台北：九州出版社，2006：84.

和社会地位建构①。角色认同是指基于人们对社会中各角色的行为标准的共识，特定角色的个体按照对应行为标准行事。比如，同一男性，在不同的时空环境下，兼任父亲、丈夫和教师的角色，在家中、单位要分别按照父亲、丈夫以及教师的社会行为标准开展活动，在态度、意识上也要接受这些角色要求的标准，才能实现所兼任的三种角色的认同②。

（四）身份在本书的内涵

将“identity”理解为认同，所体现出的是一个过程性和动态变化的过程，因而英文表达以动词“identify”或动名词“identification”更为贴切。国内文献将 professional identity 翻译为“职业认同”，通常意义上是一个心理学意义上的概念，职业认同是个体模仿、内化他人或组织的价值、规范，并形成自己行为模式的心理过程，是建立组织内人际关系的最初形式③。心理学上的认同通常是以量表测量的形式来研究教师认同度的高低以及相关性或者模型建构（高艳等，2011；朱伏平，2012；潘杨，2014），是心理学意义上的认同，而近几年，随着建构主义的兴起，以及叙事理论在身份和发展中的应用，学者们更多地将 identity 翻译为“身份”，强调的是身份的内涵，比如组织和个体如何构建其身份，影响组织和个体身份建构的因素是什么。尤其是身份研究的引领者之一——香港中文大学推出的一系列关于身份研究的研究论文，均采用的是教师的“专业身份”和大学的“身份”等术语（罗云，2006；卢乃桂，2009；叶菊艳，2011；张银霞，2013；许家岭，2013）。综上所述，将“identity”理解为身份更符合本书的语境，它包含两层含义，第一，是社会身份，从理论意义来讲，身份是社会研究的基本单位④。它强调个体所处的文化认可的社会空间位置的标识或地位等级，是组织和个人在社会中的类别标识。“是社会赋予个人、与职业及其他社会角色相联系，表明人的社会地位的类别标志”⑤，这层意义上的身份也可以称之为制度性身份。“是人们基于对特定社会制度的认可而产生的一种归属感，表现为对该制度发自内心的信任与价值肯

---

① 王娟．课程改革中教师身份认同研究．西北师范大学硕士学位论文，2012：6.

② 李素华．对认同概念的理论述评．兰州学刊，2005（4）：201－203.

③ 梁朋萍．中国人的宗教心理．北京：社会科学文献出版社，2004：12.

④ David. L. *Sills Editor*, *International Encyclopedia of the Social Sciences*, Volum 15, Copyright (c) 1968. Crowell Collier and Macmmillan. INC, 1968, P. 250.

⑤ 孙立平．“关系”、社会关系和社会结构．社会学研究，1996（5）：20－30.

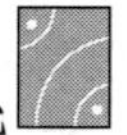

定以及在行动上的遵从与维护"[①]。即个体和组织能够认可组织所具有的核心的特征以及在社会中的地位标识，是一种互动的和动态的存在。第二，是个体意义上的身份"identity"，强调个体的区分和认同，是一个个体所有的关于他这种人是其所是的意识，对于教师而言，就是关系"我是谁""我如何看待自己"的问题（Billiot，2010；Geijsel & Meijers，2005；Henkel，2000）。因而，身份的本质不仅是个体心理层面的，更多的是群体层面，个体是群体的一部分，群体是个体的延伸，身份是一种社会互动，这才是身份的核心所在。对组织而言是从"我是谁""我如何看待自己"到"我们是谁""我们如何看待自己"的延伸。

二、身份的特征

随着学界对身份的研究逐步从本质主义的静态观向社会建构主义和后结构主义方向的转变，身份的特征也从静态特征向动态、多元特征转变。迪拉伯（Dillabough）认为，身份是动态的，是通过个体在各种社会工作、生活环境中实践、阅历、经验的积累，以及人际关系的不断深化，逐步发展形成的[②]，因而身份认同的特征是多元的、相互的、动态的、处于权力关系之中并且是协商的。安德森和陈（Anderson & Chen）则认为，身份不是以自我为中心预设、固定的，而是多态、共存的，是按照组织的共同约束规则，在人际间交互过程中，在各种社会情境下建构的。姚大力也认同这种共存的观点，认为认同既可以从心理学、语言学角度，对其意义进行解读，也可以从现实中国家政治、社会文化甚至心理现象的角度去辨识[③]。

杨筱梳理了认同的内容，总结了其特点，认为：认同是复杂的社会情境下建构的结果；制度的变迁会影响政治文化的认同建构；解读认同需结合认同问题所处的复杂场域，因此，认同具有社会性、共存性、可塑性三大特点[④]。从个体角度来看，身份是人际间权力关系的产物；而从公共领域角度，认同则仅体现了群体或组织间的权力格局。因此，身份是动态变

① 吴英姿．论司法认同：危机与重建．中国法学，2016（3）：186－206.

② Dillabough，Jo－Anne. Gender Politics and Conceptions of the Modern Teacher：Women，Identity and Professionalism. *British Journal of Sociology of education*，1999（20）：373－394.

③ 复旦大学历史系、复旦大学中外现代化进程研究中心编，近代中国的国家形象与国家认同，上海古籍出版社，2003：120.

④ 杨筱．认同与国际关系：一种文化理论，社科院博士论文，2000：32.

化的，反映了一种权力平衡关系。身份的认同包含自我认同和他人或社会的认同（集体记忆）。李素华对杨筱总结的认同特点，进行了拓展，认为认同是基于社会情境的各种客观条件，个体自身意识作用的结果①。基于教育学、社会学、心理学等学科的理论方法，国内外对身份层次进行了解析。社会学家汉斯·摩尔认为身份具有个人、社会两个不同层次。在个人层次方面，身份是个人在复杂社会情景中的定位，是个人对外在环境做出积极防御的基石；而在社会层面，身份则是普世性的规范、信仰、价值的综合，为个体抗争外在环境对其威胁提供精神支柱。英国心理学家贝特·汉莱密则提出了身份的三层次展开的路径，即群体身份→社会身份→自我认同，认为基于某种认同，获得群体归属，融合、继承信仰系统，并通过群际交互，参与社会，得到社会认同感，从而形成对自我认同的内在动力，激励个人的自我参与行为②。

三、身份视角下的个体与组织

身份是用来界定个人和组织关系的重要研究视角。早期的身份研究主要集中于对个体的研究和自我的认识，是一个持续地对过去、现在、未来的“我是谁”的追问（Billiot，2010；Geijsel & Meijers，2005；Henkel，2000）。随着研究的深入，研究者开始关注群体和组织的身份。早期的研究，比如埃里克森（Erickson）认为，身份不但可以影响我们对自我的看法和以及自我与别人的区别，而且身份可以帮助个体之间创造一种团队精神。而真正意义上将身份扩展到组织的研究始于艾伯特和惠顿（Albert & Whetten）的研究，组织身份是组织中最中心、显著、持久的特征。组织身份被认为是集体的产物，是由组织成员共同分享和定义的“作为组织我们是谁”的集合。在组织研究中，个人身份和组织身份两个概念之间相互关联。组织是由个体组成的，满足人们的最基本的社会归属感，自尊、自控和有意义的生活的需求。一方面，个人按照协同一致相互作用而形成组织，个人是组织的基础和实际载体；另一方面，组织人又都具有自己的独立性和能动性，彼此存在。组织中各种各样的管理关系就是这一基本问题而展开的③。这些传统的关系在新的社会情景背景下又会有新的表

---

① 李素华．对认同概念的理论述评．兰州学刊，2005（4）：201－203.

② 梁丽萍．中国人的宗教心理．社会科学文献出版社，2004：14－17.

③ 宫鸣．管理哲学．上海：东方出版中心，1993：73.

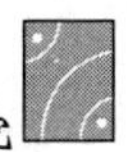

现形式。目前，个人和组织的关系研究主要集中在超组织、组织、个体三个层面。超组织层面，多关注组织与所处环境的关系；组织层面，则偏重组织内部结构、权力关系、文化等研究；个体层面则从心理视角，解析个体的心理期待、满足感、行为等[①]。在组织内部不论是个体的行为动机还是组织本身的行动能力都是建立在组织对自我存在的意识之上。“当一群人依据共同的想法和信念将群体组织在一起，并因此提高做事效率时，‘组织’便开始形成；而当组织成员意识到自己或者群体是组织的一部分时，‘自我的身份’也应运而生”[②]。身份是维系个人与组织关系的关键纽带，是解读上述关系的重要视角。因此，确认组织身份是个体实现组织关联，组织寻求发展的基石。身份可以用来解释和预测个人在组织中的行为和态度，“可以帮助个体如何了解自己以及自己在这个世界的存在方式”[③]。“个体身份和组织身份是固有的联系在一起，构成个体身份的因素在组织中是变化的，以一种整合的行为增加或减少”[④]。弄清组织身份的内涵，就要回答“我们是谁”“我们在做什么”，以及“我们将来成为什么”等问题。组织成员对身份问题的回答会影响他们的判断以及对于组织的认同。组织身份为个体行为提供了核心视角，从而对组织的行为赋予了阐释和生成的意义，进而会影响个体在组织中的行为方式（Dutton & Dukerich，1991；Elsbach & Kramer，1996）。因而个体身份和组织身份的关系是互补的关系，组织身份会影响个体的行为选择，而个体行为也能够带来组织身份的变化。通过这种互动的双向关系，个体可以改变组织的身份，同时也会被组织身份所塑造（Pratt & Foreman，2000；Huemer et al.，2004；Empson，2004 Jordan，2009）。组织作为重要的社会群体，可以帮助个体实现自我身份的构建，并将群体特征赋予各个体，以组织中各层级单位和群体为个体身份的载体。对不同工作的认同、对不同专业群体的认同构成了个体的职业认同（Mael & Ashforth，1992；van Dick，2001）。霍格和特里（Hogg & Terry）认为，组织身份的重要性远超越个体的群体类别（比如性别、年龄、种族和民族等）。对于个体来说，获得组织的认同，

① 邱泽奇．在工业化和网络化的背后——组织理论的发展和困境．社会学研究，2009（4）：3－27.

② Ashforth，B E & Mael，F. Social Identity Theory and the Organization. *The Academy of Management Review*，1989，14（1）：20－39.

③ Sue Clegg. Academic identities under threat?. *British Educational Research Journal*，2008，34（3）：329－345.

④ Jordan，C G. *Rethinking inculsion：case studies of identity，integration，and power in professional knowledge work organizations*，Case Western Researve Univeristy，2009，P. 51.

有助于提高自身价值认可度、自尊感、归属感。“对组织的认同为组织的行为和态度提供了行动逻辑的基础”，“对组织的认同为组织的正常运转带来潜在的积极影响”①。强烈的组织身份认同感可以促使个体站在组织的视角来审视问题，个人行动也以组织的最大利益化为导向。通过组织认同，个体不仅可以通过与他人的差异性比较，强化个体意识作用和成就感知，而且借助于组织内成员的交互，对自我重塑。因此，组织认同是个体实现自我意识作用、态度纠偏、行为规范的基础②。个体对组织的认同可以使组织成员产生强烈的依附感、更强的工作动力和更积极的工作参与度，最终促进组织的良性发展和组织变革的成功（Dutton et al.，1994；Harris & Cameron，2005）。个人与组织之间的联结关系可以被视为个人对组织的心理依附，这种心理依附分为顺从、认同和内化三个层次。其中，认同是指个体接受组织的信仰系统，对组织价值观的认可、归属感的心理满足状态③。由于组织内不同个体对于身份的阐释不尽相同，探究身份的过程亦即聆听个体的声音并呈现其所在组织中所经历的意义协商张力的过程。“任何形式的身份都是个体自我寻求更大组织身份过程的一部分（我作为我们的一部分而存在）”④。组织身份是作为“我们”的形象而存在。个体身份是在个体与组织环境的互动中构建的，个体的多重角色及群体归属赋予了个体身份的独特性，组织身份建构的过程正是组织内个体化社会角色塑造和群体归属的过程。组织可以为个人或群体提供社会和物理的基础，能够把不同的群体聚合在一起，从而能够完成个体或群体无法单独完成的目标。由于组织中个体身份的差异性，从而导致组织身份本身也是变化的和多面的。

对于组织内不同的身份，布莱克等（Blake E. et al.）认为，身份在组织层面的研究基本上是集中于单一层次的研究，尤其是个体、群体或者某一组织，而缺乏对组织内身份系统考察和研究。“对某单一层次的身份研究使其忽略了对不同层次身份的互动机制研究”⑤，因而，首先通过对身

---

① Knippenberg，D V & Schie，E C M V. Foci and correlates of organizational identification，*Journal of Occupational and Organizational Psychology*，2000，73（2）：137－147.

② 王彦斌．西方组织认同感理论研究综述．思想战线，2006（6）：1－6.

③ O'Reilly，C A，Chatman，C，& Caldwell，D F. People and Organizational Culture：A profile comparison approach to assessing person-organizational fit. *Academy of Management Journal*，1991，34（3）：487－516.

④ Rousseau，D M. Why Workers Still Identify with Organizations. *Journal of Organizational Behavior*，1998（79）：217－229.

⑤ Ashforth，B E，Kristie，M R，Kevin，G. Corley. AIdentity in Organizations：Exploring Cross－Level Dynamics. *Organization Science*，2011（5）：1144－1156.

份的过程研究，得出不同层次的身份是如何相互联系、相互影响和相互制约的，对于群体身份而言，通过互动，“主体内部”的理解“intrasubjective understanding”会促进不同“主体间”的理解“intersubjective”的理解，最终形成超越个体的集体意识，即普通主体（Generic Subjective），“它”的理解，即对组织本身的理解。另外，从各身份的内容来看，由于组织内部目标的一致性，因而不同层次的身份具有同构性（isomorphic）的特征，但同构性又会受到各种因素的限制，因此，身份在一定程度上最终趋向于差异分化（differentiated）。各层次的关系如图 2－1 所示。

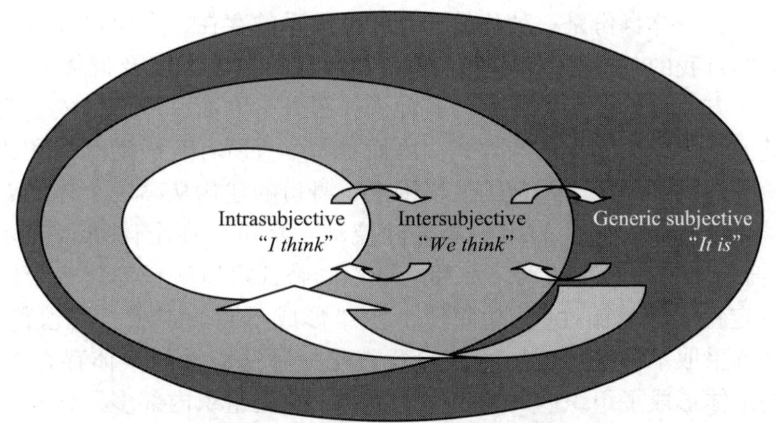

图 2－1　身份的建构：层次分析（个体、群体与组织之间的互动关系图）

资料来源：Ashforth，B E，Rogers，K M，Kevin G Corley A. Identity in Organizations：Exploring Cross－Level Dynamics. *Organization Science*，2011（5）：1146.

个体对身份的认知（“我认为”）促进了共同认知的出现（“我们认为”），从而超越了个体而最终造就了制度性事实（“组织是谁”）。在社会理论中，个体和集体（主体间）之间的过程经常被忽略，因而，造成对集体身份的关注也较少。但个体身份不是凭空形成集体身份的，而是个体身份与其他身份互动最终形成了超越个体本身（extra-individual）的身份。这些超越个体的“我们感”（we-ness）是由集体成员共同形成的，最终形成集体身份。实际上，个体身份本身并非直接形成集体身份，而是构成社会互动的基础，满足集体需求，最终形成作为集体身份的社会结构。所以布莱克等指出，普通的主体性不仅仅适用于组织层面，而且适用于任何的集体形式，比如团队成员所形成的团队意识最终会超越单一的个体。个体可以建构作为组织的“我们是谁”的意识，同时他们还可以建构作为亚群体的“我们是谁”的概念，比如团队，小组或者某一部门。因而“组织身份是由局内人和局外人交互而共同形成的”①。同时个体身份和集体身份的形成受到政治、经济和文化等制度情景的影响，制度性情景为组织定义他们是谁提供了“解释性的、合法性的和物质性的资源”②。

四、个体身份与自我

对于身份的分析可以看出，身份取决于一定的情景因素。因而在社会学意义上，个体身份是一种比较的和相互关系的存在，身份可以帮助个体看清他们自我的独立性，同时还可以看到自我与他人以及群体的联系③。即身份一方面可以让个体区别与其他人，另外一方面，身份构成了个体如何与其他个体或群体互动的方式。因而身份本身所具有的动态性和相互性使身份的建构必须基于一定的情境因素，身份的建构从高度个体的、独特的一端向集体的、共性的另一端之间流动，身份会在个体间和群体间建构④。身份本身所具有的动态性和复杂性的特征可以解释为什么个体会保持“一定程度的模糊性”，从而使个体“形成不同的观点、信念和价值，进而能够采取不同的行为方式，自我就是一个适应性的个体存在”⑤。而相同的个体形成了组织内的特定文化群体，也是组织内部多元化和分化的根本所在。“个体有不同的社会自我，能够适应不同的观众和情境”⑥。

总之，个体身份的特征是相互的、比较的和变化的，从而使“自我”具有了多面性和模糊性的特征。个体与社会的互动中，个体既有区别于其他人的特征和独立性，同时又与群体内的其他人保持联系，而身份模糊性的特征使得个体能够适应不同的情境，从而具有了多重的身份特征。对个体身份的理解为组织身份的理解奠定了基础，组织身份的概念和内涵就根

---

① Coupland, C, A D Brown. Constructing organizational identities on the web: A case study of Royal Dutch/Shell. *Management Study*, 2004, 41 (8): 1325 – 1347.

② Chreim, S, B E Williams, C R Hinings. Interlevel influences on the reconstruction of professional role identity. *Acad. Management J*, 2007, 50 (6): 1515 – 1539.

③ Tajfel, H, & Turner, J C. The social identity theory of inter-group behavior. In S Worchel & L W Austin (Eds.), *Psychology of intergroup relations* Chicago: Nelson – Hall, 1986, pp. 7 – 24.

④ Abrams, D & Hogg, M A. Collective identity: Group membership and self perception. In M B Brewer & M Hewstone (Eds.), *Self and social identity*. Oxford: Blackwell, 2004, pp. 147 – 181.

⑤⑥ Gioia, D A. From individual to organizational identity. In Whetten, D., & Godfrey, P. C. (Eds), *Identity in organizations: Developing theory throughconversations*. Thousand Oaks, CA: Sage. 1998, P. 20.

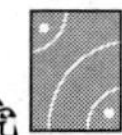

植于个体身份的内涵中。当身份从个体层面向组织层面演进时，不仅仅涉及概念内涵的不同，而且更多是分析层次的变化。个体身份是关于“我是谁”的问题，而组织身份是关于“作为组织我们是谁”的追问。组织也有自我意识，组织的身份也来自社会互动和比较，进而形成组织的自我特征以及与其他组织的联系，而组织身份的形成过程中同样存在身份的模糊性和多面性。由于组织是由不同个体组成的，而且组织所面临的情境环境的复杂性，使得组织自我的建构过程更充满模糊性、情境性、复杂性和多面性。

第二节 组织身份

一、组织身份的内涵

组织身份概念来源于个体身份概念，是个体身份意义上的拓展。但与个体自我感知不同，组织本身无法对自己的属性进行感知，需要依赖其成员直觉组织属性。因此，所谓组织身份就是组织成员对共有规则、行为规范等组织核心的、独特的和持久的属性的解读和感知，是对“组织是谁”问题的解答（Albert & Whetten，1985；Gioia，et al.，2000）。

当组织处于特定的情景时就具备了一定的身份，比如大英部本身没有身份，但某大学英语教学部，或某大学教师眼中的大英部，那么大英部就有了身份意义。对组织身份的研究最早始于20世纪50年代马奇和西蒙（March & Simon）的研究，80年代中后期，随着艾伯特和惠顿（1985），阿什福思和梅尔（Ashforth & Mael）以及达顿（Dutton）等研究的深入，组织身份引起了越来越多组织理论和研究者的关注（Brown，2006；Corley，et al.，2006），被认为是研究组织的战略变革、组织决策、组织内部冲突、组织交流、组织事件阐释和回应（Dutton & Dukerich，1991；Gioia & Thomas，1996；Humphreys & Brown，2002；Ravasi & Phillips，2011），以及组织合理性的重要概念和切入点（He & Baruch，2010；Sillince & Brown，2009）。

国内外的很多学者通常用“organizational identity”和“organizational identification”两个术语表示这一概念，并未作具体的区分。但随着对组织身份研究的深入，很多学者指出两者的差异性，认为 identification 及其相关 identity 是研究组织现象的两个不同的“根构念”（root constructs）[①]。阿奇和舒尔茨（Hatch & Schultz）指出，组织身份（identity）是组织承诺和归属感的目标，可以为组织成员建立与其组织的关系提供认知和情感基础[②]。而组织认同（identification）是组织内个体的同一性和归属感。国内在对这两个术语的翻译上也存在差异性，比如“organizational identity”常译为组织认同，多指与组织相关的各行为主体，以组织为中心，寻求一致性的期待、行为规范的心理现象或行为过程。与“organizational identity”不同，“organization identification”则常译为组织认同感，强调组织成员对组织的感受，多指组织成员间在交互过程中，对其所归属组织的认知和感受（王彦斌，2006；朱伏平，2012）。也有研究将“organization identification”翻译为组织认同而将“organizational identity”翻译为组织认定和组织身份，比如杨杰、刘玲认为，组织认同与组织身份是两个不同概念，前者强调个体与组织的统合、归一，而后者则偏重组织相对稳定、差异化的特性。魏钧等则将“organizational identity”译为组织认定，而将“organization identification”译为组织认同，认为组织认定与组织认同在内涵上既有区别也有联系，组织认同关注身份的确认，旨在通过解答“我们是谁?”“我们象征着什么?”等问题，实现个体的自我归属；而组织认同关注自我的建构，侧重组织内部的影响。组织认同过程是成员受规范、行为、期待等内部影响，形成自我定义、建构的过程，组织认定是组织认同的手段，而组织认同最终产生组织认定这一必然结果。本书中的组织认同既要回答“我们是谁”“我们象征着什么”等问题，同时还要了解个体和组织的互动过程和相互影响，以及组织与外部组织的关系，因而为了术语的区别性，本书故而将“organizational identity”翻译为组织身份，“organization identification”理解为组织认同（即组织身份的形成过程）更为贴切。

鉴于组织身份最初源于社会心理学的社会身份（基于成员身份、价值观、情感维系的认知视角）、文化认定（基于文化及文化群体的归属感视角）[③]，很多学者强调了组织身份的心理过程和情感过程。切尼（Cheney）强调了身

---

① Albert, S, Ashforth, B E, & Dutton, J E. Organizational identity and identification: Charting new waters and building new bridges. *The Academy of Management Review*, 2000, 25 (1): 13 - 17.

② Hatch, M J, & Schultz, M. The Dynamics of Organizational Identity. *Human Relations*, 2002 (5): 989 - 1018.

③ 魏钧. 组织契合与认同研究：中国传统文化对现代组织的影响，北京大学出版社，2008：115.

份形成的过程性，认为组织身份是组织员工个体将自己与社会情境的元素联系起来的一个动态的过程[①]。奥莱利和查特曼（O'Reilly & Chatman）强调了组织身份的情感特征，认为“组织身份是基于与认同目标保持情感满意的自我定义关系的吸引和期望”[②]。组织身份强调的也是一种心理知觉，是一种社会心理过程。

国内学者也常常将组织身份和组织认同作为一个整体来研究。宝贡敏、徐碧祥通过梳理现有的组织认同研究，指出组织认同体现的是个体自我概念与组织间的维系关系，反映了成员受规范、行为、期待等内部影响，获得自我身份确认的过程[③]。魏钧等提出了组织认同的情感归依观点，认为组织认同是个体的自我概念的建构过程，是个体自我认知、内化的必然结果，也是个体在归属感等情感归依的外显[④]。董彦和王益宝则关注组织认同所体现的一致性，认为所谓组织认同是指个体与组织之间在心理期待、行为规范等表现出的一致性，个体对组织不但具有理性成分的责任感，而且还具有情感成分的归属感[⑤]。另外，组织行为和社会心理学家区分了四种不同的身份焦点：对个人事业的认同；对工作单位或群体的认同；对组织整体的认同；对职业或职业群体的认同（Bartels，2006；Van Dick，2001；van Dick，Wagner，et al.，2004）。范迪克（Van Dick）认为，对事业的认同主要是个体层面的类属，而其他三种认同指的是群体层面的认同[⑥]。从个体层面出发，个体的行为受到个人价值和追求的驱动，通过提高个人能力的行为从而实现个人利益的最大化（Johnson，Chang & Yang，2010；van Dick，2001）。群体层面的认同主要包含组织自我概念中的价值、范式和兴趣，组织中的个人能够自我驱动，从而推动组织的发展。阿什福思和梅尔认为，作为社会身份的一种特殊形式，组织身份是指某一特定组织内成员对自我概念建构的状态，或一种归属

---

① Cheney. On the various and changing meanings of organizational membership：a field study of organizational identification. *Communication Monographs*，1983（50）：342－362.

② O'Reilly A & Chatman. J. Organizational commitment and psychological attachment：The effect of compliance，identification，and pro-social behavior，*Journal of Applied Psychology*，1986（71）：492－499.

③ 宝贡敏，徐碧祥．组织认同理论研究述评，外国经济与管理，2006（1）：39－45.

④ 魏钧等．组织认同的基础理论、测量及相关变量，心理理科学进展，2007（6）：948－955.

⑤ 董彦，王益宝．企业员工组织认同与忠诚度关系的实证分析．经济论坛，2008（1）：81－82.

⑥ Van Dick，R. Identitication in organizational contexts：Linking theory and research from social and organizational psychology. *International Journal of Management Reviews*，2001，3（4）：265－283.

某群体的认知。组织认同通过认知或情感维系，实现组织身份与自我概念的关联①。

从以上文献研究可以看出，个体身份包括个人和社会两个层面的身份。个人身份是指个体关于自我独特属性的认识；而社会身份是指个体隶属某一特定社会群体，以及这种成员资质所带来的自我认知和情感归属。组织身份是个人身份的扩展，组织的自我身份是指某一特定组织所具有的本质属性及其认知；而组织的社会身份是指某一特定组织与其他组织的关系格局，以及对该关系的认知。

因而本书中对组织身份的分析也是从这两个层次出发，既有组织内部个体和亚文化群体的关系，又有组织本身与其他组织机构的互动关系。组织身份是组织内不同个体和群体之间，以及组织与其他机构之间互动所形成的组织成员对于“我们是谁”的共有理解，是组织核心的、独特的、相对稳定的特征，组织身份是变化的，是基于一定的社会背景下的情境建构过程。在本书中的分析层次中，组织身份包含三个维度：课程身份、职业身份和作为整体形象的组织身份。

二、组织身份、文化和形象

作为建构组织身份的两个重要概念，组织文化形成了组织身份变迁的情景，而组织形象则塑造了组织身份的外部概念。如果将组织身份作为组织的“自我”(self)，那么三者之间的关系就会变得很清晰：组织形象就是外部自我，而组织文化就是内部自我，组织身份是外部自我和内部自我互动的结果，组织文化是组织身份的内在维度，而组织形象是组织身份的外在方面。

(一) 组织文化

组织文化是“组织身份内部界定”的情景，因为“组织身份根植于组织的观念和价值，体现在组织文化中”②。组织文化构成了更大的意义情景，从而可以使组织身份能够形成、协商、改变等。组织文化是组织身

---

① Riketta M. Organizational identification: A meta—analysis. *Journal of Vocational Behavior*, 2005, 66 (2): 358 – 384.

② Hatch, M J, & Schultz, M. The Dynamics of Organizational Identity. *HumanRelations*, 2002 (5): 989 – 1018.

份形成的基础，是组织身份不可缺少的组成部分。具体到组织文化的内容，是由“根植于组织内部的组织行为结构以及组织成员对于组织及其工作共有的价值、观念、信念”所构成的①。组织文化通过外显物、价值观、基本假设三个层次得以显现，其中，深层次的隐含基本假设才是组织文化的内核、本质。“是组织在解决外在适应和内在整合时已创造、已发现、或已发展的一个共享的基本假设，基于文化的运作，组织在遇到相关问题时，会将上述假设当成正确的认知、思考及感觉的方式，教导给新的成员，从而使其能够认识、理解和感受与其相关的问题”②。组织文化是个多维概念，第一层次指的是组织中可见的、可视的内容，比如语言、服饰、行为、器具、规则、规章以及组织中的仪式、礼仪等。这一层次的文化是由组织中的物质形态而构成，被统称为“人工制品”。第二层次主要与组织成员所展示出的文化有关，主要指组织内部所表现出来的价值，比如组织成员所共享的范式、信念以及倾向性等。“人们作为一个群体是如何交流、解释以及证实自己所说、所做的行为”③。对于大学而言，这一层次的组织文化主要体现为大学教师和学生所展现出来的教育哲学和教育理念。第三层次的文化主要体现为基本隐性假设或隐含在组织内的未被意识到的价值、信仰、规范等，由于它们大多出于深层次的隐含无意识层面，存在于成员间的人际互动、自我概念构建等过程中，所以难以被察觉④。然而，正是这些基本隐性假设的存在，人们才得以理解每一特定组织事件以及特定形式发生的缘由。

（二）组织形象

组织形象是“组织身份的外部界定”⑤，组织形象通过反映（mirroring）来影响身份。当组织成员认识到他们所认定的组织形象和组织身份之间不一致时，他们会试图改变组织形象或身份。因而，组织形象对于组

---

① Peterson, Marvin W, and Melina G. Spencer. “Understanding Academic Culture and Climate.” In ASHE Reader on Organization and Governance, ed. Marvin W. Peterson. 4th ed. Lexington, MA: Ginn, 1991, P. 142.

② Schein, Edgar. *Organizational Culture and Leadership: A Dynamic View*. San Francisco: Jossey-Bass, 1985, P. 3.

③ Schein, Edgar. *Organizational Culture and Leadership: A Dynamic View*. San Francisco: Jossey-Bass, 1985, P. 10.

④ Awbrey, Susan M. “General Education Reform as Organizational Change: Integrating Cultural and Structural Change.” *Journal of General Education*, 2005, 54 (1): 1-21.

⑤ Hatch, M J, & Schultz, M. The Dynamics of Organizational Identity. *HumanRelations*, 2000 (5): 989-1018.

织身份而言充当了“不稳定的因素”[①] 或者“催化剂”[②]，组织成员对组织形象的向往、憧憬，会引起组织身份的变化，从而适应变化中的组织内外环境。因此，组织身份是塑造组织形象的基础，而组织形象则会影响组织身份建构的过程。斯顿萨克（Stensaker）在谈到大学的组织身份时，指出首先，组织身份为大学的组织形象提供核心的根基；其次，外部形象与组织身份的差异是组织变革有力的推动力，因为高等教育机构是很在乎外部对自我的看法；最后，当组织形象与组织身份相一致时，会带来组织身份的稳定性以及组织身份循序渐进的变化[③]。

对于现代组织而言，局外利益者和组织内部成员之间互动程度增多，局外人对组织的印象和看法会影响组织成员对自我的看法以及组织的身份，而负面的形象会促使组织成员去修复或者重构对组织的信念机制，从而产生了组织身份的建构。因而，达顿和德克里奇认为组织形象是局外人对他们组织的核心看法，组织身份和形象是一种互动构建的关系[④]，有两种组织形象影响个体对组织的认同。第一类是“感知的组织身份”，是个体所认为的组织所具有的特别的、核心的和持久的特征；第二类是“建构的外部形象”，是个体如何看待局外人对组织的看法。组织形象对个体自尊提升程度，以及其是否可以保证合适的自我认知的连续性均影响个体对组织形象的评价。组织身份变化与组织形象存在密切的关系，两者之间的差异性也是导致身份变化的重要原因。哈奇和舒尔茨阐述了组织身份和形象的关系，“组织身份（我们是谁）可以体现在当前我们正在做什么以及别人是如何理解我们以及我们当前的行动”[⑤]。由于组织外部环境的复杂性，导致组织身份和组织形象难以形成一个稳固的关系。而当两者之间鸿沟过于巨大时，进而会出现组织的身份危机。舒尔茨等用“身份沟”

---

① Gioia, D A, Schultz, M, & Corley, K G. Organizational identity, image, and adaptive instability. *The Academy of Management Review*, (25): 63 – 81.

② Bouchikihi, H, Fiol, C M, Hatch, M J, Gioia, D A, Golden – Biddle, K, Hatch, M J, Rao. H, Rindova., P V, & Schultz., M. The identity of organizations. In D A Whetten & P C Godfrey (Eds.), *Identity in organizations: Building theory through conversations* (pp. 33 – 82). Thousand Oaks, CA: Sage, 1998, P. 45.

③ Stensaker, B. Organizational identity as a concept for understanding university dynamics. *High Education*, 2015 (69): 103 – 115.

④ Dutton, J E and Dukerich, J M. Keeping an Eye on the Mirror: Image and Identity in Organizational Adaptation Reviewed work. *The Academy of Management Journal*, 1991 (34) 3: 517 – 554.

⑤ Hatch, M J, and Schultz, M. The identity of organizations. In D A Whetten & P C Godfrey (Eds.). *Identity in organizations: Building theory through conversations.* Thousand Oaks, CA: Sage Publications, 1998, pp. 52 – 55.

（identity gap）① 来表达这一问题，身份沟的出现则意味着组织无法满足外部环境所期望的身份，两者之间很少存在“和谐的一致性”②。

（三）三者之间的关系

组织身份的构建是身份、文化和形象之间互动的产物，是内部（文化）和外部（形象）共同影响的集合。身份反映了形象，而形象又影响了身份，身份的形成是对外部影响因素的一种反应。因而局外人对组织形象的影响力，局外人眼中的组织形象最终会渗透到组织的身份建构中去，将组织身份和形象划清界限是很难的，同时由于组织成员之间的不同理解偏差，使组织身份和组织形象之间的关系也就更为复杂。多克瑞奇等（Dukerich et al.）的研究发现，组织成员自我感知的组织身份和外部形象与他们对组织的认同强度之间有密切的关系。自我感知的身份会受到局外人对组织的看法的影响。“基于身份与形象的关联性……组织身份是动态的和易变的”③。组织文化和身份是组织认同中最重要的构成因素，在组织的社会建构中，组织文化和组织身份是同步发展的，随着外部情景的变化而变化，在这个过程中，文化和身份需要新的意义阐释。马丁（Martin）指出，对组织中文化的审视已经超越了统一整合的视角，更多强调的是组织内部的变化和碎片化。因而一种观点是组织文化遵循一定的核心价值和范式是可以被控制和管理的；另外一种观点是组织文化是碎片化的、不完整的、不一致的，是阐释性的。在后一种视角下，“组织文化是组织中管理意义的一系列普遍系统规则，文化作为由历史发展和社会保存的阐释性的框架而存在，通过这些系统规则，个体可以了解自我并可以构建自我或者他人的文化，文化是由人们对自我所属系统的理解而定义的”④。对组织和文化的研究很多还是集中在概念层次之上的区分研究。从社会角色的视角认为组织文化是自我和他者区分的重要标志，可以作为组织身份的标记。特定的价值、信念、仪式和器物都能帮助组织成员实现他们的身

① Schultz, et al. *The expressive organization. Linking identity, reputation and the corporate brand.* Oxford: Oxford University Press, 2000, P. 1.

② Stensaker, B. Organizational identity as a concept for understanding university dynamics. *High Education*, 2015 (69): 103 – 115.

③ Gioia, et al. Organizational identity, image, and adaptive instability. *Academy of Management Review*, 2000, 25 (1): 63 – 81.

④ Fiol, C M, Hatch, M J, & Golden – Biddle, K. Organizational culture and identity: What is the difference anyway? In D. A. Whetten & P. C. Godfrey (Eds.). *Identity in organizations: Building theory through conversations.* Thousand Oaks, CA: Sage Publications, 1998, pp. 56 – 59.

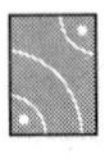

份诉求和表达他们自我的特殊性。因而，从这一视角出发，身份和文化的关系很清晰：特定的文化成为回答“我是谁”这一问题答案的一部分。

然而，社会建构主义强调了这些因素在组织意义建构中的共性以及互补性（Fiol et al.，1998；Hatch & Schultz，1997）。在建构主义视角下，学者将组织文化和身份作为共享的阐释组成而存在。然而组织文化更多时候是一种隐形的、自发的并且根植于共同实践中的内容而存在，而组织身份本质上是相对而存在的，需要外部的对比，是有意识的自我反思性的结果（Fiol et al.，1998；Hatch & Schultz，2000，2002；Pratt，2003）。组织文化为组织身份核心内容构建提供了基础，组织成员通过与其他组织比较以及自我概念的重塑，借助自发行为，才能实现组织文化的内化[①]。因而，“文化提供了一种社会情景，在其中身份可以形成、协商、改变、消逝，等等”[②]。组织文化中的核心价值是身份形成心理过程中的重要决定因素。只有当个体认同文化的核心的、独有的特征时，组织个体才会愿意依附于社会群体。这种依附的心理过程反过来会加强个体的身份以及组织身份的同一性。文化和身份相互关联，身份是表达文化理解的载体，组织的反应使身份融入到了文化中。组织身份的构建是通过持续的社会交换进程而形成的，以及组织的内部和外部的定义和再定义而形塑。“在任何时候，身份都是组织文化的自我表现和外部形象交集的结果，然而无论是组织成员还是所形成的组织身份，均会随着文化与组织不断互动而变化，组织身份处在持续的创造、保持和改变的过程中，是动态变化的，组织身份构建的过程随着组织自我的构建而构建”[③]。组织文化可以为组织身份的形成、保持、重构提供内在的组织情景，也是组织成员理解他们自我组织身份的参考框架。组织文化反映了成员如何解决他们的分歧以及成员对组织的内部需求和外部要求作出的反应；文化提供了组织社会进程和结构的背景；文化为组织的工作提供了参考并有助于理解组织中的身份角色；文化还反映了组织成员所依赖的价值、观念和行为。文化充当了一些限制条件的功能，可以终结对于身份讨论的疑惑，提供组织满足内部成员需求和外部利益相关者要求而正常运转的稳定性。因而“文化就是理顺组织内部关系的

① 冯云霞，葛建华．组织文化的象征化过程研究．暨南学报（哲学社会科学版），2010（5）：48－55.

② Whetten，D A，& Godfrey，P C. *Identity in organizations：Building theory through conversations*. Thousand Oaks，CA：Sage，1998，P. 72.

③ Hatch，M J，& Schultz，M. The dynamics of organizational identity. *Human Relations*，2002，55（8）：989－1018.

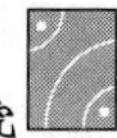

社会动力机制（social dynamics）”①。

哈奇和舒尔茨曾用一种动态模型来表示身份、文化和形象三者之间的关系，如图2-2所示。身份形成、保持并改变着三者之间的动态关系，身份表达了对文化的理解，而反思使身份嵌入到文化之中；身份映射了他人的形象，而明确的身份将形象印刻在他人的印象之中。组织成员通过组织身份来表达他们对于组织文化的理解；反过来，这也会影响组织局外人对组织的理解、认知。而这一理解、认知，以及组织形象也会影响组织身份的建构过程，并体现在组织文化的核心元素中。

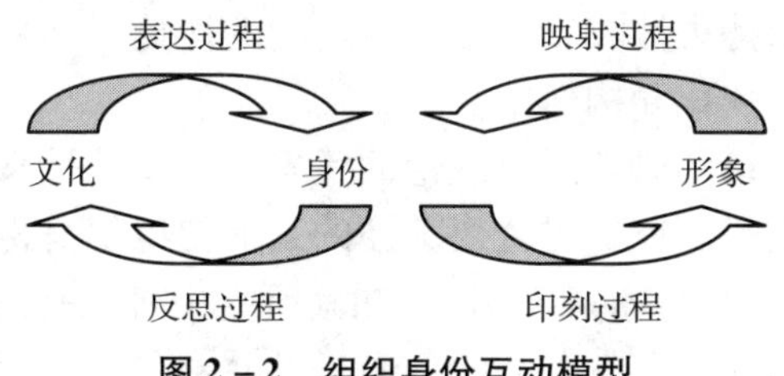

图2-2 组织身份互动模型

三、组织身份与组织变革

很多研究将个体和组织看作社会行动者（social actors），具持续性、一致性和独特性的特征（Albert，1998；Whetten & Mackey，2002；Whetten，2003）。身份能够使“社会行动者满足他们内在的需求并保持其特征的前后一致性，从而使他们成为独特的实体或主体”②。然而，也有很多学者对组织身份的静态特性提出了质疑，“组织身份的持久性随着周围环境的变化以及来自组织内部的变化而不断受到质疑和挑战”③。因而组织身份的特征是非稳定性、可塑性，以及多样性的。对组织而言，组织的持久性和组织的变化性成为组织身份所面临的主要悖论。一方面，一个稳固的身份对组织的成功和发展至关重要；另一方面，组织也必须有快速适应环境

① Jordan，C G. *Rethinking inclusion*：*case studies of identity*，*integration*，*and power in professional knowledge work organizations*，2009，P. 51.

② Whetten，D A. and Mackey，A. A social actor conception of organizational identity and its implication for the study of organizational reputation. *Business and Society*，2002，P. 396.

③ Brilliant，E and Young，D R. The Changing Identity of Federated Community Service Organizations，*Administration in Social Work*，2004（28）：23-46. Whetten，D. A. and Mackey，A. A social actor conception of organizational identity and its implication for the study of organizational reputation. *Business and Society*，2002，P. 396.

变化的能力，从而能够适应多变的社会环境。而组织身份的动态性和适应性是组织变革成功的途径，相对于组织稳定的和持久的特征，组织身份“更可能是不确定的和不稳定的概念，常常被组织成员重新定义和修改”①。“组织变革无处不在，在现代的组织中，变化成为一种常态”，而在“组织的变革中能够引起最大潜在破坏的可能就是身份的变化”②。克里斯滕森和切尼（Christensen & Cheney）指出，在组织中试图建立稳固的身份总是与变化的时代和环境相悖，从而在稳定和变化中产生了组织的张力，这种张力被称为“适应性的非稳定”（adaptive instability）。“身份必须通过和他人的互动才能构建”③，因而处在一个变化的过程中。正是因为组织身份本身的持久性和它的变化性之间的悖论，两者之间的张力使组织身份处在持续的变化和构建中。

对组织身份变革的研究既有理论的反思又有实验性探索。从理论的视角来看，已有的文献研究首先主要关注的是促使组织身份发生变化的因素以及过程。瑞格尔等（Reger et al.）在其研究中将现有的和预期的身份之间的差距称为“身份差”（identity gap），并将身份差和组织的变化结合在一起来解释，这种差异性一方面会使组织成员抵制变革，另一方面也会促进对现有身份的变革④。赫夫等（Huff et al.）也认为，现有身份和理想身份的差异会产生“组织压力”，从而成为组织变革的动力，但身份差别如果很小意味着现在的身份和理想的组织身份是高度一致的，那么组织的变革就是没有必要的。相反，如果身份差过大，就会成为组织压力的来源，从而导致组织变革的产生。但过大的身份差会使组织成员认为理想的身份难以企及，从而影响组织变革的实施⑤。

在组织变革过程中，什里姆（Chreim）考察了组织成员身份认同的变化过程，首先，是旧有身份的剥离过程，组织成员与旧有的身份脱离关系，即去认同化阶段；其次，是新身份赋予阶段，即组织成员对新的组织身份重新认知和关系重建的过程。随着新身份的确立，从而实现组织身份

① Gioia, et al. Organizational identity, image, and adaptive instability. *Academy of Management Review*, 2000, 25 (1): 63 – 81.

② Corley, K G, Gioia, D A. Identity ambiguity and change in the wake of a corporate spinoff. *Administrative Science Quarterly*, 2004 (49): 173 – 208.

③ Whetten, D A and Mackey, A. A social actor conception of organizational identity and its implication for the study of organizational reputation. *Business and Society*, 2002, P. 396.

④ Reger, et al. Reframing the organization: Why implementing total quality is easier said than done. *Academy of Management Review*, 1994 (19): 565 – 584.

⑤ Huff, et al. Strategic renewal and the interactions of cumulative stress and inertia. *Strategic Management Journal*, 1992 (13): 55 – 75.

变化的制度化[1]。什里姆的研究只是描述了组织身份的变化过程并没有谈到身份建构过程中的互动和协商。组织成员并不是组织身份的被动接受者，而是组织身份建构的主动参与者。从实证研究的角度来看，对组织身份的研究主要是关注不同类型的组织身份在组织中的变化。布朗和斯塔基（Brown & Starkey）从心理动力的视角研究组织身份与学习的关系，首先，组织通过学习进行批判性的自我反思，从而改变旧有的身份形成更具有适应性的身份；其次，对组织未来身份的探讨应该融合到组织的战略管理中去，从而可以审视现有的组织身份；最后，组织应该鼓励其成员去面对旧有的组织身份的威胁，迎接组织的变革并最终形成新的组织身份[2]。苏研究了国内的非营利性组织面对环境变化是如何改变他们的旧有身份并创建新的身份的过程，在这个过程中，组织需要处理内外部的各种利益相关者，并处理内外部的“关系”因素，他着重强调了“关系”在中国语境下的特别影响[3]。斯卡林（Skalen）指出，环境的变革会引起组织身份的变化，组织身份的差异促使组织内部不同团体之间产生分歧，从而导致组织内部的冲突和张力[4]。总之，组织身份和组织变革之间都有密切的关系，两者之间是一种互动的、相互影响的关系。

四、组织身份与职业身份

组织身份和职业身份之间存在着相互的、辩证的关系，两者都是作为社会身份的一部分而存在。对大学教师而言，其职业身份的内涵在于他们与院系文化的认定关系，包括自我身份认同和组织身份认同两方面。达顿和彭纳（Dutton & Penner）认为，“组织身份的特征属性通过两者之间的联系会转移到组织内部的个体身上”[5]。达顿等也认为，“个体自我身份建构源于个体对于组织的认识，个体获得群体形象，定义自我，找到归属

① Chreim, S. Influencing organizational identification during major change: A communication-based perspective. *Human Relations*, 2002 (55): 1117 – 1137.

② Brown, D A, & Starkey, K. Organizational identity and learning: A psychodynamic perspective. *Academy of Management Review*, 2000 (25): 102 – 120.

③ SuoHuijun. *Understanding Organizational Identity from Ecological and Interpretive Perspectives: NGOS in Contemporary China*. Purdue University, 2013.

④ Skalen, P. New public management reform and the construction of organizational identities. *International Journal of Public Sector Management*, 2004 (17): 251 – 263.

⑤ Dutton, J E, & Penner, W J. The importance of organizational identity for strategic agenda building. In J Hendry, G Johnson & J Newton (Eds.), *Strategic thinking: Leadership and the management of change* (pp. 89 – 114). New York: John Siley & Son Ltd, 1993, P. 104.

感，因而组织是个体自我定义的重要基础来源”[①]。两者之间的关系还可以通过组织认同实现连接，组织认同的核心就在于个体根据自我身份进行自我分类的过程，从而能够定义自我和确定群体归属，对组织的认同反映的是个体对于组织的理解和归属感。张宁俊等的研究是对社会角色理论的进一步阐释，他指出，任何一个组织成员都具有组织和职业两种角色，不同角色之间的认同感会相互影响，从而造成角色之间的互动和冲突，在这个过程中，两种认同都会对彼此产生正面或者负面的影响[②]。因而，个体不但可以从群体的共同特征中定义自我，而且也具有了区别于他人的独特特征，因而群体和组织能够为个体提供一种群体成员资格，从而帮助个体形成感知、态度和行为效果的基础。李志锋指出，个体可以通过组织内部的各种实践活动，从而在价值观、行动、目标上与组织保持一致，当个体可以内化这些价值理念的时候，就可以实现其个体身份认同，这一过程在于个体自我内心的体验，最终形成以自我为核心的组织属性，进而形成组织认同，对于个体而言，只有实现个体身份认同和组织身份认同，才能够实现个体的双重身份认同[③]。

教师的职业身份在其形成过程中并非是一成不变的或是被动接受的，而是一个积极的、动态的和持续的建构过程。对职业身份的研究多采用建构主义的视角或者更多是从身份的社会视角出发。教师职业身份的建构既是个人角度的建构又是社会角度的建构，是社会化的过程，受制于特定的情景环境。卡托纳尔等（Cattonar et al.,）在其研究中提出了职业身份建构的三个假设[④]：教师的职业身份是一种集体的也是一种特殊的身份，是特定职业社会化的结果，教师可以积极的适应组织群体的标准、规则和职业价值。社会化是一种认同的过程，取决于现有的身份类别，即专业性的理想模式决定了教师的理想状态；职业身份也是一个个体建构的过程，与个人历史、个人多重社会角色、家庭、教育和职业都有密切的关系。由于职业身份不仅是教师个人的标记，而且也是在组织内部与其他群体的一种关系构建。因而“个体和组织身份之间是一种互补的关系，组织身份可以

---

① Dutton, et al. Organizational images and member identification. *Administrative Science Quarterly*, 1994, P. 256.

② 张宁俊等．高校教师职业认同与组织认同：理论与实证研究．成都：西南财经大学出版社，2013：120.

③ 李志峰等．“编制”之困：高校教师的组织身份属性与身份认同．高校发展与评估，2013（5）：82－89.

④ Cattonar B, Draelants H, Dumay X. Exploring the interplay between organizational and professional identity [A]. *Communication at the 7th international conference on organizational discourse*, 2007.

影响个人行为，个人行为也可以影响组织身份”①，教师的职业身份不仅仅存在于个体和群体关系中，而且也存在于教师角色、符号和其他组织记忆中，比如，教育政策、规则和程序等。因而教师的职业身份和组织身份的最终形成需要相对特定的情景。“两者之间是一种相互的关系。一个稳定的和有吸引力的组织身份可以促进个体成员的组织认同感，还可以促进个体的自尊、自我一致性和自我独特性的形成”②。

而具体到两者之间关系的实证研究，朱伏平、张宁俊从环境评估—情绪反应—行为逻辑的路径出发，证明了教师职业身份和组织身份之间存在着密切的关系，并建立了两者之间的模型，着重从个体特征和组织环境层面分析两者之间的关系③。从而得出，个体对某一职业的认同程度对其所在组织的认同产生一定的影响。个体对职业和组织的认同受到内部个体特征和外部社会环境的影响，这些都会影响个体对职业和对组织的认同程度；但组织内部的文化和管理环境对在一定程度上可以调节并作用于职业认同和组织认同的关系。较强的个人职业认同加上良好的组织管理环境，能够为组织成员实现其职业理想和职业抱负创造条件，从而能够增加其对于组织的认同④。摩尔和霍夫曼（Moore & Hofman）的研究发现教师的离职倾向、教师的压力水平与教师的职业身份感之间密切相关，两者成反比关系，强烈的职业身份会阻碍教师离职的倾向⑤。张宁俊等的研究与摩尔和霍夫曼的研究一致，高校教师职业认同与组织认同之间存在正相关关系。一方面，基于社会认同理论，教师因学科和群体的差异而分类，其职业认同先于组织认同而产生，而后教师才形成组织认同。另一方面，根据社会交换理论，如果组织能够提供给教师一定的职业发展的条件，从而能够培养教师的职业认同感。

舒尔茨等总结道，“作为归属和承诺的对象，组织身份为组织成员提供了组织依附和意义关系建构的认知和情感基础”⑥。个体对于组织的认同构成了组织身份合理性的基础。“身份是认同的基础，同时也是认同带

---

① Pratt, M G, & Foreman, P O. Classifying managerial responses to multiple organizational identities. *Academy of Management Review*, 2000, 25 (1): 18 -42.

② Cattonar B, Draelants H, Dumay X. Exploring the interplay between organizational and professional identity [A]. Communication at the 7th international conference on organizational discourse, 2007.

③④ 朱伏平，张宁俊．职业认同与组织认同关系研究．商业研究，2010（1）：68 -71.

⑤ Moore, M & Hofman. J E. Professional identity in institutions of higher learning in Israel. *Higher education*, 1998, 17 (1): 69 -79.

⑥ Schultz, M, Hatch, M J, & Larsen, M H. *The expressive organization: Linking identity, reputation and the corporate brand.* Oxford, UK: Oxford University Press, 2000, P. 16.

来的结果”[①]。组织身份的变化源于组织成员对于旧有组织身份认同的抛弃，同时又展现出与组织变革中相一致的认知、情感和行为方式，因而组织身份对于个体的职业身份以及个体的组织认同都有重要的影响，在组织的变革中正是通过组织成员的认同过程，组织身份才得以重构。

第三节 大学身份

一、大学作为组织的身份

大学本身具有独特性和核心特征就构成了大学的组织身份。所谓的独特性至少包含以下三个方面：（a）核心特征；（b）暂时的连续性；（c）独特性。核心特征指的是组织身份必须具有重要的、基本的特征；暂时的连续性指的是认同必须具备一定的同一性和持续性；而独特性指的是组织必须具有区别于其他组织的特征。大学作为组织有不同于其他组织方式的独特身份，大学的任务和教师是根据不同的知识领域而分类，大学的各个部门也因教师职业研究领域的差异而分化。大学作为组织，其目标和任务存在多元化、模糊化和复杂化等特征，其管理模式是一种两元结构（行政人员和教师），并具有高度的学术职业化，以及文化的多元化等特征（Cohen & March，2000；Gizir & Simsek，2005；Patterson，2001；Rowland，2002），因而它并不是传统意义上的一个稳定的组织。大学相对于其他组织更加多元化、碎片化（fragmented）和专业化，大学的目标不够明确，相反，它有多种目标、多种身份，这样造成了组织目标不够统一，成为大学组织中冲突的来源（Birnbaum，1998）。

大学作为一个系统是由半自治或松散的次级系统构成，大学的这种状态被称为“有组织的无序状态（organized anarchy）”[②]，大学组织缺乏硬性的指令和规则，“松散耦合系统（Loosely Coupled System）”[③] 是其主要特

---

① Albert，S，& Whetten，D A. Organizational identity. *Research in Organizational Behavior*，1985，P. 267.

② Cohen，M D，March J G. Leadership and Ambiguity [A]. The American College Presidents [C]. McGraw Hil Weick，Karl E. Educational Organizations as Loosely Coupled Systems. *Administrative Science Quarterly*，1976，P. 3.

③ Weick，K E. Educational Organizations as Loosely Coupled Systems. . *Administrative Science Quarterly*，1976 （21）：3.

征。构成了大学组织比较经典的特征，而这些分类都将大学看作内向发展的机构。也有很多的研究认为，大学应该更多关注组织外部的期望。克拉克（Clark）认为，大学应该变成一个能够为社会提供服务的同时又能促进商业活动的机构，而随着时间的推移，大学组织的这种功能也越发明显。克尔（Kerr）在谈到美国大学的发展时指出“大学与国家、经济以及劳动市场密切相关”[①]。大学相比之前承载了更多的社会期望，承担了更多的社会活动，也有了更多的利益相关者，但同时大学又保持了其作为知识提供者的组织特性。金顶兵、阎维方认为大学是一个高度分化、高度异质化的组织，大学并非是一个严格的科层组织，它缺乏一套严谨的控制结构，大学的运转更多依赖于组织的文化机制，即大学组织的共享价值和共享信念系统。大学通过其文化影响组织成员的态度、信念、思想、价值和行为[②]。

大学有其独有的文化机制，大学文化作为组织文化的一种，是“大学中集体的、共有的范式、价值、实践、信念、理念，能够指引个体和群体的行为，并能为校内外发生的事件和行为进行阐释并提供可参考的框架”[③]。大学的内部组织结构以科层单位为基础，一般是由教师、院系和大学三层结构而组成。但大学独特的文化氛围影响了教师的学术身份，大学中的学术职业文化、院系文化、国家的高等教育文化等使大学不同于一般的科层组织，因而，大学在其组织整合过程中主要运用文化机制的整合，而非主要依赖于行政权力和规章制度，市场机制对大学和教师的整合作用也有限[④]。大学由多种文化而构成，文化研究在大学层面主要体现在三个维度：一是大学是向年轻一代传承文化和社会价值的文化机构，这是高等教育机构最古老和最传统的功能。二是文化等同于民族传统。文化的视角通常用来做不同国家高等教育机构间的比较研究，每个国家的高等教育系统都有其独特的、根植于其文化传统的特征。三是随着高等教育规模的扩大，尤其是20世纪50年代以来，对文化的研究集中于学生文化、亚文化，校园文化以及组织文化的研究（Becker，1963；Clark，1970）[⑤]。因而组织文化的概念常常用来解释大学在实施变革过程出现的

---

① Kerr，C. The uses of the university. Cambridge：Harvard University Press，2001，P. 144.

② 金顶兵，阎维方．论大学组织的分化与整合．高等教育研究，2004（1）：32－38.

③ Kuh，George D，and Elizabeth J Whitt.“Culture in American Colleges and Universities.” In *Organization and Governance in Higher Education*，ed. M. Christopher Brown. 5th ed. Boston：Pearson Custom Publishing，2000，P. 162.

④ 金顶兵，阎维方．论大学组织的分化与整合．高等教育研究，2004（1）：32－38.

⑤ Donghui Zhang. Tongshi Education Reform in a Chinese University：Knowledge，Values，and Organizational Changes. *Comparative Education Review*，2012（3）：394－420.

情景，尤其是大学面对变革时所表现出的惰性被认为是根植于组织文化中的重要特性。

睦依凡认为，从组织分析的角度来看，大学是有其自身运行规律的学术组织，复杂性、多样性、统一性、开放性和矛盾性是其五大特性，认识大学组织的特性是掌握大学规律的基本前提。因此，讨论分析大学组织的特性是探讨大学规律的一项基础性工作①。李志峰等认为，由于受到中国特有历史环境的影响，高校在我国一直作为事业单位的组织而存在，但是，时代的变化赋予高校更多的功能和职责，高校作为事业单位逐渐成为具有公益性的学术组织而非是公共服务机构，具有独立性、自治性和公益性等特征，高校通过履行职能来服务于国家目的和社会需要。美国社会学家帕森斯认为，组织本身就是社会大系统中的一个社会分系统，它又包含了许多小的社会系统。大学作为一个社会分系统存在，而大学中依据专业形成的院系则构成了小的社会系统，这些小的社会系统在某种程度上被称为学术共同体。正是由于大学是由不同的学术共同体所构建的，因而它是一个复杂的、分化的机构②。而这种分化随着高等教育中管理和效益的引入愈发凸显，大学的组织身份也产生了变化，大学教师对学科和院系的组织承诺，对于教学的态度，对市场机会的认识以及对于知识的创造等态度都产生了分化，从而重塑着组织身份和教师的职业身份，促使教师需要重新定义自我的身份以及与不同群体之间的关系（Harris，2005；Henkel，2000；Winter，2009）。

二、大学教师的角色

角色是一种制度化的社会身份，并按照规定的权利、义务和规范进行活动。角色和身份身份虽然在一定程度上意义重合，但身份既是结构性的又是建构的。教师角色和教师身份是两个不同的概念，前者关注的是教师的职责功能，教师如何做到知和行的一致，而后者是教师对于自我的感知和理解，更加个人化，它关注的是教师的价值观。沃克曼和安德森（Volkmann & Anderson）认为，教师身份是一个与角色、自我、个体自我等概念都密切相关的、复杂的、动态的结构，融合了教师形象和教师角色

---

① 睦依凡．关于大学组织特性的理性思考．高等教育研究．2000（4）：49－52.

② Harris，M J. Strategic planning in an international nongovernmental development organization：The creation of a meta-identity. *Administration and Society*，2011（43）：216－247.

之间的平衡过程①。为了研究方便，本书仍对教师的角色和身份进行了区分。

大学教师角色的形成也是大学教师对社会期望做出回应的结果。大学教师作为一个社会成员，具有多重角色的特征，正如刁彩霞、孙冬梅指出，大学教师集“经济人”“政治人”和“学术人”三重标识于一身。作为人，大学教师具有“经济人”的现实性，有追求自身合法利益最大化的现实诉求；作为“公民”，大学教师具有“政治人”的公义性，在重大民生决策和社会公义上应当有自己的声音；作为“大学教师”，具有“学术人”的自律，孜孜以求探寻真理和知识的创新②。随着社会情境的变革，大学教师的角色也具有多样化，虽然研究者对大学教师的角色定位进行了不同的分类，纵观对大学教师角色的研究，概括起来大学教师扮演着以下几种重要角色：教育者、学术职业者、知识分子和自由职业者。教师作为教育者指的是教师教书育人，传道授业以解惑的角色；教师作为学者的角色是指大学教师是从事学术职业的一个群体；教师作为知识分子和自由职业者的角色凸显的是教师的社会角色、政治角色和社会批判者的角色。

大学教师作为教育者的角色。对于大学教师而言，最重要的角色是教育者的角色。社会对大学教师的期望首先在于大学教师能够教好学生。然而，随着时代的变迁，教师更多的是在扮演研究者的角色，而缺失了教育者的角色。因而，刘嫚呼吁大学教师应该改变角色错位问题，以促进大学教师的教育者职责回归，提升大学的教学质量③。作为教育者，大学教师应该是具有现代教育观念的教育者，具有教育教学能力的研究者，具有课程开发能力的组织者，具有可持续发展能力的学习者。对于大学教师而言，首先应该做一个弗·兹纳涅茨基所谓的“知识传播者”的角色，能够将人类的普遍知识传递给学生④。因而，大学教师的最基本属性就是传授型知识分子，这构成了大学教师的教育者角色，成为称职的“传道、授业、解惑”之师，出色地完成传承人类文化的使命。因而大学教师首先是“人师”；其次，是“经师”“文化师”“事师”和社会发展的推动者⑤。

---

① Volkmann，M J，Anderson，M A. Creating professional identity：Dilemmas and metaphors of a first-year chemistry teacher. *Science Education*，1998，82（3）：293－310.

② 刁彩霞，孙冬梅．大学教师身份的三重标识．现代大学教育，2011（5）：22－26.

③ 刘嫚．大学教师的角色．理工高教研究，2007（5）：17－19.

④ 弗·兹纳涅茨基．知识人的社会角色．译林出版社，2000：102－103.

⑤ 方泽强，刘星．大学教师角色本真——兼论高职院校教师角色的“破”与“立”．现代教育管理，2010（3）：88－91.

大学教师作为学术职业者。马克斯·韦伯认为，学术职业（academic profession）是指学术作为一种物质意义下的职业，即以“以学术为志业”。对于从事学术职业的人来说，保持一种对于学术的正确态度很重要，“他是‘为学术而学术’，而不是图求见到别人因为利用学术而获得商业或技术上的成功，或是人们借此吃得更好，穿得更好，心智更开明，统治管理更成功”[①]。学术活动是大学教师的职业特性所在。刁彩霞、孙冬梅认为，学术职业者的根本属性就在于对知识的追求，对真理的探究，这才是大学教师的本真所在，也是大学教师的职业特性所在。学术能力和学术贡献构成了大学教师职业生命的最核心内容[②]。威尔逊（Wilson）认为，教师的学术人身份是其学术职业的根本价值所在，大学教师的职责在于运用本身所具有的学术能力服务于社会，从而获得一定的学术地位，并应该为学术的发展作出自身的贡献[③]。大学教师作为学者，其角色主要体现在高深学问的研究者，布鲁贝克认为，教师是高深学问的看护人，也是伦理道德的监护人，同时也是自己道德的评判者。学者可以指定自我的学术准则和规范，从而成为负有责任的专业人员[④]。教师作为学术研究者角色主要体现在教师的知识责任和教师的道德责任上。这就要求学者能够置身于自我学科领域的研究和发展，从而做到理智上的彻底性和精细的正确性，教师能够基于事实作出判断，防止偏见和主观[⑤]。

大学教师作为知识分子和自由职业者。有文化、有知识的知识人是对大学教师最基本的角色期待。有文化、有知识并不代表是“知识分子”，知识分子必须具有道德和良知，具有社会责任的担当感。作为“社会的良心”，知识分子是人类基本价值的维护者。张汝伦指出，知识分子是具有道德标准的象征人，他们的活动可以彰显社会的核心价值，是理性、正义和真理观念的专门看护人[⑥]。福柯认为，知识分子应有都有强烈的天职感，能够为拯救人类整体命运的神圣使命而奋斗。蔡辰梅、殷建秋认为，教师首先应该具有传授型知识分子的根本属性，这也是他们职业使命的根基所在，在此基础之上，能够追求更高文化层次的属性，成为创造型、批判型

① 马克斯·韦伯．韦伯论大学．南京：江苏人民出版社，2006：90－102.

② 刁彩霞，孙冬梅．大学教师身份的三重标识．现代大学教育，2011（5）：22－26.

③ Wilson，L. *The Academic Man：a study in the sociology of a profession.* New Brunswick：New Jersey，1995，pp. 15－243.

④ ［美］约翰·S. 布鲁贝克，王承绪等译．高等教育哲学．浙江教育出版社，2002：58.

⑤ 刘嫚．大学教师的角色．理工高教研究，2007（5）：17－19.

⑥ 张汝伦．思考与批判．上海三联书店，1999：521－522.

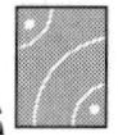

知识分子，从而能够在更高的境界中完成其职业使命①。所谓创造性知识分子就是指教师能够完成其最基本的职责：传道、授业、解惑，更重要的是能够有自我的专业追求，参与到社会中来，发挥知识分子的批判意识和批判角色，成为批判性知识分子。“在社会生活中作为普通人凭良知和道德‘表态’，而不过分追求‘发言’的姿态和效果”②。美国社会学家科塞指出，知识分子应该超越自身的学术和专业研究工作，超越具体的对于问题的解答，更应该关注社会的意义和价值，尤其是对社会核心价值的关切，能够为更广泛的公众谋利益，从而成为为理念而生的人③。知识分子的社会责任感同时也体现了大学教师角色的政治性，从而成为一个批判性知识分子，成为一个好公民，能够有勇气为大众而发声，即使声音很小，但这是作为一个公民的基本责任和社会良心④。

三、大学教师的身份

20 世纪初期以来，随着身份研究范式从心理学向社会学的转变，对教师身份的研究从最初的心理学研究慢慢向社会学研究和社会文化观的方向而转变。教师身份也逐渐成为一个单独的研究领域。大学教师身份在英文中用 faculty identity 或 faculty professional identity 来表示，以区别于普通意义上的教师身份（teacher identity or teacher professional identity）。国内学者还将其翻译成“教师职业认同”“教师职业身份”“教师专业身份”等不同术语。大部分学者认为，教师的身份问题是教师如何看待自己的问题（Beijaard, et al. , 2004；Flores & Day, 2006），以及他们是如何被别人看待的问题，包括他们的地位、身份和职业发展水平等。“大学教师”既可以作为个体意义上的指称，可以指向个人或一类人；同时“大学教师”还可以作为一种职业而存在。因而大学教师身份既是教师作为个人的职业者，同时又是成为教师这一职业两方面的内涵。

由于现代社会生产方式和生活方式的转变，人们更愿意以职业身份作为自我的标志，从而孕育自我的身份认同⑤。因而，教师的身份认同在某种程度上就是教师的职业认同。教师身份认同的过程就是教师确认自己是

① 蔡辰梅，殷建秋．论教师的知识分子属性．教师发展研究，2006（11B）：35－39.
② 郑也夫．知识分子研究．北京：中国青年出版社，2004：20.
③ 刘易斯．科赛．理念人：一项社会学的考察．北京：中央编译出版社，2004.
④ 蔡辰梅，殷建秋．论教师的知识分子属性．教师发展研究，2006（11）：35－39.
⑤ 张军凤．教师的专业身份认同，教育发展研究，2007（4A）：39－46.

一名教师的过程，对内，它包含了教师的自我体验和自我感知；对外，教师遵从一定的社会规范和准则，从而把教师职业作为自己身份的重要标志。吉（Gee）认为，教师职业认同是个体认同中的重要组成部分，职业认同与教师的职业地位密切相关。因而，很难将教师的职业认同与教师的身份认同区分开来理解①。教师职业认同的本质在于对“我是谁”“我何以属于这个群体”的追问，其根本问题在于将“作为人的教师和作为教师的人有机统一起来”②。魏淑华也将教师认同等同于教师职业认同，教师将自我的职业角色内化为一种态度、认知、体验和行为的过程就构成了教师的职业认同③。教师身份认同也可以表现为一系列的教师职业特征。教师身份是一个多维度的层级系统，包括职业价值观、角色价值观、职业归属感和职业行为倾向四个阶层④。因而组织中个体具有多重的、复合的群体特征。沃克曼和安德森的研究发现，教师职业身份是教师形象和教师角色之间的平衡，是多元的、变化的、动态的，而非稳定的、固定的或单一的⑤。科德隆和史密斯（Coldron & Smith）表达了同样的概念，职业身份是动态的而非稳定的实体，既不是固定的也非单一的，它是了解个人与他人以及环境互动的一种重要途径⑥。

大学教师身份具有社会属性，是教师的个体自我和社会自我的统一。教师身份是教师对自我职业作为社会群体形式的一种肯定性评价。因此，教师对职业的认同一定要遵循社会认同的基本规律并受到社会因素的影响。蒂克尔（Tickle）认为，教师身份是教师作为个体自我身份和社会自我身份的统一，前者来源于自身的实践经验和个人的专业生活，后者来自于社会对教师的期望，二者交互在一起，前者是“作为个性（ipse（self））的身份”，后者是“作为共性（idem（same））的身份”⑦。作为个性的身份，强调的是个人经历的共性和一致性，身份随着时间的变化而改变，从而产生不同的理解和阐释。因而康奈利和克兰迪宁（Connelly & Clandinin）从建构的职业观出发，将教师身份定义蕴含于更广阔的情境背

① Gee, J P. Identity as an Analytic Lens for Research in Education. *Review of Research in Education*, 2000（25）：99－125.

②④ 李茂森．教师身份认同的影响因素分析．教育发展研究，2009（6）：44－47.

③ 魏淑华．教师职业认同研究．重庆：西南大学博士学位论文，2008.

⑤ Volkmann, M J, Anderson, M A. Creating professional identity: Dilemmas and metaphors of a first-year chemistry teacher. *Science Education*, 1998, 82（3）：293－310.

⑥ Coldron, J and Smith R. Active location in teachers' construction of their professional identities, *Journal of Curriculum Studies*, 1999（31）6：711－726.

⑦ Ricoeur, P. *Oneself as another*（K. Blamey, Trans.）. Chicago: University of Chicago Press, 1992, pp. 117－118.

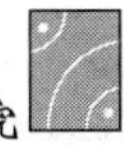

景中，将个人与社会的互动，主体与社会结构之间的互动，时间和空间的变化结合起来，包括教师对自我的理解，也包括教师和他人的关系以及与整个社会的关系，既包括现有的职业身份也包括未来的某种职业身份，是动态性、多元的①。

具体到大学教师身份的类型和途径，这一层次上的身份与角色存在一定的重叠性。刘传霞认为，随着社会的发展，大学教师的角色也逐渐多样化，可以分为知识人、政治人和商业人三种基本类型，而每一类身份类型对建构大学精神的影响是不一样的②。杨移贻强调了学术职业的个体身份和学术共同体的群体身份共同构成了大学教师的身份。大学教师是作为学术职业的个体身份认同和作为学术共同体的群体身份认同的综合。前者是指大学教师对个体自我的认识、心理的自愿和个体行为的规范，而后者，是对共同的价值观、伦理道德和行为准则的认同和遵守，同时建立一种相互信赖、相互依存的归属感③。大学教师的身份认同是两者的统一，缺一不可。而就中国目前的高校而言，本质上还是一个行政单位，依附于政府而非一个独立的学术共同体，大学教师同样存在人身依附，失去了自我身份认同的自觉和能力。但杨移贻的阐释体现了身份的同一性内涵，更多强调了个体行为应该符合群体身份的要求，忽视了个体身份的独特性内涵和自我的能动性。由于学术职业是大学教师区别于其他教师的主要特征。泰勒（Taylor）认为大学教师的学术认同能给人一种意义感和归属感，同时还使人保持一致性和连续性。大学教师存在三种不同层次的学术认同。第一层次是教师对职业本身的认同，主要与教师所从事的工作密切相关，通过他所在的工作机构、所从事工作的类型来表征。第二层次是对学科的认同，对学科的表征和内涵的认同。第三个层次的认同是对自我的认同，即大学教师对自己作为大学教师、学术研究者的认同。张斌从全球化和后殖民主义理论出发探讨了在全球化的知识和经济场域中大学教师对于自我身份的定义以及他们在这一特定场域中话语和权力的分配关系。对大学教师而言，其身份建构需要在主体文化和他者文化的互动和比较中建构，从而确立主体和他人之间的关系，发挥主体的力量，在国际知识场域中争夺文化资本与知识权力，最终成为一个有中国本土情怀的知识分子④。在大学

---

① Connelly，M & Clandinin D J. Shaping a Professional Identity：Stories of Education Practice. *The Journal of Educational Thought*，2001，35（2）：205－208.

② 刘传霞．当代大学教师身份认同与大学文化精神建构．现代教育管理，2013（5）：79－82.

③ 杨移贻．大学教师的身份认同．高等理科教育，2011（6）：1－6.

④ 张斌．全球化语境中的大学教师身份认同．陕西师范大学硕士学位论文，2009.

教师的身份建构中，全球化的情景环境带来了挑战，但同时又提供了规则制度和各种有利资源，从而在与大学教师之间的互动中不断形塑着大学教师的身份。黄亚婷从全球化的视角出发，分析了大学教师的学术身份构建，当前大学中的新管理主义以及知识的商品化构成了大学教师身份的情境变革因素。因此，学术身份重构的结果可以凸显教师个体在不同层面所承受的各种改革压力①。

大学教师身份总是与一定的社会制度、情境环境和文化变迁相联系，大学教师身份伴随着社会制度和文化变迁不断地获得新的定位和认同。比切姆和托马斯（Beauchamp & Thomas）认为，大学教师职业身份受到内部和外部环境对个体的影响，比如情感、特定环境中的工作和生活经历等②。大学教师作为一种身份，既包含制度性的权利（沈晓燕，2006；陈伟，2012），也包含文化性的认同（张斌和常亚慧，2009；张斌，2009）。社会的变迁常常会带来思想文化领域中的巨变，常常会出现一些思想文化的真空、混乱或动荡，这也会影响高等教育的发展，受此影响，大学教师这一群体很容易出现身份危机。大学教师身份认同的危机主要表现在五个方面：一是学术失范，二是行为失当，三是角色失错，四是心理失衡，五是思想失魂。大学教师在外在压力和内心焦虑的双重夹击下显得无所适从，从而失去了自我的真正角色③。大学文化精神的缺失也是导致大学教师身份危机的重要原因所在，大学教师是大学精神文化最重要、最直接的表现者、承载者。然而受到当今社会实用主义和消费主义的影响，浮躁、迷茫、焦虑成为大学教师身份危机的重要体现④。

四、大学英语教师的身份

外语指的是母语以外的语言，是在非目的语言的环境中学习的第一语言或母语之外的其他语言，大多数人使用的第二语言就是外语。但第二语言包括外语，因而，现在的研究一般不区分外语和第二语言，统称第二语言⑤。

---

① 黄亚婷．全球化与大学教师学术身份重构：情境变革与分析框架．外国教育研究，2015，42（3）：86－97.

② Beaucham，C，Thomas，L. Understanding teacher identity：an overview of issues in the literature and implications for teacher education. *Cambridge Journal of Education*，2009，39（2）：175－189.

③ 杨移贻．大学教师的身份认同．高等工程教育，2011（6）：1－6.

④ 刘传霞．当代大学教师身份认同与大学文化精神建构．现代教育管理，2013（5）：79－82.

⑤ 刘润清．论大学英语教学．北京：外语教学与研究出版社，2001：78.

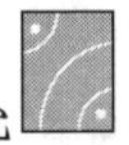

在目前的国内环境中，只要是汉语以外的语言学习和教学都称为外语学习和教学，又由于英语的最为普及性，因而，很多时候“第二语言”“外语”“二语”“英语”等所指的意义都是“英语”。本书中的大学英语（外语）教师指的是在大学中从事公共英语课程教学的非本族语（non-native speakers）教师的统称，简称大英教师。

随着21世纪大英教师研究的社会学转向，卡萨纳韦和谢克特（Casanave & Schecter）率先发起了对外语教师身份认同（EFL faculty identity）本质的探讨[①]，但长期以来由于大学外语学科地位的模糊性和边缘性，外语教师的身份长期以来就被冠以“不合法”（illegitimate）和“不合格”的形象（unqualified），其身份也是被认为是单一的和固化的[②]。当前，中国的外语教学在高等教育系统内呈现出边缘化的趋势、大英教师的职业地位和外语教学专业地位受到质疑，因而，非本族语（Non-native speakers）英语教师身份受到威胁，在这一背景下，外语界迎来了外语教师身份认同研究的迅猛发展[③]。关于外语教师身份的内涵，理查兹（Richards）认为，外语教师身份指外语教师持有的教学信念及其对所承担的社会和文化角色的确定和认同[④]。阿尔苏普（Alsup）从整体的角度来定义外语教师的身份，包括自我的认知、物理和情感等因素。因此，教师身份的构建与教师的信念，教师对自我的理解，如何被别人理解以及认同建构过程中的情感等因素都有密切的关系[⑤]。因此，赖斯（Reis）认为，在身份的形成过程中语言和行为是其核心因素，通过教师话语能够了解二语教师[⑥]的思想和行为，进而了解他们所赋予自己的身份[⑦]。

要构建大英教师作为社会人的社会属性，应该把大英教师放在整个大的社会环境中来考察，蔡（Choi）基于后结构主义的身份观，分析了英语作为第二语言环境下的三位非本族语教师的经历以及他们专业身份建构的

---

① Casanave. C P, Schecter S R. *On becoming a language educator*: *Personal essays on professional development*, 1997.

② Choi S J. *The Experience of Non – English Speaking Teachers and Their Professional Identity Constructions in an ESL Context.* University of Illinois at Urbana – Champaign, 2007.

③ 寻阳，郑新民．十年来中外外语教师身份认同研究述评．现代外语，2014（1）：118 – 126.

④ Richards J C. Second Language Teacher Education Today. *RELC Journal*, 2008（39）: 158 – 177.

⑤ Alsup, J.（2006）. *Teacher Identity Discourse*: *Negotiating Personal and Professional Space.* Mahwah Lawrence Erlbaum Associates, Inc.

⑥ 二语教师指的是从事母语之外的其他语言教学的老师。在国内语境中二语通常指的是英语，因而二语教师通常指的就是英语教师。

⑦ Reis, D S. *Non-native English – Speaking Teachers and Professional Legitimacy*: *A Sociocutural Theoretical Perspective on Identity Realization.* The Pennsylvania State University, 2010.

过程。外语教师通过话语协商构建他们作为英语教师的身份，研究发现，非本族语教师在一定程度上具有相似的教师认同观，但由于其生活史、语言，文化背景、性格和教学实践的差异，其身份认同也因人而异。研究进一步揭示了教师对身份的协商和建构不但彼此不同，而且话语协商和与教学实践和社会环境密切相关①。霍金斯和诺顿（Hawkins & Norton）指出，“因为语言、文化和认同都是交织在一起的，语言本身既可以赋权，也可以使其专业边缘化，对于非本族语教师来说更是如此”②。文化和语言背景是塑造“我是谁”的重要因素。达夫和内田（Duff & Uchida）通过人种志研究了四位外语教师的身份认同，主要考察了教师的社会文化身份在社会实践中是如何协商以及如何随着时间而变化的，同时还考察了影响其变化的因素。为了弄清语言和文化，认同和实践之间的关系，达夫和内田认为，语言教师在实践中有多重身份。教师的社会生活，身份和信念是共同建构、协商和变化的。他们总结到社会文化身份是动态的，随着实践而发生变化③。崔（Tsui）的研究主要关注一名中国英语教师的整个生活经历，探讨了这位中国教师的职业身份建构的过程。作者采用了社会心理学的建构认同理论，表明研究者对英语教师职业身份建构更趋向于理论化、更深度的关切④。赖斯通过叙事的方法，考察了在本族语教师神话影响下的非本族语教师的身份，她提出教师的职业发展计划对于教师的身份有着积极的促进作用，能够帮助非本族语教师形成科学、合理的知识，并最终内化这些知识和自我赋予的角色，最终帮助教师克服本族语神话的影响，从而促进教师的职业身份建构。同时赖斯强调了外语教师在职业发展中话语协商的作用以及社会文化环境中的权力角色⑤。

国内对大英教师身份和身份建构的研究很少。比如高一虹等的研究基于对英语教师的访谈，探讨了他们在科研方面对自我的看法，以研究和研究方法为切入点，总结了当前中国的大英教师四种不同的认同分类：理论

---

① Choi S, J. *The Experience of Non-English Speaking Teachers and Their Professional Identity Constructions in an ESL Context.* University of Illinois at Urbana-Champaign.

② Hawkins, M, & Norton, B. Critical language teacher education. In A. Burns & J. Richards (Eds.), *Cambridge guide to second language teacher education.* (pp. 30 – 39). Cambridge: Cambridge University Press, 2009, P. 32.

③ Duff, P A & Uchida, Y. The Negotiation of Teachers' Sociocultural Identities and Practices in Postsecondary EFL Classrooms. *Tesol Quarterly*, 1997, 31 (3): 451 – 486.

④ Tsui, A M. Complexities of identity formation: a narrative inquiry of an EFL teacher. *TESOL Quarterly*, 2007, 41 (4): 657 – 680.

⑤ Reis, D S. (2010). *Non-native English-speaking teachers and professional legitimacy.* The Pennsylvania State University.

专职研究者、教师研究者、做研究的教师和单纯教书的教师①。而刘熠则收集了来自国内10所大学共31名公共英语教师关于教学隐喻的反馈，通过对隐喻的构成、隐喻所蕴含的教学理念以及未来对隐喻的可能修改等内容的分析，探讨了中国大学公共英语教师的教学隐喻中所蕴含的教师职业身份，将大英教师的身份认同划分为六大类：参与的领导者、知识的提供者、培育者、协调者、帮助者和朋友②。她在其博士研究中，以温格的实践共同体理论为分析框架，以建构主义的叙事视角为研究方法，分析了6位大英教师的职业认同发展和建构。研究表明六位英语教师在多种复杂因素的共同影响与作用下，各自形成了连贯、动态、协商和个性化的职业认同，刘熠强调了叙事研究方法的重要性，外语教师通过与外界环境互动的意义建构过程，从而实现了复杂的意义构建，最终形成了自我的职业身份认同。刘熠的研究更多属于教师个体生命史的研究，追踪了教师个体从中学开始一直到成家立业的整个发展过程。郝彩虹则研究了在职教师读博后的身份认同的变化，通过对他们的深度访谈，探究了这些教师专业认同的变化及倾向，她将教师的职前职后认同分为了5种变化，即生产性、附加性、削减性、分裂性以及零变化。教师专业知识增长、研究能力提升、成长体验的增加主要来源于教师的生产性和附加性认同；而削减性认同和分裂性认同现象主要与外在制度、结构的标准有关；在这些变化过程中，教师不仅仅是作为专业人而存在，更是作为学术人、知识人和社会人而存在，更加关注所蕴含的价值、责任和意义，这是一种超越。大英教师专业身份的形成和重构是教师个人、工作单位、学科共同体与一般意义上公认的学术职业标准彼此之间角力的过程③。杨蒙采用叙事研究，针对一位优秀大英教师的个案分析，探索了其在不同的生活、工作环境下对于教师职业身份建构经历的理解，以及在此时空中影响该建构过程的因素。研究发现优秀教师职业身份建构过程是持续的；优秀教师的职业身份建构是通过积极参与不同的共同体发展起来的④。温剑波以质的研究方法——深度访谈为收集资料的工具，通过对6位大英教师的访谈，考察了大英教师的身份认同。通过对比研究发现，大英教师存在三种职业认同：直线型发展职

---

① 高一虹等．“研究”和“研究方法”对英语教师的意义：4例个案．现代外语，2000（1）：89－98.

② 刘熠．隐喻中的大学公共英语教师职业认同．外语与外语教学，2010（3）：35－39.

③ 郝彩虹．大英教师职后学历学习与专业认同变化研究．外语界，2010（4）：84－90.

④ 杨蒙．叙事视角下的优秀大英教师的职业身份建构的个案研究．苏州大学硕士学位论文，2014.

业认同、曲线型波动职业认同和原点型职业认同，影响教师职业认同的因素包括个体环境与组织环境两类因素①。

第四节　文献小结与概念界定

本章主要从个体、组织以及大学三个维度来考察身份的内涵。从国内外对组织身份的研究来看，社会科学领域对身份的研究逐步经历了从本质主义向非本质主义的转变，即从结构主义向建构主义的转变。由原先静止的、单一的和统一的身份向互动、发展和多元的方向发展，社会结构也由简单的个体行为集合逐渐向结构和能动者之间的动态和持续建构的动态过程发展。非本质主义虽然强调身份的变化和协商，但组织本身有其稳定的特征，其身份也会受到当前组织身份的强烈影响，因而其身份既有建构性的特征，也有结构性的身份特征存在。因此，组织的身份应该是二元结合的状态存在，既有结构的特征也有建构的特征。两者既能揭示当前组织身份的共有状态特征，又能反映出组织身份在社会情境下的发展变化，因而更容易发现当前社会情景下组织的工作机制。

身份研究从心理学层面的实证立场逐渐向建构主义的解释性的质性视角转换，更加注重身份所包含的意义。而质性研究取向认为世界的现实具有多重不同的意义，关注人们如何理解所处的世界以及自身在这一世界中的经历，亦即关注人们所建构的意义阐释（Merriam，1998；Creswell，1998）。因而，通过组织与外界环境的互动构建过程，以及组织内部不同层次的身份互动，从而成为了解组织身份建构的有效途径；通过对大学层面的身份研究梳理发现，身份研究仍旧是一个非常新的研究主题，通过组织身份的研究，可以从一个新的角度来洞察当前高等教育改革背景下的大英教学部的组织身份变化。

大学教师身份总是与一定的社会制度、情境环境和文化变迁相联系，大学教师身份伴随着社会制度和文化变迁不断地获得新的定位和认同，因而大学教师身份具有社会属性，是教师的个体自我和社会自我的统一。无论是在 ESL 还是在 EFL 研究领域，国内文献对大英教师的研究也慢慢地从对教师的结构性研究向对教师的建构性研究转变，研究者从对教师角色

① 温剑波．大学外语教师职业认同的个案研究．外国语文，2015（1）：144－149.

的多样性以及社会文化身份的类别，到建构主义视角下教师对于自我意义的阐释和自我意义的构建研究，而已有的对于教师的研究基本上还是生命史的研究，关注整个个体的长期发展历程。组织被认为是重要的社会群体，个体成员在其中能够实现自我身份的构建，身份意义和构建是通过个体之间以及与外部情境的互动而形成的，社会情境是一个非常重要的考察因素，组织身份与职业身份的关系研究也是当前需要进一步研究的一个重要话题，对于反思教师的职业身份建构过程以及这些过程之间的互动的关注目前还是相对较少，因而，对于个体层面的身份研究仍然存在着较大的发展和改进空间。基于以上文献分析，在本书中主要涉及以下核心概念。

身份：身份包含社会和个体两层含义，社会身份强调个体所处的文化认可的社会空间位置的标识或地位等级，是组织和个人在社会中的类别标识；个体身份强调个体的区分和认同，是一个个体所有的关于他这种人是其所是的意识，对于教师而言，就是关系“我是谁”“我如何看待自己”的问题。身份的本质不仅是个体心理层面的，更多的是群体层面的，个体是群体的一部分，群体是个体的延伸，身份是一种社会互动的建构，这是身份内涵的核心所在。

组织身份：组织内不同个体和群体之间，以及组织与其他机构之间互动所形成的组织成员对于“我们是谁”的共有理解，是组织核心的、独特的、相对稳定的特征，组织身份是变化的，是基于一定的社会背景下的建构过程。在本书的分析层次中，组织身份包含三个方面：课程、职业和作为整体形象的组织。

多维建构：建构的内涵是对意义的理解和阐释，是一个过程并非是一个完成品。多维包含危机、差异、分裂和整合四个维度，危机的内涵是组织和个体的完整性产生了碎片化，组织的合理性和合法性面临困境，受到质疑；差异的内涵是组织中权力结构的分化，产生了不同的利益群体，进而形成了组织内不同的亚群体和亚文化，从而使组织的结构和发展产生了分化；分裂的内涵是由于组织本身的变化性，从而使组织的结构和发展产生了不确定性和模糊性；整合的内涵是个体和群体对组织的发展有统一的信念体系，形成组织内部广泛的一致性，并最终形塑了组织身份。

大学英语教学部：大学英语教学部是大学中承担非英语专业本科生以及硕士、博士研究生英语教学的组织机构，简称大英部。

大学英语教师：大学英语（外语）教师指的是在大学中从事公共英语课程教学的非本族语（non-native speakers）教师的统称，简称大英教师。

第三章

研究设计

第一节 理论基础

一、身份形成的理论路径

霍尔针对文化身份的研究提出两种分析路径：一是本质主义（essentialist），另外一种是非本质主义（non-essentialist）①，本质主义强调的是社会和文化群体的共有独特性，其核心理念是这类群体的特征是“静止的、不变的和持续性的”。身份因而是固定的、连续的和统一的，这类身份往往出现在边缘群体的身份诉求中。按照这一观点，个体身份形成过程即是将性别、肤色、出生地或出生家庭这些固定化的特质施加于个体之上的过程，个体本身不发挥作用，而是由这些特质所控制和形塑。这些特质所具有的固定化、实质化特点则使得身份成为单一的、统整的、不变的和确定的。

非本质主义是社会视角下的研究取向，它强调身份建构的复杂性和社会性，强调了对自我的理解，以及与他人和社会环境的关系，强调了身份的动态性、多元性以及主体与社会结构之间的互动性。霍尔认为，当人们构建身份时，身份处在持续的变化过程中，身份并不是早已存在的，超越了地域、时间、历史和文化的存在。身份本身基于一定历史和现实基础，身份在构建时会经历持续的变化和协商，“身份的构建取决于一系列的历

---

① Hall, S. Cultural identity and diaspora. In J. Rutherford (Ed.), *Identity: community, culture, difference*. London: Lawrence and Wishart, 1990, pp. 222 - 237.

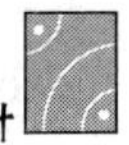

史、文化和权力因素的作用”。从这一角度出发，身份是“在一定的历史和文化中形成的由一系列身份或变化的点而构成过的”，并不是一成不变的。“身份既是一个状态（being），又是一个变化的过程（becoming）”。正是由于身份的持续变化性，人们才能够在新的文化和历史环境中构建身份并加以改变。身份就是“别人赋予我们的不同定位，以及我们如何在过去的叙事中定义自我”。身份是流动的、变化的，是一个自我定位的过程，因为在新的文化和历史环境中，人们是可以改变和重构身份。后现代的主体被定义为没有固定的、本质的和永久的认同①，身份在后现代社会被认为是处于持续的碎片化状态中。身份与我们周围的文化系统密切相关并随之变化和重构。建构主义视角下身份是在协商、话语、实践和情境中建构的。对于组织和个体而言，不同时期具有不同的甚至是相反的身份。身份的形成是一个“复杂的、多维的过程，这个过程中在内部冲突和外部规约，自我展示与外部预期，组织的成长与归因，规则与抵制之间会产生一个暂时的社会性协商的结果”②。

在非本质主义视角下的身份研究通常有两个视角：一是符号互动论；二是社会建构论。两者是一种顺延和借鉴的关系，符号互动论影响了社会建构论的发展。符号互动理论源于美国社会学家库利和米德（Cooley & Mead）提出的相关理论。20 世纪中期以来符号互动理论逐渐用来研究身份问题。库利提出了“镜中我”（looking-glass self）概念，个体身份的感知来自他人对自我的反应，从而形成对自己的看法以及个人由此想象所形成的自我感（Cooley，2012/1902）。即“我们如何看待别人如何评价我们的过程”。在这个过程中，个人身份（自我概念）“不仅仅是对周围事物的机械映衬，而是取决于我们对这些判断的解释和反应”，我们是身份形成的积极能动者。库利还认为，身份是通过语言和交际来建构的，即个体对自己是谁的看法主要是通过日常生活中与他人进行语言沟通来形成的。米德和布鲁默则在承继库利这一思想的基础上，进一步认为自我是一个动态的过程而非静态的结构，且是一个积极的能动者（active agent）。米德认为，自我可以分为主体我（I）和客体我（me），主体我是指在进行意识和思考的自我，而客体我是个体通过反思他人对自己的态度和反应而意

① Hall，S. The question of cultural identity. In S. Hall，D. Held，D. Hubert，& K. Thompson (Eds.)，*Modernity*：*An introduction to modern societies*. Cambridge：Policy Press，1995，pp. 595 – 634.

② Ybema，S，Keenoy，T，Oswick，C，Beverungen，A，Ellis，N，Sabelis，I. Articulating identities. *Human Relations*，2009，62（3）：299 – 322.

识到的自我。“自我”在不同社会情境下与他人互动，可以经由他人对自己的反应及自己对他人反应中所蕴含的意义的判断来协商自我概念（self-concept），就是一个自我认同的过程，所形成的对存在有何意义的感知则是一种自我身份（self-identity）。受米德研究的启发，布林克霍夫等（Brinkerhoff et al.）在身份构建的过程中，提出了角色承担（role taking）的概念，“把我们放在别人的角色位置上，从而从别人的角度判定他们判断我们的标准”，在角色承担里面，我们不但了解“与我们关系密切的人的看法，同时还需要了解与我们有互动的整体的看法”①。实际上，角色承担强调的是个体在与其他组织成员互动的过程中，所期望的其他成员的反馈过程。个体通过组织内与其他成员的互动，从而形成自我的行为。符号互动理论里面最重要的是身份角色（role identity）。以伯克和斯特莱特（Burke & Stryker）为首发展出的身份理论（identity theory），即是从“角色”这一中介出发来考虑社会结构对个人身份及行动的影响。“身份角色是我们在某一角色下的形象”②，在这一理论脉络下，身份的构建有其结构限制，受到社会或者组织的制约。“角色身份是个体在行使某一角色时所附加给自我的所有意义的综合”。由于身份是多面的，因而，身份包含了社会结构和个人主体，“个人和社会的连接正是通过身份这一概念实现的”③。互动理论视角下的个体自我身份是在与他人的社会互动中形成的，随着社会情景和时间而变化。个体用组织身份来定义自我身份的过程和结果就构成了组织认同的实质。

建构主义视角下的身份是动态的、变化的，是社会实践中的一个过程，在这个过程中话语承担了重要的角色。建构主义视角下的组织身份，由于其“适应性的不稳定”（adaptive instability），组织身份不是稳定不变的，而是持续变化的。因而组织身份的连续性处在一个永久的记忆、阐释和挑战的过程重构中。组织身份的内涵已经超越了艾伯特和惠藤所提出的身份是组织中心的、独特的、持久的特征，而是一种社会构建，本质上是变化的，不一致的。对于组织身份的研究，常常采用建构主义视角下的叙事的方法，传统的叙事研究或叙事模式受到结构主义和本质主义的影响，过于刻板并拘泥于形式，并不适用当前多变的社会情景，因而，受到了很

① Brinkerhoff，D B，White，L K & Ortega，S T. *Essentials of Sociology*，7th ED. Belmont CA：Thomson Wadsworth，2008，pp. 60 – 61.

② Burke，P J. The self：Measure Burke，P. J. The self：Measurement implications from a symbolic interactinist perspective. *Social Psychology Quarterly*，1980（62）：18 – 29.

③ Burke，P J & Stets，Jan E. *Identity Theory*. Oxford Univ Press，2009，P. 3.

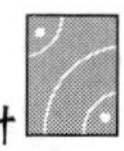

多学者的批判（Robinson，1981；Bruner，1991；Misher，2006）。在社会科学领域，叙事是基于实践的意义重赋，因而具有强烈的建构主义而非结构主义倾向。在一定的社会文化背景下，叙事就成为了研究身份的最有效途径之一。在吉登斯（Giddens）看来，“反身性地理解自我认同的（一系列）故事”① 就构成了个人叙事，吉登斯强调的身份是基于叙事基础之上的对自我意义的理解与建构。叙事可以赋予个体的经历和体验以主观意义，从而实现自我过去、现在和未来的整合，获得对自我的认知，并保证自我意义的一致性和连续性，从而建构相对明晰、稳定的自我身份②。

二、社会建构论下的身份

社会建构论是一种本体论的思想，客观事实和人类的行为规则以及社会的进程都是由人们如何对客观事实的建构和理解以及对行动的阐释而形成的（Cunliffe，2008）。社会建构的理论受到不同学科以及不同思潮的影响，加芬克尔（Garfinkel，1967）的民族方法学，米德的（1934）符号互动主义以及德里达的（1998）后结构主义等。社会建构论的核心思想是现象和现实的“社会建构”（socially constructed），强调社会对群体和个体的影响，是关于社会和互动的理论，现实是在互动中建构的，并在个人与他人的互动中而变化。社会建构论下的组织身份是共有的以及个体所认知的“组织是谁”的社会建构（Corley，et al.，2006；Dutton et al.，1994；Harquail & King，2003）。社会建构论简单地讲就是个体或组织在与他人的社会互动中建构自我的现实与身份，社会建构论下的组织身份建构主要体现在以下几个方面。

首先，身份的建构依赖特定的情境环境。社会建构主义认为，事物没有恒定不变的普遍本质，人的内在本质是社会建构的产物，并受到社会、历史和文化的规约。伯尔（Burr）在谈到知识的探究时认为，要考虑历史、社会和文化情景，语言对事物的分类取决于特定时间、特定地点群体内的社会互动，因而，理解是基于一定情景的，理解方式和语言范畴必须基于一定的社会历史和文化传统，它圈定了人类的认识不能超越历史和文

① Giddens，A. *The Contours of high modernity*. Cambridge，UK：Polity Press，1991，P. 274.

② McAdams，D P. Personality，modernity，and the storied self：A contemporary framework for studying persons. *psychological inquiry*，1996，4（2）：295－321.

化的范畴束缚①。因此，社会建构论必须与一定的社会情景相关，“我们用于理解世界和自我的那些术语和形式都是一些人为的社会品，都是根植于历史的和文化的产物”②。因而，社会建构论认为身份的建构必须有一定的公共领域和公共规则系统，有所处的环境和文化，个体行动的意义并不是内在于行为的东西，也不是内在于心灵的东西，个体行动的意义位于公众领域，公众的规则系统界定了思维和行为的所有可能形式。这也就是格拉斯菲尔德（Glaserfeld）认为的，社会建构论是“人们在与环境的关系中建构、修改和解释与世界的关系中出现的任何信息”③。

其次，身份的建构是关系互动的结果。社会建构论的基础是关系：它是群体性的而非个体性的，事件是相关的而非个体内部的，意义是在群体中与他人的互动和相互关系中产生。因而，个体所具有的态度、信念、认知、情感等心理现象在于社会生活中的人际互动而非在于个体的心理内部。格根（Gergen）将社会建构论定义为一种视角，“人类活动之所以存在是由于社会和不同个体之间的相互影响和交互”④。因而，它强调的是关系而不是个体，联系而不是独立，沟通而不是对抗。事实的获得不能基于观察之上，而必须通过语言的“建构”才能形成，因而，最终的事实必须是社会互动、协商的结果。客观事实是每一个个体在不同的主体间建构他们关于自我、他人和世界的知识。意义就存在于持续变化的、演进的社会交互之中。人们所掌握的知识也是与他人的互动中所学习的，群体和组织内个体在不同层面存在复杂性和相互关系。社会建构论认为，知识来自关系，而不是植根于个体心灵。社会建构论改变了传统的“被动—个体”的研究范式⑤，强调“知识的情景性、发展性和相关性并着重突出了交际问题和个人身份”⑥。“我们可以将交际作为一种视角而不是一门学科来看待”。交际的视角可以使人能从“互动的角度看待事物是如何建构的”⑦。

---

① Burr，V. *An Introduction to Social Constructionism.* London：Routledge，1995，P. 3.

② Gergen，K J. Theory of the self：Impase and evolution. In L. Berkowitz（Ed.），*Advances in experimental social psychology.* New York：Academic Press，1985，P. 265.

③ Glasersfeld，E. *Radical Constructivism：A Way of Knowing and Learning*，London：Routledge Falmer，1995，P. 5.

④ Gergen，K J. Theory of the self：Impase and evolution. In L. Berkowitz（Ed.），*Advances in experimental social psychology.* New York：Academic Press，1985，P. 49.

⑤ Spotter，J，& Gergen，K J. Social construction：Knowledge，self，others and continuing the conversation. In S. A. Deetz（Eds.），*Communication Yearbook*，（pp. 2－33），1994，P. 5.

⑥ Spotter，J，& Gergen，K J. Social construction：Knowledge，self，others and continuing the conversation. In S. A. Deetz（Eds.），*Communication Yearbook*，（pp. 2－33），1994，P. 26.

⑦ Littlejohn，S W. *Theories of human communication.*，Belmont，CA：Wadsworth/Thomas Learning，2002，P. 165.

 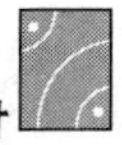

最后，身份的建构是话语协商的过程。身份存在于话语之中，社会建构论强调所谓的真理和事实都基于理解和协商之上，通过经验方法获得的“客观真理”并不存在。社会建构论中的话语指的是文化、社会以及制度实践和框架系统，话语为我们理解这个世界提供了语言和思想。话语不同于一般意义的语言学概念，而是一种社会实践，即话语实践，它是一切知识的基础，而知识是按照一定的话语实践规则所构成的，并成为学科建立的基本条件①。伯尔认为，人们之间的日常互动对知识的创造至关重要，在这个过程中，语言发挥了建构性的角色，语言不仅仅是联系人们的方式，人们因语言而存在。但语言并非因个体，而是因为社会互动而产生、存在或消失。正是通过互动，人们实现对世界的协商和理解。人们通过话语分享意义从而构建现实②。因而在伯杰和卢克曼（Berger & Luckman）看来，人们对世界的观念都是社会的建构，只有通过与其他群体成员持续的对话，个体才会发展自我身份和内在声音。安德森和古德施恩（Anderson & Goodlishian）也认为我们彼此生活在一个话语叙事的世界，我们通过改变故事和自我描述而理解彼此③。因此，在一定的组织环境中，个体的自我叙事可以帮助个体认清自我，去掉与自我身份相矛盾或者模糊的经历和体验，能够在不确定的工作环境中建构自我身份的过去、现在和未来，并保持自我的一致性。同时个体的叙事还可以建立他人对于自我的认可，从而在与他人的互动关系中获得相应的社会身份进而获得与身份相符的各种物质和社会资源④。

社会建构论可以用来研究组织层面的身份建构。在个体层面，身份是一种社会建构，来自个体与他人的互动。身份的这一显著特征成为研究社会和个体身份理论中的核心议题。在组织层面，身份是组织内部个体互动以及组织内部与外部情境互动的结果。克里斯滕森和切尼认为，“对个体和组织身份的研究多采用建构主义的视角主要是因为‘身份’是互动的结果以及身份是一种行动人利用符号资源的表达”⑤。因而个人身份和组织

---

① 米歇尔．福柯．谢强．马月译．知识考古学．上海：上海三联书店2004年版，第203页．

② Burr，V. *An Introduction to Social Constructionism.* NewYork：Routledge，1995，pp. 33–40.

③ Anderson，H，& Goolishian，H. Human systems as linguistic systems：Evolving ideas about the implications for theory and practice. *Family Process*，1988（27）：371–393.

④ Ibarra，H，and Barbulescu，R. Identity as narrative：Prevalence，effectiveness，and consequences of narrative identity work in macro work role transitions. *Academy of Management Review*，2010，35（1）：135–154.

⑤ Christensen，L T，Cheney，G. Articulating Identity in an Organizational Age. In S. Deetz（Ed.），*Communication yearbook*（Vol. 17）. Thousand Oaks，CA：Sage，1994，P. 225.

身份的建构都具有一种社会属性。阿什福斯和梅尔在其研究中指出，作为不同主体间的建构，组织身份本身是模糊的，必须经过社会建构才能完成。他们同时批判了组织身份中被动的、个人主义倾向，强调了组织身份社会建构和协商中的互动和反复的过程[①]。在研究者看来，组织身份是个体职业身份的重要来源，是组织的核心标志和组织的灵魂。个体正是通过日常的交互，从而形成组织身份。与克里斯滕和切尼所认为的组织身份是在不同个体和群体之间的交互才被赋予意义一样，费奥尔和布希基（Fiol & Bouchikhi）也认为对组织身份的探究就是“要发现组织成员所协商的意义和意义结构”[②]。因而在这个逻辑之下，对组织身份的协商性理解既存在统一的理解又存在差异和分裂的理解，这一过程是对“我们是谁”的持续的意义协商的过程。社会建构论可以为考察组织身份提供一个连贯的分析框架来审视组织成员所形成的身份。

三、组织身份的分析维度及其适用性

在社会建构论视角下，组织身份不再是一种静态的、单一的呈现，而是一种综合的、动态的和复杂的协商过程。由于组织本身的复杂性，任何静态的或单一视角的分析很难透视整个组织的变化。马丁对此提出了组织文化分析的三个维度，他认为，对于组织的分析应该考虑从以下三个方面介入：整合维度（integration perspective）强调的是组织内部的一致性；差异维度（differentiation perspective）强调的是组织内部的分化和不同的亚文化以及分裂维度（fragmentation perspective）强调的是组织内部的模糊性和不一致性[③]。通过三个维度的透视，可以展现出组织身份的复杂性、动态性的变化和建构过程。但马丁的三维度分析也存在一些不足之处，一方面，三维度的分析只是对一个组织复杂状态的呈现，并没有体现出组织变化的起因和过程性。随着全球化和教育国际化的推进，大学面临着危机，而变革成为解决危机的最关键因素。如何在危机中发现机遇，成功变革自

---

① Ashforth, B E & Mael, F A. Social identity theory and the organization. *Academy of Management Review*, 1989 (14): 20 - 39.

② Fiol, C M, & Bouchikhi, H. The identity of organizations. In D. A. Whetten & P C. Godfrey (Eds.), *Identity in organizations: Building theory through conversations* (pp. 33 - 80). Thousand Oaks, CA: Sage, 1998, P. 36.

③ Martin, J. *Cultures in organizations: Three perspectives*. New York: Oxford University Press, 1992.

救，是任何一个成功的组织需要面对的重要问题。组织的变化和变革首先始于组织内部所存在的危机，而身份危机的本质在于组织身份感的丧失，即组织自我价值感、组织自我意义感的丧失。因而对于组织危机的关注应该是任何组织和组织变革研究的起点。另外一方面，马丁的三维度分析并没有给出一个最终的组织变革的结果，在其三维度的分析中，整合维度更适合作为一个组织变革的结构结果而呈现，从而更符合逻辑发展的顺序。综合以上两点分析，基于霍尔对组织身份危机的探讨①以及奥德里奇对于身份合理性的论述②，本书将理论框架和分析层次扩展为以下四个方面。

首先，是危机下的身份分析。危机下的身份建构既关注组织的现状又要分析组织所面临的各种问题，建构成了一种对危机的理解和意义阐释。霍尔认为，现代社会的变迁不但使组织中心结构和过程产生了移位，同时还使统一、完整的组织和个体产生了碎片化，因而对身份的讨论应该放在“身份危机”的框架之内。由于日趋复杂的外部环境，以及不同利益群体要求的变化，使高等教育中的组织身份和组织形象也始终处于一种变化的状态中。组织身份和组织形象之间的差距是组织生存潜在的威胁，当组织身份与组织所处的环境之间存在过大的鸿沟，组织身份无法回应当前环境的期待，身份危机就可能出现，大学的组织身份在很多利益相关者看来并非都是正当的或合理的③。因而组织身份危机的核心就在于组织的合理性和合法性问题（legitimacy issue），危机也是组织缺乏统一性的重要表现。奥德里奇提出了两种形式的身份合理性问题，一是情感合理性，二是社会政治合理性。前者指的是组织成员接受新的特质作为组织环境的特征；社会政治合理性是不同的利益群体将组织所具有的新的特质看作合适的、恰当的，它包含两种结构，一是道德接受，与组织文化价值和范式相一致；二是管理接受，即组织符合政府的规则系统④。如果组织缺乏一系列的核心特征，那么组织的相关利益者就无法理解组织的本质、重要性和独特性，因而也就难以形成组织的合理性，危机自此产生。

对于大英部而言，其身份特征应该既要符合组织成员的情感合理性诉求，又要符合利益相关者的社会政治合理性诉求，才能使组织避免陷入身

① Hall, S. The question of cultural identity. In S Hall, D Held, D Hubert, & K. Thompson (Eds.), *Modernity: An introduction to modern societies*. Cambridge: Policy Press. 1995, pp. 595 – 634.

②④ Aldrich, H. *Organizations Evolving*, Sage Pubcations, Thousand Oaks, CA. 1999, P. 230.

③ Stensaker, B. Organizational identity as a concept for understanding university dynamics. *High Education*, 2015 (69): 103 – 115.

份危机之中。情感合理性诉求更多的是组织内部群体的要求，而社会政治诉求更多的是来自外部群体的诉求，两者共同构成了组织合理性的来源，任何一方面的缺失都会造成组织身份的危机。

其次，是差异维度的分析。差异维度揭示了组织中权力结构的分化，组织中存在不同的利益群体，不同群体存在观点上的差异。组织内部因不同的亚文化，从而产生一定的差异。正是由于不同群体和亚文化的存在使组织的发展和目标产生了差异和分化。然而对于组织内的不同群体和亚文化而言，它们则具有内部发展的一致性，以及清晰的亚文化群体边界。组织内不同亚文化之间的差异导致组织发展的分化。组织内部有三个特征，首先，对组织内的实践和发展存在差异的阐释；其次，差异维度对组织整体层面上的统一性提出质疑，差异维度下也存在一致性，但一致性主要存在于亚文化的内部；最后，在群体内的亚文化内部存在发展的清晰性，但不同的群体和亚文化之间存在差异。

差异维度并不否认组织内部的一致性和统一性，差异维度的审视更多关注组织内不同群体和不同文化的存在。马丁认为，组织中的相似和相异并非是对称的结构，组织中更容易存在差异。因而，整合维度是寻求分裂中的相似性，而差异维度是寻求统一中的差异性。对于组织身份而言，差异维度的分析主要有三种不同的视角观点：第一种观点是基于职业分层或文化差异在群体层面对不同亚文化的区分（Van Mannen，1991；Young，1989），从这个视角研究身份的变化，以及不同亚文化之间身份的差异；第二种观点是根据总体的文化结构区分不同的亚文化，尤其是根据不同成员对组织文化的主流价值判断而形成的亚文化，组织内部的主流文化和不同的亚文化之间存在分化；第三种观点是研究组织中至少两种比较成熟的亚文化群体，也就是对组织中特定类型的亚文化群体的研究，这类亚文化在组织中有较强的地位并且存在冲突的关系。在组织内部，不同亚文化的冲突是文化观的核心①。

差异维度下对组织身份的分析还强调对个体层面的分析，由于亚文化之间复杂的、重合的和交互的关系存在，从而影响了个体的归属以及自我身份的形成。因而，马丁认为，“差异维度的自我概念与整合维度中自我的统一性，两者形成反差。当个体从属于不同的亚文化的时候，个体就卷入不同的潜在的冲突群体，这时单一的分析是无法窥视个体的全貌”。因

① Rosen，M. Breakfast at Spiro's：Dramaturgy and dominance. *Journal of Management*，1985（11）：31 -48.

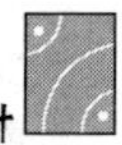

而“多维亚文化身份所创造的自我概念才是是稳定的，有区分的而非统一的，是基于情境的而非独立的”①。当个体自我概念产生分化后，个体并不能与组织形成行动和理念的一致性，因而也就常常与组织产生貌合神离的个体身份。如何实现组织内部不同个体间的共存，消除不同个体和群体的差异和冲突，最终达成组织文化的一致性，对于建构组织身份有至关重要的影响。

再次，是分裂维度的分析。在社会建构论下，组织身份建构的过程充满了动态性、不确定性和模糊性，而分裂维度正是对于这些特征的回应。组织文化的重要特征就在于不确定性和模糊性，由于组织本身的变化性，因而组织内部也难以达成广泛的一致性。马丁认为，“由于意义是可以被阐释的，因而模糊是一个主观感受的概念。模糊的产生是由于组织内部缺乏清晰性或者由于组织本身的复杂和组织内部的矛盾造成的”②。外部环境和内部环境都可能造成组织本身的模糊性，在组织内部“完全的一致性或是明显的分歧都是少见的”③。组织文化是“不连贯的、模糊的并处在持续的变化中”，组织内部对于组织的发展和变化并未形成有效的意义，对组织文化和身份存在多种阐释，无法达成一致的观点，在组织的变革方向上存在很多不确定性，因而组织中就形成了困惑、模糊。马丁认为，在组织内部“分裂维度探讨了不同文化表现之间的复杂关系。各种文化和亚文化中并不存在一致性，相反对于文化的解释是多面的，从而难以形成稳定的统一性”。组织中的模糊性、文化表现的复杂性以及文化阐释的多面性也影响了组织成员的身份选择，从而也使组织成员在自我身份建构中呈现出不确定性和模糊性的特征。马丁认为，只要组织本身持续的发生变化，组织内部的模糊性和不确定性就无法避免，从而形成组织身份的特征。加上组织内部个体的分化和差异，组织最终形成“有距离而非密切，模糊而非清晰，无序而非有序，不可控而非可控”的状态。

最后，是整合维度的分析。整合维度的核心是“组织内部广泛的一致性”。组织就像一个大家庭，个体和群体对组织的发展有统一的信念系统，

---

① Martin，J. *Cultures in organizations：Three perspectives.* New York：Oxford University Press，1992，P. 95.

② Martin，J. *Cultures in organizations：Three perspectives.* New York：Oxford University Press，1992，P. 134.

③ Martin，J. *Cultures in organizations：Three perspectives.* New York：Oxford University Press，1992，P. 12.

个体在“构建组织身份的过程中感到自己是家庭中的成员……相互支持形成了组织成员的强烈纽带”……[①]。并且“家庭成员与家庭组织及其他成员经常有互动，对组织有认同感”[②]。组织身份具有三个主要特征，一是组织中的文化具有持续性，能够反映同一主题，即组织文化能够反映出组织的身份特征；二是组织成员能够达成组织内部广泛的一致性，有一致的价值信念；三是组织内部的文化和价值观是统一的、一致的和清晰的。整合维度下的组织身份也存在冲突和差异，但冲突和差异反而能促使组织形成更加卓越的、强大的群体。组织内部的一致性必须通过不同文化之间的相互联系才能保持一致。马丁认为，组织内部的一致性表现在三个方面：行动、符号和内容。行动一致性指的是当组织的目标与组织的正式和非正式的实践相一致时，行动一致性就会出现；符号一致性指的是文化形式的符号意义与组织目标相一致；内容一致性指的是组织内部不同的实践内容保持一致性。马丁认为，组织中并不总是出现行动、符号和内容的一致性，有时候会出现不一致性，但这不影响组织的整合一致。当组织身份明确时候，可以消除组织中的紧张感，澄清组织中的模糊性，带来组织发展的确定性。组织内部就像一块“完整的巨石”（unbroken monolith），组织中的每一个部分都与其他部分密切相连，并保持一致性。

正是由于组织内部文化的关联性和复杂性，以及受到外部情景因素的影响，从而使不同亚文化之间形成相互影响、相互渗透的特征，而组织也呈现出更加多面性和复杂性的特征。组织内的文化表现形式也是多面的，其内在含义也超越了单一的阐释而存在多重含义。不论是危机层面的合理性，整合维度的统一性还是差异维度的分化性都认为组织文化是简单、有序的、可预测并可以分类的，从而赋予组织内不同群体建构的意义，然而，任何社会组织都是复杂的、多面的和流动的。对组织内部的结构和文化做整齐划一理解或泾渭分明的区别会增加对组织的误解和困惑，难以展示出组织中的的复杂性和模糊性。在分裂维度下，组织文化呈现出一种松散结构，群体身份认同并不能形成稳定的亚文化；相反，组织中存在多种身份意义的阐释，因而缺乏组织层面和亚文化层面的一致性。由于组织成

---

① Schein，E H. The role of the founder in the creation of organizational culture. In P J. Frost，L R Moore，M R Louis，C C Lundberg，& J. Martin（Eds.），*Refraining organizational culture*（pp. 11 – 14）. Newbury Park，CA：Sage. 1991，P. 23.

② Ouchi，W G & Jaegar，A M. Type Z：Organization：Stability in the Midst of Mobility. *Academy of Management Review*，1978，3（2）：305 – 314.

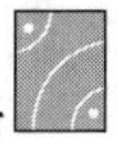

员的分化，从而导致组织目标不够清晰，组织内部缺乏一致性，因而身份也是持续变化的、多元的。

通过多维度的分析才能从整体上把握组织的变迁，任何情境下，单一维度的分析都无法反映整个组织的全貌。因而从四个维度来理解组织文化才是完整的。任何一个维度的缺失都会影响对整个组织文化的理解。危机探寻的是组织身份的合理性，整合维度寻求的是组织中的一致性，差异维度关注的是组织中的不同分化，而分裂维度强调的是组织内部的复杂性和多面性。由于组织文化和组织身份的密切关系，马丁的文化路径分析同样可以用来研究组织身份的分析，被认为是组织研究的有力分析工具（Frost，et al.，1991；Dutton & Penner，1993；Morgan，1997；Eisenberg，et al.，1998；Hylmo & Buzzanell，2002）。“组织身份是通过组织内的文化系统而建构，组织身份能够影响个人的信念和行为，同时也会被个人的信念和行为所影响”①。组织成员倾向于在组织的身份意义上达成一致，从而避免组织内的不确定性和冲突。组织成员对身份的理解因个体特征（比如种族，性别或年龄）以及和群体的联系的差异而产生差异，从而造成了对组织的身份理解的不同。正如韦克（Weick）提出的教育组织的特征是“本土适应性和文化多变性，因而松散的连接系统使组织具有更多的多样性”②。组织内部的差异和分裂是组织身份建构中很自然的一部分，组织身份的形成也是一个渐进的过程，中间会出现各种反复的变化，因而差异和异化是不可避免的，组织中的冲突和张力正是这一问题的体现。组织中的文化和身份的变迁得以在冲突和张力中实现。古斯塔夫森（Gustafson）基于马丁的分析维度研究了组织的身份和重构研究后指出，“明确的组织身份并不代表组织内缺乏特有的、差异的亚身份的存在。同样，组织内多样的、分散的亚身份的存在并不代表组织缺乏统一的身份”③。组织身份的变化存在多面性，而多维的分析可以透视组织身份重构过程中的多面性和复杂性。

---

① Dutton, J E, & Penner, W J. The importance of organizational identity for strategic agenda building. In J. Hendry, G. Johnson, & J. Newton (Eds.), *Strategic thinking: Leadership and the management of change* (pp. 89 – 114), New York: John Siley & Son Ltd, 1993, P. 96.

② Weick, K E. Educational organizations as loosely coupled systems. *Administrative Science Quarterly*, 1976 (21): 1 – 19.

③ Gustafson, L T. *The structure and content of organizational identity in hypercompetitive environments.* Arizona State Universtiy, Temple, 1995, P. 182.

第二节　研究方法

一、质性案例研究

（一）质性研究方法

本书采用质性研究方法，质的研究方法是“以研究者本人作为研究工具，在自然情境下采用多种资料收集方法对社会现象进行整体性探究，使用归纳法分析资料和形成理论，通过与研究对象互动对其行为和意义建构获得解释性理解的一种活动。”① 就是从教师个体作为切入点，研究身份的意义和身份的构建，寻找个体和组织互动赖以依托的意义。质化研究最关注的是意义，重视从参与者的视角来了解不同的个体在日常生活实践中所建构的意义与方法②，其根本目的是为了理解和阐释社会互动，对人类的经验进行深度的描述和理解，而不在于验证假设或推广结论③。质性研究是对焦点问题的多方法、多维度的探索，通常是对研究对象采用解释的、自然的方法。在设问上，质化研究相对比较开放，也更倾向于问为什么和怎么样的问题，而不是是什么或是多少的问题。麦斯威尔（Maxwell）认为，质的研究最大的优势在于其归纳的研究方法，关注特定的情境或情境中的人物，突出语言的作用而不是数据④。本书的理论基础，社会建构论的核心在于个体与组织的互动，以及互动中的意义构建，因而选择质性的研究方法与本书的理论导向一致，质性研究取向成为本书研究的方法论基础。

在本书中，研究者尝试理解组织身份的构建，尤其探讨组织中互动的过程，组织主体对于自我的理解和这种理解是如何进一步影响他们的行

---

① 陈向明．质的研究方法与社会科学研究．北京：教育科学出版社，2000：12.

② Bogdan，R C & Biklen，S K. *Qualitative research for education*：*An introduction to theory and methods*. Boston：Allyn and Bacon，1998，P. 4.

③ Lichtman，M. *Qualitative research in education*：*A user's guide*. Sage Publications，2005，pp. 7 – 8.

④ 约瑟夫·A. 马克斯威尔．质的研究设计：一种互动的取向．重庆：重庆出版社，2007：17 – 18.

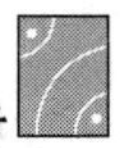

动，以及对于组织的影响，是对意义及“参与者视角”的关注，是解释和阐释取向的研究，与“实证—经验”试图追求类似自然世界中的律则以达致控制和预测目的不同的是，本书中更强调主体性和意义，教师的行动作为认知对象被看作富含意义的文本，其中的意义在历史和文化中所形成，而我们作为知者接近认识对象并不是通过观察和实验，而是通过将自己嵌入到历史和文化中，对认知对象进行移情，以对认知对象的理解。研究试图挖掘教师所处的具体情境对他们行动的影响，同时挖掘其自身主观性因素对于教师在组织中的意义世界建构和行动选择的影响，进而了解个体与组织之间的互动关系。这些都体现为研究的“情境性”特征，无论是教师的意义建构还是其行动选择，都无法脱离组织的具体环境而进行讨论，而“情境性”正是质性研究的核心[①]。在这一过程中，探讨意义如何成为可能，话语就成为一种重要的媒介，通过话语叙述的方法对组织中人的内在世界的主体性及与组织的相互主体性进行探讨。

（二）个案研究取向

“个案研究是对一个环境、一个研究对象、一个文件，甚至是对一件事情的详细探讨”[②]。里奇曼（Lichtman）认为，个案研究的目的就是通过深入研究特定的个案或几个个案，关注特定群体所处的特定情境或特定事件。案例研究法适合用于对发生在当代但无法对相关因素进行控制的事件进行研究[③]。案例研究适合回答“怎么样”和“为什么”这类的问题，其核心精神在于其研究的范围。首先，案例研究是一种高度依赖情景环境对当前存在的现象的实证研究，研究现象与其情景背景之间相互依赖，高度融合。其次，案例研究需要通过多种渠道收集资料，对资料进行综合、交叉分析。有时需要面对处理有待研究的变量比数据点还要多的特殊情况[④]。本书主要探讨教育变革中组织的身份及其建构问题，因此，组织中的教师是抽样对象，个体教师是研究的分析单位。而教师对组织变革的认识、在变革中对自己工作的所观、所感、所想理应成为最重要的抽样内容，并以此来揭示和解释组织文化的变化和身份变迁这一现象与问题，以此构成对教师个体和组织的互动关系。采用个案分析的优势在于通过考察

①④ 罗伯特·K. 殷. 案例研究：设计与方法. 重庆：重庆大学出版社，2004：21－22.

② Bogdan, R, & Biklen, S. *Qualitative Research for Education: An Introduction to Theory and Methods* (2nd ed.). Boston, MA: Allyn and Bacon, 1998, P. 54.

③ Lichtman, M. *Qualitative research in education: A user's guide.* Sage Publications, 2005, pp. 7－8.

组织成员的行为可以对组织的复杂性进行细致地观察和分析，同时还可以对组织的变化过程进行追踪，从而了解政策和改革是如何实施的。因此，一方面，本书首先是一个现场的研究，是高度依赖于情境的研究；另一方面，本书的主要分析单位虽在教师个人的意义理解及行动，但是这种对个人的理解是放在整个组织中来考察的，确切地说，就是通过教师个人的研究最终来了解组织本身。因此，从上述两点来看，本书是一项质性案例研究。

（三）案例的选择

大英部是本书中的主要分析单位，并构成了本书中教师研究的主要情境。本书选取了某大学英语教学部作为分析案例，研究者采用了目的性抽样的方式，即根据研究的目的和方便原则选择能够最大限度地回答研究问题的样本。之所以选择某大学大英部作为分析组织单位，一是由于某大学的大英部比较有代表性，能够在一定程度上反映出当前整个高等教育大英部的基本现状，某大学是教育部直属的国家“211 工程”重点建设高等院校，是新中国成立后中央人民政府创办的第一所新型高等财经院校，是一所偏向人文学科的综合的财经类重点大学。大英部前身为大学外语系公共外语教研室，2006 年成立大英部，大英部承担着全校非英语专业本科生及硕士生、博士生三个层次的外语教学工作；二是由于研究者本人在大英部工作，因而有更多的便利了解它的发展以及教师的工作和研究状况，能够真正地深入到访谈现场。

质性研究的目的在于对特殊情境的探索、描述或解释，这就决定了其抽样不是为了归纳或预测，而是为了创造及测试新的诠释，重要的是要收集具有丰富内涵的资料①。因此，质性研究的样本应该是有目的挑选出来的，符合目的性抽样的原则。而如果采用随机抽样，则可能使研究者错失获取资料的最好机会（Marshall，1996）。因而本书采用目的性抽样原则，虽是对大英部整体组织的案例研究，但是主要研究切入点是个体教师，而且尝试以一种情境分析的方式去呈现教师对于个体身份和组织身份的意义理解以及在组织中的行动逻辑，从而去阐释组织的身份，因此，本书的行文以教师为主，选择了其中的 27 位教师和 4 位学校管理者作为访谈对象，所选取的受访者代表了 20 世纪 60 年代到 80 年代不同的年龄阶段，以及

---

① Carbtree，B F & Miller，W L. 最新质性方法与研究．黄惠雯等译．台北：韦伯文化国际出版有限公司，2007：38.

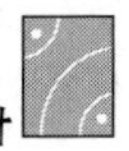

包括讲师、副教授和教授在内的不同职称的外语教师。为了研究方便，对于27位教师受访者，我们分别以1～27进行标记并以姓名拼音作为区分。针对每位受访者，作者先后进行了1～2次访谈，每次访谈的时间大约1.5个小时，分别对4位学校相关职能部门领导做一次访谈，在征得受访者的同意后，进行了录音。需要说明的是，受访者的抽样中主要考虑的是符合方便抽样的策略，对性别、年龄、职称、行政职务等并无刻意的挑选，主要通过教师群体的选择来透视整个组织的变革和发展，因而不存在通过质的研究方法得出明显具有推广性的亚群体特征的“前设”。受访者的基本情况如表3－1所示。

表3－1　受访者的基本情况

编号	教师	性别	出生年代（20世纪）	职称	学位与方向	访谈次数
1	XUE	男	60年代中	教授	博士（文学）	2
2	SUN	女	50年代末	教授	本科（英语）	1
3	WAN	女	60年代末	教授	博士（语言文化政策）	2
4	HUA	女	70年代初	教授	博士（经济学）	1
5	SHEN	男	70年代中	副教授	硕士（语言学）	2
6	LONG	男	70年代末	讲师	硕士（语言教学）	2
7	ZHAO	女	70年代中	讲师	硕士（语言学）	2
8	YIN	女	70年代中	副教授	在读博士（经济学）	1
9	YAN	女	70年代末	副教授	硕士（语言学）	2
10	YI	女	80年代末	副教授	博士（语言学）	2
11	JIAN	男	70年代末	副教授	在读博士（语言学翻译）	1
12	XI	女	70年代中	副教授	在读博士（经济学）	2
13	LI	女	80年代初	讲师	博士（文学）	2
14	HUO	男	80年代初	讲师	博士（文学）	2
15	LING	女	80年代中	讲师	博士（文学）	2
16	KUO	男	80年代初	讲师	在读博士（国际关系）	2
17	GM	女	80年代中	讲师	在读博士（文化传播）	1
18	RU	女	80年代初	副教授	海归博士（语言学）	2

续表

编号	教师	性别	出生年代（20 世纪）	职称	学位与方向	访谈次数
19	TANG	女	80 年代中	讲师	海归硕士（语言学）	2
20	SA	女	70 年代中	讲师	博士（法学）	2
21	SONG	女	70 年代中	副教授	博士（经济学）	2
22	FENG	男	80 年代中	讲师	硕士（语言学）	2
23	DAN	女	80 年代中	讲师	博士（文学）	2
24	GAO	男	80 年代初	讲师	硕士（国际关系）	2
25	XUN	女	70 年代初	副教授	翻译（语言学）	2
26	CHEN	女	70 年代末	副教授	博士（管理学）	1
27	HONG	女	70 年代初	副教授	语言学	2
28	YANG	男	70 年代初	研究员	教育经济（教务处领导）	1
29	PING	男	60 年代末	教授	经济学（校主管领导）	1
30	LEI	女	70 年代末	副研究员	管理学（科研处）	1
31	TAI	男	60 年代末	教授	经济学（人事处）	1

二、叙述探究

（一）什么是叙述

叙述又称为叙事，作为一种文体是来自文学理论中的概念，最初属于文学理论研究的范畴，是文学的要素之一。对叙述的研究称为叙述学，是对叙述文本进行的分析和解释，是一种理论和系统的研究。“叙事”概念包含三种含义：第一是叙事话语，对事件或一系列事件的口头话语；第二是对真实或虚构的事件或故事的叙事；第三指某人讲述某事的行为①。

20 世纪 90 年代以来，叙事已逐渐走出文学领域并逐渐扩大到社会科学研究的各个方面。随着叙述影响的扩大，叙述与意义的建构，理解社会生活等主题联系在一起而受到教育和社会科学领域的关注。不同于文学理

① 热奈特．叙事话语．北京：中国社会科学出版社，1990.

论中的虚构叙述，本书中的叙述指的是教育和社会科学领域中的叙述，不仅仅是呈现过去事件的方式，而且还有意义生产的内涵。叙述并非是可有可无地按照时间发展过程的面貌、中立而毫无逻辑地呈现真实事件的行为，而是负载了特定意识形态和政治意涵的存有论、知识论上的选择，通过这种选择，各种事件按照一定的逻辑方式关联于一体，形成完整的故事。因而，叙述不是呈现，也不是模仿，它的动能不是描述，而是建构一种景观，从而实现意义的生产，因而叙述是一种建构性的陈述。萨默斯（Somers）认为，“叙述是由因果情节事件组成，镶嵌于特定的空间的关系群。叙述要求将单个的事件置放到与其他时间关联的时空关系中辨认，因此，叙述的主要特征是它的关联性（relationality），即它通过将时间各个部分连接成一个有符号、制度和物质实践所构成的社会网络从而形成可理解性”①。叙述是一种建构性的陈述，事件被赋予特定主题并情景化，从而获得意义。叙事注重的是故事的“情节”和“情境”，叙事研究的重点在于挖掘和揭示故事背后的意义。因此，叙述本身实际上已经成为一种话语（discourse），因而它不仅仅是传递信息，而且还传递意义，从而达成理解。“社会物质条件、话语和叙事实践交织在一起，塑造了自我及其身份属性。”②

（二）叙事作为研究方法

叙事或叙述的方式对事件的描述常常是质的研究常采用的研究方法和常见形式③。一方面，研究对象的叙述决定着其故事的内容、情节，因而叙事本身就是意义，其过程就是对于意义阐释的过程。另一方面，研究者需要对叙事者所讲说的内容和故事重新进行分类和建构，也是意义的重新阐释过程。但这一过程中，研究者尽量搁置自己的主观偏见，倾听研究对象的声音，不断思考对方是如何看待自身的经历的，并且将这一经历需要放在特定的社会文化背景下理解。叙事研究是以理解为核心的研究方法，意义需要理解和解释，因此，理解是叙事研究的手段，是研究者进行解释必须做好的事情，这对研究者也提出了很大的挑战。一方面，研究者要关注探究研究对象是如何阐释自我的故事和自我的经历的。在这个过程中，

---

① Somers，M R，& Gibson，G D. Reclaiming the epistemological “other”：narrative and the social constitution of identity. In C. Calhoun（Ed.），*social theory and the politics of identity*（pp. 37 –99）. Oxford UK，Cambridge USA：Blackwell，1994，P. 59.

② 诺曼·K. 邓金．解释性交往行动主义．周勇译．重庆：重庆大学出版社，2004：64.

③ 刘良华．教育叙事研究是什么与怎么做．教育研究，2007（7）：84 –88.

研究者需要构建形成研究对象行动背后的观念结构。这一过程是研究者需要特别注意的，因为研究者本身很容易将自我的观点、评价和理解置于研究对象身上，这就破坏了研究的客观性原则，这是质性叙述研究需要尽量避免的。另一方面，研究者要想对事件作出合理的和有意义的阐释，就必须融入到事件和教育现象中去。同时，还要综合先前的理解和解释，在这个过程中，研究者应该保持态度和理解的开放性，随时需要将相关事件和意义融入进来，也就是说，阐释始终处于一种未完成的状态中。因而研究者要以自身的体验理解与研究对象所陈述的事件和意义融合在一起，从而在互动中达到意义的融合。叙事研究的本质就在于对意义的阐释和理解，在于对个体生活经历的意义建构，而不是对某种事实进行说明。

三、资料收集与分析

在质化研究中研究者有三个主要的数据来源：观察、访谈和物件。这三者本身就可以构成一个三角互证。运用多种资料来源也使得我们能够弥补过于依赖一种资料来源所可能造成的缺陷①。

（一）访谈法

资料收集方法的选择，受资料类型和研究问题的影响。访谈是质化研究中最常见的资料收集方式。访谈可分为不同的种类，如深度访谈、半结构访谈、非正式的或临时的访谈等。访谈不仅能够了解受访者的所思所想，还可以进一步挖掘受访者的价值观念、情感感受和行为规范、生活经历以及耳闻目睹的事件，并且能够了解他们对这些事件的意义解释，具有较大的灵活性和对意义进行解释的空间。同时，访谈能够提供比较广阔、整体性的视野，从多重角度进行比较深入、细致的描述②。

在具体的访谈中，研究者只是对主题做好控制与把握，不要让其偏离主题太远，研究者根据研究问题和研究目的，预先设计好一份指导性的访谈提纲。因此，访谈采取半开放型访谈形式，即研究者事先准备一个粗线

① Lancy, D F. *Qualitative research in education: An introduction to the major traditions*. New York & London: Longman, 1993.

② 陈向明．质的研究方法与社会科学研究．北京：教育科学出版社，2000：169.

条的访谈提纲，根据自己事先的研究设计对受访者提出问题①。访谈提纲在访谈过程中主要只是作为一种参考和提示，具体在访谈中有很多即时性的调整，遵循预先设定好的模式或问题。半结构式的访谈可以让研究者根据情景改变问题，从而能够灵活地反映出当前大学外语变革过程中组织的身份及其建构的大致状况。同时，这种弹性可有助于更多的了解主题与情境，增加研究的内在效度②。在征得受访者同意的前提下，研究者对所有访谈均全程录音。为了尽可能地了解受访者的想法、观念、感觉等，在具体实施访谈时，研究者尽力与受访者建立一种和谐、信任的关系，但又尽量维持受访者的思想独立。为了尽可能给受访者创造和谐的气氛，访谈都是一对一进行，并且都是在受访者的办公室完成，让受访者不会感到紧张。

同时，研究者还充分利用当前的社交软件——微信对受访者进行了文字和语音回访，这主要是针对在资料分析中发现的、在访谈中没有及时挖掘的信息和没有追问的一些本土概念进行补充。社会建构论强调了社会之间的关系和互动，强调了情境性，而身份正是在这种互动的关系情景中生成的。任何的叙述都是处于一定的关系型情景中，受访者的访谈必须放回其所处的关系情景中才能得以解释与理解。因此，本书的访谈自然也是必须从受访者所处的与本书主题范围有关的关系情景开始（具体的访谈提纲参考附录一）。

（二）文本法与观察法

除访谈外，本书还辅以观察和文本书，以多种收集资料的方法来对所收集的资料进行三角互证。观察也是个案研究中重要的资料收集方法。首先，观察可以作为访谈的辅助手段，访谈并非纯粹的语言表达和接收，也有非口语和情感的交流，以及多层讯息的持续交流，这些信息需要研究者在访谈的过程中注意观察。因此，在与受访者交流的过程中，研究者也会注意观察其所使用的各种信息形式，并作及时地记录，同时也会记下研究者的所感所想，尽可能地挖掘其所呈现的“弦外之音”，也就是隐含在受访者语言中的“我”的意义。其次，对于教师而言，最重要的行动是教学和科研，因而，观察教师的日常行为对于了解其行动的“意义”

---

① 陈向明．质的研究方法与社会科学研究．北京：教育科学出版社，2000：171.

② Miles，M & Huberman，M. *Focusing and bounding the collection of data*：*The SUbstantive start. An expanded sourcebook qualitative data analysis.* Thousand Oaks：Sage，1994，pp. 16－39.

就显得尤其重要。研究者前后用了约一年的时间对案例教师长期地实地观察，主要包括对教师的课堂观察，以及教师在教学和科研发展方面的跟踪和观察。

由于本书力图清晰呈现组织变迁的真实情境，以情境化对教师在组织中的行动及其意义的理解，所以，本书同样关注社会和组织的层面对教师的制度期望。因此，在研究中，研究者在访谈教师的资料外，还收集了该组织发展和变化的一些制度性文件和资料，一些相关数据以及该组织和教师发展的政策文本。

（三）资料分析方法

波格丹和拜克伦（Bogdan & Biklen）认为，资料分析是如何将访谈转录、田野笔记和所收集到的其他材料进行系统化的整理和分析，从而更好地理解它们的模式、重要研究发现和建议等内容，具体分析包括组织、拆分、合并、搜寻特定的模式、重要研究发现和建议等内容。数据的真理和分析贯穿在研究的始终①。在质性研究中，数据分析通常会经历确认、编码和分类等过程。分析资料应该与收集资料同时进行，分析资料时，研究者要及时撰写“备忘录”，并从中寻找“本土概念”和“关键事件”。

在具体分析时，研究者首先将质化研究的文字录音资料转录为文字，在转录的过程中，结合研究者访谈时所做的笔记记录、观察以及所收集到的相关文件，研究者随时在相应位置也记下个人的评论、感悟和反思。研究者反复阅读资料，以对资料产生一种熟悉感，力求心底持续闪现着各种人物、事件和语句。为便于日后的组织、整理、查阅和引证，每份转录稿都包含了一个标题，包含访谈地点、访谈时间，以及受访者的基本情况等，并据此编制其标识码，以便后续的查阅。对现象的记录和描述只是质性研究的开始，而更重要的是通过资料的分析能够发掘其所蕴含的深层意义。因而从毫无结构与组织的原始资料到获得有意义的概念，这就需要一个繁复的编码过程。里奇曼对质性材料的分析提出了一个3C的分析模式，即从编码（codes）到类别（categories）再到概念（concepts），类别和概念在编码的过程中逐渐浮现②，这实际上就是一个分析和归类的过程（见图3－1）。

---

① Bogdan，R，& Biklen，S. *Qualitative Research for Education：An Introduction to Theory and Methods*（Third ed.）. Boston，MA：Allyn and Bacon，1998，P. 108.

② Lichtman，M.（2005）. *Qualitative research in education：A user's guide.* Sage Publications.

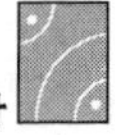

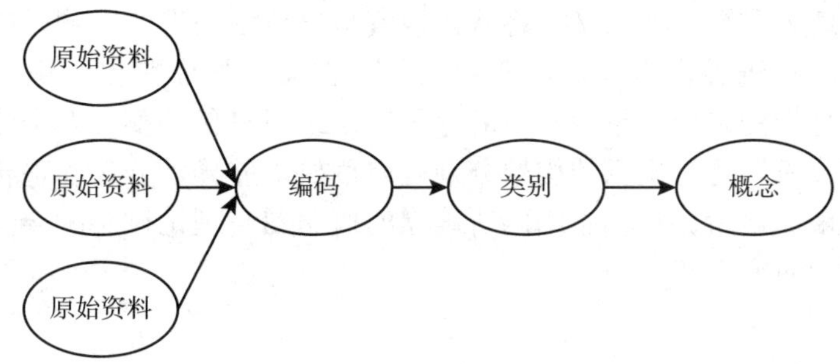

图 3-1 3C 材料分析模式

在实际的资料分析中，研究者将通读全部资料，在阅读的过程中结合研究问题做好标注和标记，从中找出一些与研究问题密切相关的关键主题，以及一些反复出现的观念和术语等，比如“教书匠”“文化民工”“公共知识分子”“教育家”等词汇，综合多个个案发现以完成初始编码。然后，重新审视已获得的数量众多的编码，很有可能会发现有些重复的、多余的，这就需要去掉一些编码，在这个过程中，材料的分析主题逐渐取向集中，而其具体指向三个方向，其一是身份建构中一致性的理解和行动；其二则是身份建构中分化的理解和行动；其三是身份建构中的模糊性和不确定性。这三个不同的方向编码或者类别就相当于三个不同的篮子可盛放相对应的原始文字段落①。在修订完编码后，通过寻找那些具有内部聚敛与外部离散的编码类别，将这些编码组合成不同的类别，并不断对其进行反思、修订，以发现重要的类别、合并相关类别等。而在每一个篮子的分析中，最终分类出了课程身份、职业身份和组织身份三个层次。编码、类别和概念的建立固然是最重要的，但这并非意味着分析过程的结束。质化研究的资料分析不是一蹴而就的，而是一个不断循环的过程，这就需要研究者在资料分析过程中不断地去理解、挖掘材料中重点的内涵和意义。

研究者在此基础上围绕“身份”进行了编码整理和意义提取，依据组织身份分析的三个分析框架确定分析编码，并以此对访谈资料进行了第三次编码，以最大限度地浓缩数据，并尝试建立数据之间的联系，将断裂的数据重新恢复成为一个连贯整体，最终形成研究的概念和意义。教师对组

① Marshall，C，& G B Rossman. 质性研究：设计与计划撰写．李政贤译．台北：五南图书出版有限公司，2006：201.

织的种种理解和行动的意义，将从访谈资料分析中获得的影响教师参与组织的诸多因素概念化为分析框架中的某一概念，从而获得组织身份的危机、组织身份的差异、组织身份的分裂以及组织身份的整合四个维度，将四个维度分析转化为文章的构架分别是以危机、差异、分裂和整合四个维度展现出来。最后，将轴心编码所确立的概念图与理论进行融合，最终形成了研究的研究框架。

第三节　研究框架

一、具体的研究问题

基于前文文献综述和组织身份的维度分析铺垫，本节将进一步具体化研究问题和概念分析框架。随着全球化的发展，新管理主义在高等教育中的兴起，大学经历着全方位的变革，而这些无疑改变着院系的发展方式和大学教师的学术职业，各种内外因素的叠加使大学面临更多不确定的环境，从而影响了教师的组织身份和职业身份，因而他们需要在变革中重构其身份理解①。另外，高等教育的变革也为组织提供了重新审视自我的机会，从而使得院系和大学教师的身份变得更为复杂而丰富②。本书试图考察当前高等教育变革背景下大英部经历着怎样的变化，如何理解自我的身份建构，如何建构其身份阐释，主要回应以下四个方面的具体研究问题。

（一）大英部在面临危机时如何理解其身份困境

在我国高校变革的背景中，大英部的组织现状是什么？是否存在组织危机？如果有，大英教师又是如何理解这些危机的？大英教师的理解是否存在群体特征的差异？

（二）大英部在身份建构中产生了怎样的身份分化

在我国高校变革的背景中，大英教师对于组织身份的理解和阐释是否

① Malcolm, J, & Zukas, M. Making a mess of academic work: experience, purpose and identity. *Teaching in Higher Education*, 2009, 14 (5): 495－506.

② Billot, J. The imagined and the real: Identifying the tensions for academic identity. *Higher Education Research & Development*, 2010, 29 (6): 709－721.

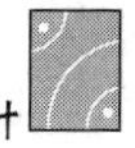

存在差异？如果有，这些差异表现在哪些方面？大英教师的理解是否存在群体特征的差异？

（三）大英部在身份建构中具有怎样的身份模糊性

在我国高校变革的背景中，大英教师对于组织身份的理解和阐释是否存在模糊性和矛盾性？主要体现在哪些方面？大英教师的理解是否存在群体特征的差异？

（四）大英部如何在整合维度建构其身份理解

在我国高校变革的背景中，大英教师对于组织身份的理解和阐释是否存在一致性的认识和理解？表现在哪些方面？这些一致性的理解是否可以在一定程度上重构大英部的身份？

概括而言，根据“个体—情境”互动的逻辑建构，当前高校的变革构成了院系组织身份建构的主要情境，在不同情境的互动中，组织内教师群体通过对话、协商，在互动中彰显了不同的张力，从而赋予组织和自我新的身份意义，并呈现出对大英教学部应该具有怎样的身份问题的阐释。

二、研究框架

本书的研究问题根植于当前高等教育变革和大学英语教学变革的宏观脉络中，当前高等教育的市场化、国际化、大学英语教学变革构成了本书的宏观研究背景。而研究的具体展开，则是通过大英教师的个体访谈，通过他们的叙事来展开对问题的研究。本书的研究框架如图 3－2 所示。

本书的基本逻辑框架如下，身份的建构必须基于一定的社会情景背景，大英部的身份建构是在整个高等教育的变革以及在整个大学英语教学变革背景下的身份建构过程。对于大英部而言，组织身份的呈现必须通过组织成员的叙事过程才使得意义进行呈现，因而对于组织身份考察的核心在于组织成员对组织意义的理解和阐释过程，个人叙述过程构成了身份建构的核心与载体，而组织本身所具有的一些政策文本与规章制度则构成了认识组织的文本叙述过程。组织身份的建构是一个复杂的、动态的过程，体现在了四个不同的维度，即危机、差异、分裂和整合，这四个维度既有线性的发展关系，但更是一个多维的、互动的、螺旋发展的关系，共同构成了组织身份建构的复杂性和多面性，而整合多维的建构在本书中既是身

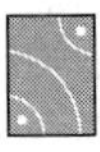

份建构的一个多维，也构成了组织身份重构的结果，使大英部形成了一个相对稳定的身份状态。

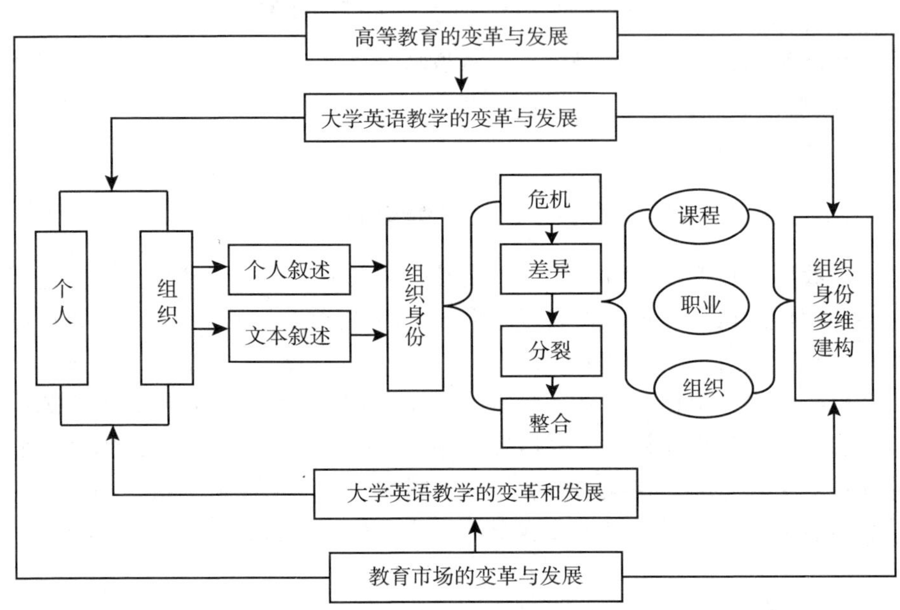

图3－2　本书的研究脉络与框架

学者在探讨组织内的不同身份时指出，组织包含四个不同类型的身份：社会历史文化身份、群体身份、人际互动身份和个体身份①。社会历史文化身份强调社会文化情景的影响，身份的建构不能脱离特定的环境，是组织作为社会身份的共性；群体层面的身份关注的是个体如何将社会群体成员的身份特征内化为自我的界定，从而形成了组织内的亚文化群体身份；人际互动身份强调的是身份如何在与他者的互动中形塑自我感的过程，强调了身份建构中的互动性；个体身份是指个体的能动性和反思性所形成的对于自我意义的感知，从而形成了教师的职业身份。研究者认为，学科（课程）身份、职业身份以及院系组织身份（此处的组织身份是大英部作为一个整体所展示出来的群体特征，是组织作为社会身份的共性，因而与社会历史文化身份相似）是全球化背景下大英部身份塑造最为息息相关的意义来源，从而形成了进行意义协商的结果。

① Jenkins R. *Social identity*. London：Routeledge，2008，P. 94.

第四章

身份危机与困境

艾伯特和惠藤在谈到组织的身份危机时认为，组织身份通常是隐藏的、滞后的，直到组织内出现危机才促使其反思身份并重塑其身份①。霍尔也指出，身份的讨论应该首先放在“身份危机”的框架之内讨论，而一个组织的发展最终是通过合理化其新的身份才能真正取得成功和发展。另外，组织身份的危机成为影响组织变革和教师发展的重要因素，威胁着组织和教师的身份认同。由于大学英语自我定位的模糊及其在整个大学组织中的边缘地位，更增加了其组织身份危机的风险。很多学者更是提出了“去外语化”“大学英语消亡说”，更是将大英部和大英教师的生存危机摆上了台面（冯燕，2010；蔡基刚，2012）。

第一节　课程：“四面楚歌”

在英语里，学科称为 discipline，根据《朗曼现代英语词典》的解释为“大学中学习的某一知识领域如历史、化学、数学等”。(an area of knowledge such as history, chemistry, mathematics etc. that is studied at a university)。《辞海》对“学科”的解释：（1）学术的分类；（2）教学的科目；（3）学术的组织。这与克拉克的观点很类似，他认为，学科是专门化的知识领域。大学英语②作为学科近年来饱受争议，而其学科身份危机指的是对大学英语存在的必要性的质疑，也是对其是不是一门学科的质疑，其外部冲击和内部质疑构成了危机的来源。

---

① Albert, S, & Whetten, D A. Organizational identity. *Research in Organizational Behavior*, 1985 (7): 263－295.

② 以下研究涉及的概念：大学英语、大学英语教学和大学英语课程。笔者理解这三个概念指称的是同一事物，故而称大学英语作为专用术语和本书的讨论对象。

一、外部压力："狼来了"

改革开放以来，随着社会和经济的发展对外语的需求增加，大学不再是学习外语的唯一场所，校内和校外的各种培训机构应运而生。经济全球化的发展促进了文化多元化、信息网络化以及科技一体化的不断发展，传统的大学学院式的语言教育已经很难跟上社会发展的步伐，也难以满足社会对多元化人才的需求①。大学英语作为一门学科和课程，其存在的必然性受到了很大的冲击和质疑。随着大量优质培训机构的涌现，这就好比"狼来了"，狼进入了羊群，熟视无睹，置若罔闻肯定是不行的（3 - WAN - 01）。"狼来了"对于学科和课程带来了巨大的冲击。

随着中国高等教育国际化的发展和深化，英语应用的机会也越来越多，大学中英语语言教学和学科地位也慢慢地被削弱。一位教授谈到自己的教学生涯时讲道：当时教课那阵子，只有教研室，但那时候的英语，从上到下都很重视，用现在的话讲就是"相当火"。加上学校本身的文科属性，英语在各个学科中应用都很广，是非常重要的课程；那个时候学生基础普遍不好，但他们学习英语的热情很高，英语课程享有很高的地位，作为教师自然也是有"扬眉吐气"的感觉，那是英语发展和英语教学的黄金时期。（教师 - 2 - SUN）

大学英语的传统优势地位在改革开放初期至 20 世纪 90 年代末都一直占据着强势的地位。21 世纪以来，随着英语在全国范围的普及，语言学习也更加多样化，学生有了更多的学习选择。

我读书和教学的时候，讲英语、学英语的人不多，"海归"的更是寥寥无几，但现在人人都需要英语，市场上各类培训也层出不穷，能讲英语的人也是越来越多。和那时候比，现在大学英语教学有种鸡肋的感觉。（教师 - 2 - SUN）

英语之所以取得飞速的发展，第一，是由于学习英语的机会增多。第二，是由于政府对于语言教育的重视，尤其是对英语教育的重视。20 世纪 80 年代以来，英语成为中学教育重要的课程，更是高考必考的课程，从而使英语成为普及的外语，在一些教育发达地区，英语也是小学中必修的课程。而到了高等教育阶段，英语成为所有大学课程中必修的课程，与

① 庄智象. 关于我国翻译专业建设的几点思考. 外语界，2007（3）：14 - 23.

英语相关的一些专业，比如，国际贸易、财经、法律等专业都对英语提出了更高的要求。第三，是随着一些培训结构的兴起，英语技能培训的教学逐渐转向了这些机构，尤其是一些高端培训和速成培训，更是由专业的英语培训机构所占据。

大学英语高不成低不就，如果不是必修课程，要求拿学分的话，我估计学生们都去"×东方"了。而现实情况是学分归大学，技能培训归社会机构。学生们各取所需，学生们出国，基本上都要参加英语培训，虽然大家口头上不承认，其实就是对英语教学的否定，而实际上社会上的一些培训机构做的工作就是大英教学工作，如果有一天大英取消了其实一点都不为怪。(7-ZHAO-02)

这是当前大英教学的真实写照，作为大英部的前任领导谈到，玩笑归玩笑，但确实有学校领导提出把大学英语的教学工作交由"×东方"这样的培训机构来负责（教师-3-WAN)。语言教育的多样化以及语言水平的提高对大英教学产生了很大的冲击，最明显的体现之一就是学科发展经费支持的缺失。

在学校加大对各个专业和学科支持力度的同时，反而减少了对大英教学以及大英部的资金支持。这样的结果也就造成了恶性循环，在谈到英语教学的效果时，正如一位被采访的教师谈到的：

教学核心就是一个投入产出的问题，看看我们的待遇条件，再看看人家培训机构的待遇和报酬……现在只求奉献有点勉为其难了，咱们其实付出了很多，而学校的支持又很少，再去苛求教师必须把教学质量提高上去不现实……（16-KUO-01)

这就是一种恶性循环，当大学不再是学习英语的最佳选择时，其地位不仅受到社会学习资源增加的蚕食，还受到学生英语能力快速提升的冲击。用人单位对大学生的需求更多注重语言的应用能力，因而对于大学英语教学而言加强学生的应用能力培养是当务之急，这也反映用人单位对于语言实用性的追求。"能够进行英文技术资料阅读"和"能够用英语进行日常的口头交际"构成了用人单位对大学生语言能力要求的最重要的两项技能①。而这些是某大学英语教学一直在努力解决的教学难题，而社会对人才质量要求的提升，也使得大学英语的教学水平难以跟上社会的需求和期望以及大英改革的需求。一般来说，一种东西的替代品越少，它的价值

① 胡学文等．大学英语社会需求调查分析报告．中国外语，2011（9）：12-17.

就越大，反之，则价值越小，这就是替代效应。当大英教学完全可以被一些培训机构所替代的时候，即是它危机最大的时候。

二、内部质疑："一壶煮不开的水"

学分的多寡往往代表着某一学科在大学中的重要性和地位，进入21世纪后，随着语言的普及和学生能力的提升，很多高校在逐步缩减大学英语必修课的学分①，大学英语在大学的课程中一直以来都是4学分的课程，足以看出其地位的重要性，但随着改革的推进，很多大学的学分并不是教育部颁布的《大学英语课程教学要求》建议的16学分左右，而是8个学分甚至更少。本书中的案例大学也追随全国大学外语改革的浪潮，从2015年开始实行了全面改革，从以往的4个学期16个学分的重点基础课程减为4个学期8个学分。因而，很多英语界的研究者、学者和教师对大学英语存在的必要性提出了质疑和担心（胡壮麟，2002；冯燕，2010；蔡基刚，2013）。当前大学英语的学科身份存在一个模糊性和定位难的问题。对于大英教师而言，他们对自我和对于学科的定位存在模糊性，大英教师对自我定位的模糊，来自大学英语学科地位的模糊性，即它是学科还是一门课程；大英教师的自我定位的模糊性还在于他们的教学和科研是分离的，难以形成教学相长的局面。

对YIN教师而言，其博士以前的学习都是以英语语言学为主，工作后，她选择了经济学作为自己的博士研究方向，脱离了英语学科的发展。在谈到学科专业的选择转变时，她认为：

对我来说，英语更多是个交流的工具，我觉得它最大的用处还在于交流。我一直以来觉得自己研究的很痛苦，后来想想还是从心底里不喜欢英语研究，大学英语就是一门课程，它与我的研究方向没有什么关系，对我来说，语言学需要很多实践载体……从根本上来讲，英语是一种技能吧，或是一种载体；只有当英语与某一被载体相结合，才能叫专业。我感觉自己以前就没有一个很好的定位，或者是没有专业吧，所以后来也就选择了经济学作为我的博士方向，有了清晰感，而经济学的文献大部分都是英文的，这时候反而让我找到了教英语的乐趣所在。（教师-8-YIN）

在本书中，SUN教师，XI教师，FU教师，以及SONG教师都选择了

---

① 王守仁，王海啸．我国高校大学英语教学现状调查及大学英语教学改革与发展方向．中国外语，2011（5）：4-11.

其他专业作为自己职业发展的方向，一方面，是教师个人的兴趣使然，另一方面，在一定程度上说明教师对于自我专业的定位还不够自信，这也是促使他们选择其他专业发展的原因。即便是英语教学领域中的大英教师，在实践中往往和教师的专业研究方向相脱节，造成了教学和研究的两条平行线。

大学英语就像一壶“煮不开的水”，你再努力，它还是生的，还是不能喝啊，它无法成为你的研究话题，还是无法融入到你个人的研究兴趣中。大学中的学术范式和专业训练很重要，我个人的研究方向是文学，但在实际教学中这方面的知识用得不多，更不用说是一些专业的文学研究，虽然在文化的切入方面可能用了一些，但更多的还是对学生听、说、读、写能力的教学，是一个基础能力的训练，与我个人的研究没有任何关系。(15 – LING – 01)

大学英语既有学科的特征又有课程的特征，这种双重属性很容易让教师陷入两难的困境，即所谓的教研相长在大学英语的教学过程中并不存在，或者是即便存在也是一种无奈的选择，从而使教师陷入一种双重选择中。大学英语不像其他学科，教师的所教就是教师的学术研究的主题和来源。正如蔡基刚指出，大学英语一方面具有学科的特征，另一方面在很多人看来仅仅是一门课程而非学科，因而具有双重性的特征。正是因为这种双重性使得大英教师的课堂教学和他们的研究可以区别开来，研究内容和课堂内容可以是完全两种不同的方向。也正是由于课堂所教的东西和教师的学术研究是两条平行线，是分离的，因而造成了“我国绝大多数大英教师对外语教学科研的轻视或忽视，造成他们在外语教学领域内研究成果贫乏和研究能力薄弱”①。

我从事教学工作快接近20年的时间了，最初那个年代也没有啥研究，就是带着学生去读、去听、去写，主要就是心得体会；所以，现在对于教学研究我个人也就没有形成兴趣，也许是多年的习惯，也可能是缺乏这方面的训练，但也就这么20多年过去了，后来发现自己对实用性的东西更感兴趣，最后转向了法律，英语教学对我来说就是一个工具了，我就是一个“教书匠”了。(20 – SA – 02)

像教师SA的这种观念在大英教师中不是个案的现象，很多大英教师教学中讲解的是听、说、读、写等基础能力的培训，而在自我的职业发展

① 蔡基刚．大学英语生存危机及其学科地位研究．中国大学教学，2013（2）：10 – 14.

中却另辟蹊径，从而导致了教师的教学和个人职业发展的脱节。但合格的大英教师，“首先，应该具备坚实的英语基础，良好的听说读写技能，准确流畅的语音语调，应付自如的听读技能，流畅得体的说写技能。教师要掌握灵活多样、符合实际的教学方法，以身作则，用英语进行教学，有敬业精神，不断充电，提高自己的业务水平”①。但当教师的“业务”不再是大学英语教学，而是与大学英语教学没有关系的研究和实践中的时候，从而使得大学英语“这一壶水”也就很难煮开了。

三、学科地位：“渐行渐远”

对于大多数的大英教师而言，一方面，其所教和所研是分离的，造成了他们对于教学科研的轻视或忽略，造成了他们在教学领域的科研成果贫乏和研究能力薄弱；而另一方面，基础的技能教学也并非是学科发展的长久之计。当一门学科对教师而言失去了其吸引力，而教师在科研方面又无法做到有效突破的时候，那么作为学科就失去了其发展的推动力。

对英语教学而言，科研并不是很重要，因为你研究的那些东西在教学中其实根本用不上，大部分时候我们是为了科研而科研，对教学来说，真正有用的还是教学法的东西吧，而这些其实教师们不太感兴趣。在外人看来，也无法做到“高、大、上”，发表就很困难了。教师们自然不会投入精力。如果一个教师英语水平高，基本功扎实，懂得一定的教学技巧，就能把学生教好、把课上好，所以你也没有必要去搞一些关于教学方面的研究了。(7－ZHAO－01)

研究者所在的某大学是教育部直属的“211”国家重点大学，也是国家“985”建设的学科平台，按照逻辑其所有院系教师的教学和科研水平都不会差，然而通过对教学部68名在职在岗教师2013～2016年（2013年1月～2016年12月）的三年文献和资料梳理发现，只有5名教师参加过与大学英语教学及研究相关的组织和机构，不到10%；有68%的教师在过去的三年中没有参加过任何学术交流活动，参加国外学术会议的人数为4人，只占总人数的6%，而发表的论文总量为250篇，每人每年平均是1.2篇文章；然而一旦将文章的质量考虑在内，则不容乐观，过去的三年，大英部教师在核心期刊（CSSCI期刊，也包括外语期刊之外的其他期

① 李观仪. 我的英语学习和教学. 外国语，2003 (1)：50－55.

刊）论文统计只有39篇，每人每年只有0.19篇。“少得可怜”“拿不出手”，而在2015~2016年的学年考核中，大英部有超过一半的教师科研考核成绩为零分，也就是没有任何形式的文章发表、书籍出版或科研课题参与。对于一个重点大学的系部尚且如此，一般院校情况可能会更差。造成这一状况的原因很多，然而，教学实践无法转化为科研，教学和科研分离，教研意识的薄弱是其重要的原因之一。这与很多其他研究者的调查发现基本一致，对于很多大英教师而言，有意识进行科研的教师很少，从而造成了自我定位的模糊性（周燕，2002；张颖，2003；蔡基刚，2013）。对于大多数的英语教师而言，他们可以只负责课堂的语言技能的教学，可以不用去研究英语教学的规律和教学法，也可以不用具有语言教学的背景知识就把一门课完成。也正因为如此，甚至有教师提出，“还不如直接聘用‘×东方’的教师来为学生上大学英语呢，这样才有针对性，或许效果会更好”（16-KUO-01）。这种观念并非只存在于个案教师的理念中。

公共课没有自己真正的学生，他们都是其他专业的学生，有自己的专业，学习英语无非就是要提高自己的实用能力，对他们来说就是要掌握一门工具，用它来学习专业知识或交流。教学内容是教学生英语听说读写的能力，我自己的研究兴趣是语言学，我也曾试图在教学中融入自己的研究内容，但这些东西对他们来说实在是枯燥，远不如一段视频或电影吸引人，学生更关注的还是如何把听力练好，口语练好。上课还是感觉有些脱离实际，对自我个人的定位，怎么说呢，关键还是要把课教好。（教师-17-GM）

大学英语的教学内容主要是针对学生听说读写能力的训练，而基础训练的内容是非研究性的，因此，也是非学术性的，最多是一种训练方法和技巧行为，这就造成了大英教师更注重实践教学，很少或没有时间去研究教学规律和教学法问题，他们的研究更多集中于文学、理论语言学、教育学或翻译学等方面的研究，这些研究与教师的个体学术职业发展关系密切，但同外语教学方法的改进与质量的提高无关，大英教师的研究很少是以英语教学质量的提升为研究目的的①。而多年的重复教学也使教师对于英语教学和课程的信念处于困境之中。

教学没有创新，也没有太好的教材。教学改革提倡好多年了还是没有实质性的改变，改来改去都是“新瓶装旧酒”，没有方向。我们对于教什

① 辛广勤，大学英语是不是一门学科？——大学英语学科属性的宏观思考及其他．外语界，2006（4）：15-22.

么一直都不明确，英语教学到底以什么为主？当教学不能给你带来任何快乐，反而给你带来无所适从的时候，就是它与你渐行渐远的时候，真该就是和它分手的时候了。(教师-4-HUA)

当教师在课程的教学方面无法获得满足感，而又在学科科研方面无法实现有效的成绩的时候，使教师对于学科的认同感降低。他们原有的成就感急速下滑，原来的语言教师地位发生动摇，从而使大英教师对于自我的身份和组织的身份产生去认同化的感觉。对于大学教师而言，学术是其安身立命之本。刁彩霞、孙冬梅在对大学教师的身份标识研究时提出，学术人的本真内涵是以知识的生产、传播、研究、创新，以真理的探究为终身己任和事业的人。学术能力、学术工作构成了教师职业发展中的核心，如果大学教师无心学术工作，放弃自我在学术能力方面的提升，那么其职业发展必然是不完整的、欠缺的，也是无法融入到大学的文化中去的，更谈不上立足于全人类的利益，从而有效地探究知识，最终，教师只能沦为一个教学工作者，抑或最终被大学所淘汰。一个不能够或者脱离学术工作的大学教师，与大学的学术本真是格格不入的①。大英教师的教学和科研任务基本上是囿于现成语言技能的培新和语言知识的兜售，即便教师有关于教学的学术，也是对一般教学技能的综述和探索，缺少学术应有的严谨性以及学术的深度和广度，因而普通语言的传授难以称为学术活动。这种课程中的学术和教学的背离，以及教师本身的教学活动与自我专业追求的偏离，造成了大英教师对学科，对于课程定义的危机。更为严重的后果就是，当大学公共英语课程不再作为课程存在，就有可能从重点高校课程体系中退场，一旦出现这样的状况，现有大英教师必然会在短时间内成为无英语语言课程可教的过剩教师。正如一位教师所谈到的，“后果很严重”“饭碗不保”的状况，与学科的关系也就“渐行渐远”。

迈纳（Miner）提出了对于学科属性的确认问题，一门学科的确认既需要内缘体制（intrinsic institutions）内从业者的认可，同时更需要外缘体制（extrinsic instifutions）的认可，尤其是社会体制（social institutions）的规训和确认，两者缺一不可②。而大学英语从教师内部认识和外部社会体制方面都缺乏作为学科的立论基础，这也是引起学科地位争论的源头。蔡基刚更是一针见血地指出，大学英语不是学科，只是一门课程，它缺乏作为学科的最基本要素，作为学科，第一，它要有不可替代的、核心的、独

① 刁彩霞，孙冬梅．大学教师身份的三重标识．现代大学教育，2011（5）：22-26.

② Miner E. *Corrtparative Poetics*. New Jersey：Princeton University Press，1990，P. 5.

特的研究对象；第二，要有完整的理论体系或知识系统。大学英语在这两方面都是欠缺的，因而它不是学科甚至连研究方向也谈不上①。大学学术职业的根基在于以学科为基础开展研究工作，学科一方面规定了学术探究的范围和边界，并发挥着一般意义上的指导作用；另一方面，学科还标示了开展学术探究的独特方法，体现着现代学科规训的深刻影响和制约。学科的模糊性也影响了教师的职业身份，大学英语的学科地位规制了大英教师的职业身份和组织身份认同。英语作为全球语言越来越受到重视，但是，英语作为第二语言的学科身份一直处于边缘和模糊的状态，对于大学英语教师而言，确认自我身份的合理性首要问题是承认外语教学的职业性和专业性②。

第二节 职业："文化边缘人"

对于个体而言，"人的认同危机是围绕'自我'产生的一种存在性焦虑或者本体性安全受到威胁，导致自我的身份感，或者说自我价值感和意义感的丧失"③。教师职业身份危机与现代危机相伴而生。大英教师的声音一直没有受到外界的重视，而他们作为语言教师的身份也受到很多质疑（Golombek & Jordan，2005；Pavlenko，2003；Llurda，2005）。随着后现代社会对一切传统形象的解构，大学教师这个曾经的完美形象也面临着同样的困境，面对公众社会的不断质疑，作为具有较强自我反省意识的群体，大学教师也常常处在"我是谁"的自我反思和责问中。高等教育中的市场化和高等教育中管理主义的兴起，给大英部带来极大地影响，随着大学与社会的融入关系越来越密切，作为高踞于象牙塔之中追寻真理和知识探索的大学教师群体，面临着角色变化引发的身份认同问题④。对教师而言，"认同危机是个体对自我的不确定性的一种疑虑和焦虑，是自我价值感的衰落、自我身份感的丧失和自我归属感的迷失"⑤。

---

① 蔡基刚．大学英语生存危机及其学科地位研究．中国大学教学，2013（2）：10－14.

② Varghese，M，Morgan，B，Johnston，B，& Johnson，K A. Theorizing language teacher identity：Three perspectives and beyond. *Journal of Language*，*Identity*，*and Education*，2005，4（1）：21－44.

③ 宋德发，李林静．论大学教师的身份危机．理工高教研究，2008（12）：50－53.

④ 杨春洪，吴慧平．他者与自我视界中的大学教师身份认同．教师德育论坛，2013（6）：23－27.

⑤ 孙二军．教师专业发展中的身份认同与认同危机．现代教育管理，2011（2）：87－89.

一、知识结构："一条腿走路"

经济全球化的发展促进了国际间的交流，高等教育国际化成为当今世界大学的主要特征和重要趋势。加拿大学者奈特（Knight）认为，高等教育国际化是"将国际的、跨文化的或者全球维度融入高等教育目标、功能与提供（delivery）中的过程。"① 学生国际意识和跨文化能力的培养是目前国内外大学在制定本校的发展目标时着重强调的内容。如何将这些维度融入教师的教学和研究中，提升学生的综合能力对教师的教学和知识储备都提出了更高的要求。

学校对英语教师的要求是"一个都不能少"……实际上还是与大的环境有关系，不论是社会还是大学对教师的期望都很高，教课要好，科研更要能拿出手。尤其是在当前社会，教师必须是个多面手才行。文学一直是我的专业，但是在教学中没有什么优势，时代发展和学生的要求变化太快，其他专业知识了解得太少了，感觉就是"一条腿在走路"，觉得缺点什么。(13 - LI - 01)

目前，我国绝大多数的大英教师都是由高等院校中的英语语言文学专业培养出来的，他们的学科知识结构单一，也缺乏跨学科的融合，因而使得大英教师在知识结构方面存在先天不足的缺陷②。而在信息经济时代，知识的产生模式产生了质的变化，因此，要求大学教师"在教学上由单一学科型的教学转化为以某一学科为核心、多学科参与的教学；在研究上由割裂型的纯学科研究转向以纯学科研究为核心的多学科共同参与的复合型研究，由同社会不相关的线性研究转化为与社会产生互动的研究"③。而这些新的要求对于语言教师而言都是目前阶段欠缺的，也是很长一段时间内难以企及的。

现在的信息这么发达，学生见多识广，他们海外交流的机会也很多，语言能力都很强，而且对于不同的文化也有一定的了解，这对教师来说是一个挑战，尤其是像英语这种课程，资讯这么发达，可以学习的途径这么多……传统的教法肯定是被淘汰的，如果想把课教好，必须做到多元化才

---

① Knight, J. Updating the Definition of Internationalization. *International High Education*, 2003 (33): 2 - 3.

② 陈国崇. 新世纪大英教师面临的挑战与对策. 外语界, 2003 (1): 48 - 53.

③ 南佐民, 范谊. 论外语学科的研究范式创新. 外语界, 2007 (1): 2 - 8.

行，我常常将当前的国际热点问题拿到课堂来讲解和讨论，算是一个很不错的尝试，这样就很好地平衡了语言知识和内容教学。大学课堂还是要拓宽学生视野，培养学生的自学能力和思考才行……。(16 - KUO - 02)

实际上从 2012 年教育部《全日制普通高中英语新课程标准》来看，对学生已经有很高的要求，学生不仅应该具备自主学习和合作的能力，而且还要掌握综合语言运用和提高能力，同时还要具备获取信息、处理信息的能力；在语言的实际应用方面，学生需要具备分析问题和解决问题的能力；标准特别指出了学生应该能够用语言进行思维和表达的能力；而在国际视野和民族使命方面，课程标准要求进一步拓宽学生的国际视野，增强他们的民族使命感，从而为他们未来的学习和发展奠定良好的基础。

教学是在重复中学习的内容，这不能满足时代需求，这也是为什么很多学生在课堂上对英语学习积极性很低的原因。与整个环境都有关系，当前的教育变化这么大，各种新的事物都会影响到我们……学生能力提升了很多，然而如果自己还是故步自封，能力提升有限，无法引领学生的学习和发展，肯定是有欠缺的。(6 - LONG - 01)

大学英语教学必须有所变化才能适应当前时代变革和教育国际化的需求。"如果大学外语不能进一步提升学生的语言知识和语言技能，就失去作为语言课程存在的意义。而要进一步提升学生的语言知识和语言技能，靠纯语言课程是无法达到目标的"①。

现在国际交流这么频繁，国外的教师也越来越多地进入中国的高校从事教学和科研，像咱们学校不仅有外教教语言，其他学院还有教专业课的外籍教师，开设的都是全英文的课程，这无形中给本土的大英教师增加了很多的压力感，如果你没有什么变化，你拿什么和人家竞争呢？(教师 - 4 - HUA)

而即便是像教师（RU）这样在国外获得硕士和博士学位的教师，回国后从事大学英语教学也并未感到有任何优势。她觉得：

"海归"会越来越多，国际交流也非常多，所以就没有什么优势，和同行的国内教师相比，我们还要花费更多的时间去适应一下教学环境。不管是不是"海归"，你得有拿得出手的真本事才行，其实"海归"也没有那么诱人了。像我这样专门从事语言学习的"海归"还是少数，在很多人看来，语言本身不是专业。大部分海外学习都是选择其他专业学科，他们

① 冯燕．去外语化：重点大学公共外语教师发展的必然选择．大学教育科学，2010（3）：67 - 72.

的语言能力很强，专业性也很强，和他们相比，我们没有优势。加上学校本身就是以财经为主，学生来的目的是学习财经而不是语言，语言对他们来说就是一个辅助工具，所以更显得我们的边缘化。(18 - RU - 01)

高等教育国际化对中国高等教育的影响主要体现在，随着国外优质教育资源的涌入使中国高等教育市场的竞争日益加剧，不但是大英教师，对于整个学术职业都有很大的冲击，而由于大英教师知识的单一性和可替代性较强，使得这一职业群体更容易受到各种内外部因素的影响和冲击。

二、职业效益："劳而无功"

效益，是某种活动产生的有益效果及其所达到的程度，是效果和利益的总称，它包括项目本身得到的直接效益和由项目引起的间接效益。教师的职业效益主要是指教师在科研和教学方面所取得的效果总称。"国际化中的商业化思潮对中国高等教育也有很大的冲击，效率成为优先考虑的准则"①。而同时随着高等教育市场化的发展，新管理主义在高等教育中逐渐兴起，在新管理主义视角下，效率和质量成为衡量大学以及大学教师是否成功的重要标志。对于大学教师而言，科研和教学成为衡量教师职业效益的重要标准。

（一）科研："临时抱佛脚"

科研成为衡量教师工作效率和质量的标杆。对于大英教师而言，科研能力的不足似乎成为不解的难题之一。

科研确实是个大"bug"，首先你得有时间；其次你还得坐得住。对我来说，搞科研的目的只有一个，就是为了尽早地评上职称，或者更实际一些就是多涨点工资。自己平时书读的不够多，缺乏积累，没有积累也就找不到一些兴趣点。如果"临时抱佛脚"的话，写出来的文章质量自然不高，发表肯定就很难…… (25 - XUN - 01)

教师的观点代表了很多英语教师的心声；一方面，大英教师普遍的教学任务繁重，缺乏从事科研工作的时间，在案例大学中，教师的平均工作量为周 12 学时，有的教师达到 18 学时，教师的时间基本上用在了备课、上课的循环往复中；另一方面，教师作为社会人，其角色的多重性也使他

① 李素敏. 高等教育国际化对中国高等教育发展的影响. 高等教育研究，2009 (4)：11 - 14.

们难以将大量的时间用在科研上，再加上多年的基础课教学，很多教师对科研本身也失去了动力和信心。

大英教师与其他教师在科研上还是有很大差距，远的不说，就和咱们自己学校的教师比，我们的课题和专著也少得可怜，高质量的就更缺乏了，基本上都是一些校级课题和项目，或者一些工具培训书的编写工作。作为学英语的我们在国际英语刊物上发表的论文寥寥无几。我们的科研水平要想达到国际发表要走的路很远；我们对教学研究的重视程度也不够充分，这些都会阻碍我们的发展。(1 - XUE - 01)

从过去的三年统计来看来，某大学中大英部教师申请到的国家级和部级课题只有4项目，然而，大英部教师的数量是全校院系中较多的。而反观其他强势院系，各类国家级和部级课题少则七八项，多则几十项，这样的产出效率自然能够获得更多的学校的经费支持。

科研存在弱势肯定不能完全归结于教师们，我觉得与整个教育还是有关系的，咱们的教师是语言文学培养出来的，学校教育缺乏跨学科知识结构，而且语言本身就是直来直去，知识缺乏融会贯通，限制了思维的发展；科研更多的是一种思路，一种思维的训练，这是整个教师语言教育欠缺的；我们在教师培训上主要精力花在诸如听、说、读、写、译等英语技能的学习和训练上，缺乏一定的科研方法和训练的积累。(教师 - 4 - HUA)

南佐民、范谊指出，外语学科由于其学科特征，其研究大多是从理论到理论的纯学科研究，应用范围狭窄，社会参与度与认可度都很低，也缺乏从研究到应用的市场转化能力，其成果的物化渠道匮乏。这种循环就造成了从事大学外语教学的教师科研成果普遍偏少，从而导致大学外语教师对科研的参与兴趣和参与能力不断弱化①。因而在以效率为第一原则的高等教育环境中，大英教师的科研职业效益很低。

如果我们的科研能上去，学校的政策自然会倾斜，支持也会随之而来；但是科研如果不行，差距只能是越来越大，科研经费不足，这就是一个恶性循环。我们在教学上付出了很多，这个谁都不能否认，市场介入不足是一方面，但很多时候，我们不被认可主要还是因为科研很弱，只靠一些总结和归纳肯定不行，在研究方面，我们还是很欠缺的。(1 - XUE - 01)

---

① 南佐民，范谊．论外语学科的研究范式创新．外语界，2007 (1)：2 - 8.

大学应该是人类普遍知识和社会主流精神的引领者，这体现在大学对学术、真理和和谐自由的追求之上，大学教师的核心职责是承担起这种责任，具备研究的精神，做一个守护者、践行者，做一个学术至上的知识人，无疑应当是大学教师的第一身份。只靠“临时抱佛脚”式的做法是无法实现教师对于自我学术身份的认同，也就无法达到学术至上的知识人这一身份认同，大学教师这一根本的身份特征与大英教师的真实处境产生强烈的反差，从而使大英教师对自我身份的合理性产生怀疑。

（二）教学：“心有余而力不足”

大学英语作为大学的基础课之一，其学时为每学期2～4个基础课时，每位教师平均课程为12节课（每节课50分钟），其学时数多于其他基础课程和专业课程。“费时低效”是很多受访教师对当前大学英语教学的评价，“费时低效”主要体现在大学英语教学投入的时间很多，一方面，学生的语言应用的技能仍然不足，语言的应用能力偏弱；另一方面，学生缺乏文化素养。教师付出了很多，然而收效甚微。“水”是当前大学中非常流行的学生对于课程评价的标准，“课程太水”是学生对于教师上课的基本评价，大英部每年每一学期都让学生对教师的教学情况进行网上评价和学生座谈。由于研究者本人曾是学生座谈的主要负责人，因而也就能够获得第一手的反馈信息，这些信息所折射的更多是学生负面评价声音，“课堂有一半的时间是presentation，上面同学展示的时候，下面的同学都在玩手机”；“课堂不够活跃，形式不多，学生参与度不高”；“教师决定内容，太随意了，偏离了教学内容”；“上课时组织的活动也不吸引人，没有效率”；“上课学不到什么东西，课程太水”；“上课语言、文章内容学的太多，没有什么文化差异体验”；“课程缺乏内涵”。尽管学生的评价会带有主观的意识，但却是衡量教师上课效果很关键的一个方面。

学生对课堂不满意的原因很多，教师是很大的因素，语言应试的话，我们比不了培训机构；而文化素质的培养呢，又比不了其他通识教育的学科，大部分学生在课堂之外都会选择到培训机构进修，以期获得更好的出国成绩。这起码一定程度上说明了我们的教学还是存在很多问题，“教什么”“怎么教”都是需要教师思考的问题。很多人评价我们是“只会英语，没有专业”如果缺乏专业功底那没得说，但如果英语语言本身教不好，就失去了自足之本，怎能获得学生好的评价呢。(15－LING－01)

从研究者的课堂观察和访谈来看，也能从另外一面印证了这一说法。

大英课堂的规模人数基本上都是维持在55～65人。大部分教师的课堂教学仍然是比较传统的以教师为主的教学方式，多年来一直延续着传统的授课方式，课堂中学生获得的融入机会很少，由于人数偏多，师生之间以及学生之间的互动偏少，使得英语教学既无法集中于技能的培训，又缺乏实质性的内容载体。

教学班级太大了，我教三个班，每个班65人，即便是我个人想提高学生的能力，但实施起来太难了，根本不敢布置一些作业，检查都无法顾及。很多时候就是疲于奔命的状态，说提高教学质量，基本上都是空话，都说让教师做好引导者、参与者的角色，但面对如此庞大的班级学生群体，如何做好？有种“心有余而力不知足”的感觉，能做到的就是尽量对得起自己的良心。(9－YAN－01)

语言教学有自身的规律，大英部的教学除了语言训练不足外，其课程内涵也缺乏深度和广度，从而使课程有种“鸡肋”的感觉。

教师的课堂教学还是停留在比较传统的教学方式上，课程缺乏文化内涵，学生即便是掌握了英语技能，但培养出来的学生缺乏文化素养，缺乏人文情怀，甚至没有读过几本国外经典作品，缺乏在两种文化间切换的能力，这样的教学是失败的，最后培养出来的学生也没有竞争力。(14－HUO－01)

在英国，外语教学中通常会将文化教学寓于文学教学。外语专业都通过教授文学或使用文学材料提高学生的文化素养。同时，他们还可以到所学语言国家学习或工作一年或半年，以提高他们的实际运用语言的能力，这样也可以了解国外的文化传统、风俗习惯等。这是咱们的大学英语教学都达不到，不用说到国外学习，就是基本的文学素养的缺乏。(14－HUO－01)

由于受制于内外部的教学环境，使大英教师在教学方面的投入有种“心有余而力不足”的限制感。这也正如时下比较流行的一句话，“大学教师从不加班，因为他们从不下班”。大英教师上班的大部分时间用在了备课教学上，而授课之外，他们最主要的工作就是科研：知识创造与生产，这种工作性质决定了他们没有上班和下班的区别，从而也导致他们心有余而力不足的感觉。

三、本族语神话：“说得好，不如长得白”

语言的本质决定了本族语者（native speakers，NSs）远比非本族语者

（non-native speakers，NNSs）有更多的天然优势。不论是 NNSs 的语言能力有多好，抑或他们讲得多么流利、标准，在起点上就已经落后于 NSs。这种现象被称为“本族语神话”（native speaker myth）①。随着高等教育中市场化的兴起，“来自母语国的 NSs 比非母语的 NNSs 是更具有市场价值的商品从而能吸引更多的顾客（学生），提供更好的服务（课程）”②。具体到本书的研究语境，指的是外教在语言能力方面远远强于本土的大英教师，具有更好的语言教学能力，也更受到学生的欢迎。国内的大英教师，其主体还是以 NNSs 教师为主，大英部作为拥有接近 80 名教师的部门，仅有 7 名兼职外教，而他们负责整个大学的所有英语教学工作，由于合格外教的稀缺，外教成为中国高校争相抢夺的资源之一。而外教作为本族语神话的代言人，其理想的英语教师的形象对 NNSs 的职业身份产生了很大的影响。

外教的优势就是长得“白”……，学生的第一印象就是他（她）是个外教，肯定有种先入为主的感受，就是外教教得好。咱们教得再好，说得再好，也不如人家长得白啊。

但是必须承认，外教的优势咱们是比不了的，他们对本国的文化和生活习惯有更好的了解，无形中会将文化渗透到学习过程之中，他们的语言是自然习得的，对一些发音把握准确，课堂组织也很多样化，给学生提供了一个相对真实的语言环境，学生喜欢这样的教学方式，咱们肯定比不了吧。（19 – TANG – 2）

从对学生的访谈情况看也部分证实了教师 TANG 的说法，“上课气氛很活跃”“老外的语音语调准确”“对文化有最真切的了解”“希望多增加一些外教的课程”。但并非所有的学生和教师认可外教的教学方法，“上课很随意”“课程内容过于简单，就是一些口语话题”“参与的机会不多”等。

对学生来讲，他们还是很希望自己的英语教师是训练有素的。外教语言的流利度并不能保证他们就是好的大英教师。语言的教学还是需要一些很专业的训练和技巧才行，很多外教在这方面是欠缺的。（教师 – 17 – GM）

外教上课有时候比较随意，缺乏系统性，但他们上课形式比较多样

① Phillipson，R. *Linguistic imperialism*. Oxford：Oxford University Press，1992，P. 48.

② Reis，D S. *Non-native English teachers and their identity legitimacy*：*A Sociocutural Theoretical Perspective on Identity Realization*. . The Pennsylvania State University，2001，P. 1.

化，注重交流和鼓励学生，因而他们比国内教师更善于调动学生的学习兴趣，他们有更好的语言能力与文化优势。(18 – RU – 02)

NSs 正是通过“强化白以及英语语言的优势”从而构建并保持本族语者主义（native-speakerism）①。而这一观念暗含的假设则是与 NNSs 相比，NSs 是更合格的语言教师，而这一假定在一定程度上使本土教师的地位在语言教学上永远处于弱势地位，并在一定程度上损害了他们作为语言教师的身份和身份认同。尽管赖斯指出，NNSs 教师具有 NSs 教师的能力和资质，但仍会影响他们的职业身份和认同。本族语神话“阻碍了英语作为第二语言教学的职业的发展，剥夺了非本族语教师在平等条件上的参与”②。

在大学英语教学中，拼的还是语言能力。所以不论教师的科研多么的厉害，学生认可的还是语言本身，也不论是你有多少教学技能或者教学经验，一口流利的语言就可以掩盖一切，所以在这方面本土的教师难比老外，这个不像其他学科，其他学科的发展起码需要有本土经验和情怀吧，比如金融、财政，你必须得结合中国的社会经济和现实才能讲好。(教师 – 8 – YIN)

学生喜欢外教，主要还是语言程度的考虑，语言流利，发音标准，甚至是人长得帅，对学生来说是更有说服力的重要原因，所以不论国内教师做得多好，即便是他们教得比外教更好，但还是感觉技不如人。(教师 – 17 – GM)

NNSs 教师的职业身份长期以来就被冠以不合理和不合格，其职业认同也是被认为是单一的和固化的③。在大英部，大英教师的主体是本土的 NNSs，但本族语神话的存在仍然威胁着非本族语教师的职业身份，再加上 NNSs 教师对于自我身份的怀疑，使得大英教师的职业身份处于一种危机状态中。“本族语神话”的存在就会让 NNSs 产生“焦虑”，从而在一定程度上会妨碍 NNSs 教师成为合格的、自信的教师。大学教师在外在压力和内心焦虑的双重夹击下显得无所适从，从而失去了自我的真正身份④。

---

① Motha, S. Racializing ESOL teacher identities in U. S. K – 12 public schools [J]. *TESOL Quarterly*, 2006 (40): 495 – 518.

② Canagarajah, A S. Interrogating the “native speaker fallacy”: Non-linguistic roots, non-pedagogicalre SUlts. In G. Braine (Ed.). *Non-native educators in English language teaching* (pp. 77 – 92). London: Lawrence Earlbum, 1999, P. 87.

③ Choi, S J. *The experience of non – English speaking teachers and their professional identity construction in an ESL context.* The University of Illinois at Urbana – Champaign, 2007, P. 3.

④ 杨移贻. 大学教师的身份认同. 高等工程教育, 2011 (6): 1 – 6.

第三节　组织："无人问津"

本节讨论的组织身份和地位主要指的是大英部作为一个基础教学部门在整个社会和大学中的地位分析。

一、组织地位："白天鹅到丑小鸭"

20 世纪 80 年代和 90 年代是大学英语发展最辉煌的时期，也是大英部地位最高的时期，尤其是 20 世纪的最后 20 年，国家加大对英语语言教学的投入，因而，使得这个时期的大学英语发展最快，效果最为显著，体现在大学英语具有科学的教学大纲，较高的测试水平以及丰富的教材出版等，这些方面都达到了相当高的水准，这个时期是大学英语发展的鼎盛时期。从而造就了"大英教师的地位最稳定，教师最富有成就感的时期。学生好学，积极向上，大英教师看着一群原来基本不会听、不会读、不会说的学生，经过两年的教学能够考过大学英语四级考试，具有了一定交际能力的英语水平，无不感到自豪"①。对于出生于 60 年代的教师来说，他们见证了 80 年代和 90 年代大英部的辉煌阶段。教师 SUN 是大英部的老领导，她谈到了当时的状况：

最初那会还叫英语教研室，我工作那会儿，别人听说你是英语教师，那是一个羡慕的眼光啊，就是"高、大、上"的代表名词。自然，不用说教研室的地位都在其他系部之上，那个时候，学英语的人少，学校的很多活动，教师出国，外事活动，学校培训，很多翻译工作都要找教研室的教师。那时候也没有多少钱，学校一些有限的资金也会支持英语教学工作；其他院系也是刚刚起步，哪有现在这么厉害啊。（教师 –2 – SUN）

进入 20 世纪 90 年代以来，随着全球化和国际化的发展，以及全民语言水平的提高，英语越来越成为人们通用的日常交流工具；同时，随着大学英语教学的下移，中学生的水平越来越高，大学英语渐渐从社会和大学受重视的学科慢慢演变为一项基本的技能，其学时也越来越受到压缩，教学质量和效果也受到社会和学校管理部门的质垢，"费时低效"成为大学

① 蔡基刚．大学英语生存危机及其学科地位研究．中国大学教学，2013（2）：10 – 14.

英语教学的标签，也使得大英部往往成为学校指责的目标和对象。而在大学内部，随着国家对于经济建设和发展的重视，财经学科异军突起，成为国家和学校重点发展的内容和项目，大英部的发展则成为学校系部建设中最后考虑的部门。2005 年，研究者所在的大学成为国家“211 工程”重点建设高校，2006 年，成为国家“985 工程”优势学科创新平台建设高校。大学的重点发展对象逐渐向应用经济学、理论经济学、工商管理、统计学等优势学科和院系倾斜，其政策和资金支持也大力支持大学中的国家“优势学科创新平台”以及教育部人文社会科学重点研究财经基地。正如教师 SUN 所谈到的：

以前咱们是白天鹅，那可是高贵、富足的象征，而现在呢，就是丑小鸭，没人关注你，你的声音学校根本就不怎么重视，只要不出教学事故就好，一切都得靠你自己努力才行。（教师 –4 – HUA）

“组织文化是基于共同惯例的默认和自发行为，需要通过外界比较和有意识地自我反思才能获得，而这正是组织身份感知和组织认同的过程”①。现代大学的核心文化已经融入了教学文化、科研文化与社会服务文化于一身的综合体，现代大学也不再是传统意义上的“象牙塔”，而成为社会改革与发展的“加速器”。另外，现代大学的改革与发展也越来越受制于社会的制约，受制于市场因素的影响以及政府行为的规约。作为基础教学部门的大英部，由于其在科研和服务方面的不足，社会影响力和市场融入度偏低，在效率为主的政策引导下，也难以获得政府资金的青睐。公共课的身份无疑也带给其法定身份以外的尴尬处境，使其丧失了最初的风光地位，成为“没人疼的孩子”。

二、组织发展：“没钱寸步难行”

任何组织的发展都依赖于一定的客观条件，这些客观条件主要包括物的条件、人的条件、制度政策和技术等条件。其中，资金是最核心的要素之一，只有具备了充足的资金，才能有效地组织人力、物力。在以效率为主的背景下，资金首先会流向那些具备更多效率、创造更多效益的部门。在本案例中，大部分的拨款都是以科研配套的形式发放给一些强势的学院和学科，而大英部获得的资金资助相对较少。

① 冯云霞，葛建华．组织文化的象征化过程研究．暨南学报（哲学社会科学版），2010（5）：48 – 55.

詹姆斯通过职工的激励行为研究发现，如果组织对所提供的岗位缺乏激励措施，那么职工仅能发挥其实际工作能力的20% ~30%，因为员工无须再去付出额外努力，就足以保住其工作机会。但是，如果组织能够给予员工充分的物质激励，那么其员工潜力就可以发挥到80% ~90%。因而“一个人正常的工作能力水平与通过激励能达到（发挥）的工作能力水平存在着大约60%的差距”①。大英教师作为一线的教育实践者，被看作变革的能动者，被认为是影响教育改革的关键因素，而影响教师参与的关键因素之一就在于外部的激励性措施。薪酬和奖金对组织内的员工来说，不仅仅是作为一种谋生手段而存在，从而满足个体对于的物质需要，而且更是一种个体社会地位和自身价值感的体现，是教师职业认同和组织认同的重要来源。而在组织的发展中，物质奖励的多少会影响到组织内每一个体的情绪、积极性和能力的发挥，从而会对组织的发展和变革产生间接的影响。因而，薪酬和物质的回报对激励组织内个体的行为，提高组织的竞争力，有着不可低估的作用。

由于大英部教师的奖金有一部分是来自系部，因而系部资金的缺乏使得大英部不论在学科发展还是在教师激励等方面都捉襟见肘。

我是1996年到这里工作的，快20年了，但出国进修和培训很少，除了2006年留学基金委资助出去半年外，直到2013年才被学院资助出去培训了1个月，国家的留学基金培训竞争很激烈。主要还是咱们自己没有钱，没有资金，你看看其他学院教师，几乎每年都有出国进修、学习和学术交流的机会。以前是有一股力量推着你在走，现在没了，没人关心你了，一下子就滑下来了，自己失去了本专业的发展动力。(20 - SA - 02)

改革开放以来，随着社会对英语需求的增长，大英教师也享有很高的地位。但进入21世纪后，随着全球化和国际化的发展，使得大学中的英语教学慢慢不再受到重视。由于资金支持的缺乏，大学英语作为学科和课程的发展也受到很大的局限性。

在学校中，我们被定义为基础类的辅助学科，课程决定了，不论怎么努力教课和科研，都是基础教学部，学校的资金拨款不会获得优先权。这么多年学校对于学科的发展基本上都在经济和管理类的强势学科；再加上教学部本身没有太多的资金来源，更使得对于课程的投入偏少。没有资金就无法投入，师资发展、课程开发都会受到限制，“有钱你才任性”，没有

① 斯蒂芬·罗宾斯．管理学．中国人民大学出版社，2008：68.

资金就只能“拖后腿”了。(3－WAN－02)

表面上看，学校对于大英部的支持力度减少，但在根本上却是与整个大的社会环境有密切关系，随着英语语言的普及，反映的是大英部在大学中地位的衰弱和边缘化，学校管理部门认为没有太多必要支持一个基础部门的发展，它只需要做好辅助教学任务就行。教师SHEN是学院主管教学的领导，他认为，

大学层面看重的还是效用，你的四六级通过率，你的考研英语成绩，你的学生出国率，就业单位对学生的反馈等，如果这些做不好，英语水平不好，质疑声音就会出现：你教学水平不行。所以我们也常常被拿来和一些专业培训机构去比较。一方面是学生需要加强语言能力，但学校的教学改革举措之一是减学分：首当其冲的就是基础课时的学分，公共英语削减最大，从16学分到8学分，这其实就是对大学英语地位的变相削弱，对教师来说是个大的挑战，而且随着未来选课制的推行，一些教师会面临失业的问题。(5－SHEN－02)

“重科研、轻教学”成为当前国内高校存在的较为普遍的现象。在这种情况下，大英部既承载着学校对学术的高质量要求，要“术业有专攻”，同时，还要肩负着社会和学校对语言教学质量提高的期待，要“因材施教，教有所成”；然而，大英部受制于学校发展规划中的边缘性，其组织地位也随之降低，其组织身份也面临被重塑的境况，从而使得大英部及其教师陷入到身份危机之中。

第四节 小　　结

大英部处于整个教育变革的话语体系之中，其组织身份的形成也会受制于学科的地位和教师的职业发展。由于大学英语学科本身存在模糊的，以及长久以来缺乏科学的学科建制规划，这使得对于大学英语是一门独立学科和专业的质疑从未停息过。大学英语缺乏应有的学科属性，大学英语更多被看作一门课程，从事大学英语教学的教师也仅仅被看作一种职业，并没有上升到学术职业的高度。而相应的，大英教师仅仅具有教学的课程身份而缺乏学科身份，由于“学科”出路的模糊和学术发展的受阻，这都使得大英教师的专业发展、职业规划前途受限，从而导致大英教师的发展前景暗淡，陷入发展困境。同时又由于其组织地位的受限（学科和个体均

处于弱势），从而使大英教师产生一种危机感和地位缺失感，“人人都希望自己有稳定的社会地位，要求个人的能力和成就得到社会的承认”①，然而现实中，不论是来自外部的压力，还是内部个体的怀疑，都在逐步挫伤他们对于尊重和地位的需求。“教师的专业认同、对自我的认同都会受到教师对教育变革的情绪影响，从而形成了两者之间的密切关系。当组织内的变革充满不确定性和模糊性的时候，往往会影响教师的情绪反应，从而也就影响到他们的风险担当、学习与发展以及身份的形成过程”②。针对大英部的现状，正如采访中的一位教师指出的：大海中的一艘小船，你无法得知它驶向何方，风浪随时都有可能让它倾覆，你所做的就是扬起风帆，努力前行。(5 - SHEN - 02)

① 亚伯拉罕·马斯洛，许金声等译．动机与人格．中国人民大学出版社，2007：72.

② Thomas G & Reio Jr. Emotions as a lens to explore teacher identity and change：A commentary. *Teaching & Teacher Education*，2005，21（8）：985 - 993.

第五章

差异维度下的身份分化

组织内群体成员对组织文化和组织身份的不同理解和阐释，从而造成了他们认知观念的分化，进而在组织内部形成了各种亚群体和亚文化。在马丁看来，差异维度关注的正是组织内部存在的不同的亚文化群体和他们的声音。普拉特和福尔曼（Prat & Foreman）认为，多重身份和亚身份的存在表明组织本身的多面性和多维性，会造成组织内部的分化和差异，进而产生组织内部的矛盾和对立，在一定程度上会阻碍组织的变革和发展①。组织内部亚文化和多重身份的形成是组织内部不同利益群体和不同视角观点互动的结果。对组织身份的理解因个体和群体的不同而产生差异。

格林（Glynn）指出，组织内某一身份会通过拥有共同价值观的个体间的互动而得以形成和发展。由于在组织中存在不同的利益群体，又由于群体间地位的差异，则会形成组织内部的主导身份和次要身份②。对于组织而言，所面临的复杂情景可能会在组织内部院校管理者、教师和学生之间造成紧张和冲突。大英部的分化主要来自教师专业背景的不同，从而形成对于大英部发展的不同理解。正如克莱格（Clegg）所说，在高等教育内部“学科是由不同种类的知识聚集在一起而成。学科本身是变化的，即便是同一学科内部，对于其意义也存在不同的理解，教师教学和科研的差异也会导致对学科理解的不同，同时不同学科的组织形式也会影响对学科的理解”。③

① Pratt, M G, & Foreman, P O. Classifying managerial responses to multiple organizational identities. *Academy of Management Review*, 2000, 25 (1): 18 – 42.

② Glynn, M A. Beyond constraint: How institutions enable identities. In R. Greenwood, C. Oliver, R. Suddaby, & K. Sahlin (Eds.), *The Sage handbook of organizational institutionalism*. Los Angeles: Sage, 2008, pp. 413 – 430.

③ Clegg. S. Academic Identities under Threat? *British Educational Research Journal*, 2008, 34 (3): 329 – 345.

第一节　课程："阳光道"与"独木桥"

在大英部内部课程的变革一直以来就是一个充满争议的话题，而随着变革的推进和实施，关于课程变革的价值取向产生了分化，形成了你走你的阳关道，我走我的独木桥（教师－17－GM）的局面。

一、工具型："语言精致主义者"

（一）英语语言工具性的溯源

语言教学一直受到工具理性主义的影响。从整个人类的发展史来看，推动人类文明社会进步和发展的并非是各种价值观念，而是达到这些价值目标的手段与工具。由此可见，是工具而非价值目标和观念最终促进了人类的进步[①]。工具最初的含义指的是人们工作时所需用的器具，后引申为达到、完成或促进某一事物的手段，如果语言是一种工具，那么大学英语教学自然就具有"工具性"的特征和价值内涵。韦伯认为，在现代社会，工具理性已经成为人们重视的思维方式和态度，并成为人们理性的重要组成部分，它以手段、工具和途径的方式表现在人们的行动中，并对人们目的、理想的实现起着重要的作用。在这种思想的指导下产生的工具理性行为可以将对现实预测的方式和现实利益作为目标标准，同时致力于选择实现这一目标的手段和最佳方式[②]。

外语的工具性价值最初起源于洋务运动"师夷长技以制夷"古训，洋务运动在1903年所拟订的《奏定学堂章程》之《学武纲要》中提出，学习外语的主要目的一方面在于外交、游历以及游学；另一方面，在于用外语学习其他学科，从而做到"师夷长技以制夷"的目的[③]。1978年，由教育部牵头主办的外语教育座谈会在北京召开，并通过了《加强外语教育的几点意见》（以下简称《意见》）对大学外语教育提出了明确的建议和规

① 司汉武．工具性转向与中国哲学的革命田．西安电子科技大学学报（社科版），2000（3）：64－68.

② 马克斯·韦伯．经济与社会（上卷）．北京：商务印书馆，1945：98.

③ 引自《关于科学和教育工作的几点意见》，载邓小平文选，人民出版社，1994：45.

划，《意见》提出，大学公共外语占有重要的地位，语言成为人才培养的重要工具，既懂外语又懂专业的科技人才以及翻译人才是国家培养的重点。1981 年，中国公共英语教学研究会成立并提出了广泛开展学术交流促进英语教学的质量，为社会主义现代化建设作贡献的目标任务，标志着中国的英语教学达到了一个新的水平，从而引起社会的广泛关注。

随着中国加入世界贸易组织，英语作为国际性通用语言，在经济和社会生活中的地位愈发重要。尽管中国的外语教学取得了很多成就，但与国外相比仍然落后于经济和社会发展的需求，为改变这一状况，高等学校外语教学指导委员会专门成立了课程内容和课程体系改革项目组，并在全国范围内进行了广泛的调研，于 1998 年底完成了《大学英语教学大纲》的修订工作，《大纲》（修订本）明确规定大学英语的教学目标是帮助学生打下坚实的语言基础，培养学生听、说、写、译四项基本技能，尤其是学生的阅读能力，从而使学生能进行基本的信息交流。同时大纲还要求学生掌握一定的学习方法，提升自我的文化素养，适应社会发展的需要。《大纲》明确了英语学习目标是具备听、说、写、译等全面的能力，并最终能够用英语来进行交流，即改变“哑巴”英语，强调英语的应用性；同时还要掌握英语学习方法，并提高文化修养。为了进一步提高学生的应用能力，尤其是学生的听说能力。随后教育部于 2004 年颁布了《大学英语课程教学要求（试行）》，从各方面对大学英语教学提出了新的要求，包括大英教学的目标、设置、模式、评价等方面。要求提出了大学英语的课程性质：既有基础知识课的性质，又有素质教育课的情怀，一方面，要提高学生的语言基础知识；另一方面，要提升学生的文化素养、拓宽知识、了解世界，最终培养学生语言的综合应用能力，能进行有效的口语交际，同时还能进行有效的书面信息交流。在经过三年的试行后，教育部于 2007 年正式颁布了《大学英语课程要求》，进一步确认了 2004 年要求的各项原则，并明确提出大学英语课程兼具工具性和人文性，因此，课程设置既要培养学生的基本技能，也要考虑学生的文化素养和国际文化知识的掌握。

通过以上对大学英语教学发展历程的追溯，我们可以看出，“工具性”是其最重要的特征。大学英语教学的工具性特征不仅是由于社会历史环境所决定的，同时更重要的是由于语言本身的性质和目标所决定的。语言的本质是什么？对于大部分母语非英语的学习者来说，学习外语的主要目的就是为了交流、交际和应用。因而在语言学习和教学过程中，手段的可行性、操作的有效性、最优化选择性、效用最大化这些工具理性就成为语言学习和语言教学的最重要的目标。《大学英语课程要求》对大学英语的性质也进行了明确的阐释：作为高等教育中的一个重要的有机组成部分，大学英语是以外语教学理论指导的，以语言知识、语言技能、学习策略和跨文化交流为主要内容的必修基础课程以及融合了多种教学模式和手段的教学体系。显然，对于大学英语而言，对语言知识的掌握，对于语言的应用技能和跨文化交际的使用，与大学英语教学的工具理性倾向不无关系。

（二）课程取向：以技能为中心

英语课程的工具性因它的现实价值一直是大学英语教学的重点所在。一直以来，英语教学的基本目标就在于夯实学生的语言基础能力，缺乏这一目标，语言内在的一切也就毫无意义，无法完成语言的最终转化。前者是基础，后者是目的。语言知识和语言技能构成了语言运用能力的有效载体。离开语言知识的掌握和言语技能的获得来谈语言综合运用能力的培养就是无源之水、无本之木。对于一部分大英教师而言，他们认为课程教学的中心就是在于语言本身，语言是第一位的，他们仍然恪守语言的工具性，力求让学生在语言的应用方面有巨大的提升。一方面语言能力是大英部的最核心竞争力；另一方面学生的语言应用能力并没有想象的那么好，还需要进一步的加强；最后，语言是基础，只有把语言基础打好，才能进一步的发展其他的专业和能力。谈到课程目标时，YIN 教师谈道：

课程就是要培养学生的基础能力，让学生掌握听说读写的技能。这么多年来改来改去，我不反对课程的多元化，但是多元化的课程必须有一个前提，那就是学生的语言能力一定是很高了，达到了一定的水准才行。学习语言的主要目的是什么？首先在于语言，如果你语言能力不行，你的课程优势在哪里？不能忘了根本，根本是什么？要有很强的语言能力，这才是我们课程成功的关键所在。(8 - YIN)

HONG 教师也持有相似的观点：很多人认为，大学英语根本不需要学习语言知识了，这些内容在高中阶段早已学过了，发展学生的其他能力才是最关键的。其实这都是很狭隘的观点，要想学好英语，知识和技能都不能偏颇，可能由于学生水平的提高，很多教师非常不重视知识和技能的培养，这与当前大家都在强调的批判思维能力或者文化能力培养有关。我觉得两者都不能偏颇才是好的大学英语教学，没了技能，课程就是“水中月，镜中花”，就是应该做一个语言精致主义者才行。(27 - HONG - 01)

语言能力既包括语言技能又包括语言知识，它们之间是共存的关系，

所以大学英语的教学不仅包括听、说、读、写、译等技能的掌握，而且还包含对语言知识的学习，即语言本身也是语言教学和学习的目标，两者不可或缺并相互影响。因而，大学英语教学既要注重知识的传授，又要关注实践的运用。有了一定的语言知识作为基础，才能实现听说读写译的全面发展。正如王银泉指出“大学的英语课程必须强调实用，以帮助学生获得相应的能力为上，以体现科学发展观所提倡的‘以人为本’的发展理念”①。

不论课程怎么改革，最关键的就是效率，学了十几年英语，一开口还是“哑巴”英语，课程投入了这么多的人力和物力，学生的语言能力还是不行，这是最让头疼的地方，也是需要我们反思的地方，对学生来说，就要提高学习效率，打好基础，尤其是听说的能力。对于教师而言，要提高教学效率。方式要改变才行，还是以课本为主，教师为主，这肯定不行。教师需要反思，主管领导也要反思，教学也应该与时俱进才行，这样才能有效率，才能提高学生的语言应用能力。(22－FENG－01)

大学英语教学和改革的根本还在于提高效率，效率是指组织经营活动过程中投入资源与产出成果之间的对比关系。大学英语教学的效率性是指在有限的课堂教学时间内，学生能够有效地掌握英语知识、英语技能以及实现自我成长所达到的效果，对效率的追求恰恰体现了对语言工具性的强调。

教师 JIAN 也持有相似的观点，教学既包括知识的传授，又包括技能的训练和交际能力的发展，其实就是要通过语言教学培养学生交际的能力，如果降低了对学生语言实用能力的要求，那大学英语应该教什么内容呢？既然是语言课程，就要发挥出语言课程的特征，英语课程培养文化能力和批判能力，我觉得这种提法有点虚，文化能力不是英语这一门课所能解决的，你学习了几年大学英语，连最基本的能力都没有掌握，这不是白白浪费时间和精力吗？我觉得这几年是方向不对，改来改去，偏离了基础能力这一主线，反而让大英变了味。(11－JIAN－01)

教师 GAO 一直在某知名培训机构“业余”从事英语培训工作，是某机构的一位“网红”教师。

课堂教学最重要的就是训练学生的技能，能够通过国内和国际的一些考试，这样才算掌握了基本的生存技巧，教学成绩不能否认，但学生在

① 王银泉．从国家战略高度审视我国外语教育的若干问题．中国外语，2013（3）：13－24.

听、说、读、写方面距离很强还有很大差距，培养学生的基本技能，尤其掌握语言的应用能力，加强听说的训练和提高，这应该是大学课堂教学首要解决的问题，我们不能好高骛远。这几年，我带学生参加各类国内和国际的演讲比赛和辩论比赛，深有感触，距离高手还是有很多差距的。所以，课堂教学如果连基本的语言能力都不具备，你再去追求一些所谓思考力和批判力，开设一些眼花缭乱的课程，缘木求鱼，舍近求远，学生的能力没有培养好，连最基本的东西也丢了。(24 - GAO - 02)

余渭深指出，过去很长一段时间以来，英语教材缺乏实用性和应用性，教材内容和课堂教学往往脱离实际，教学中一味追求学术性和文学性，从而使得英语教学脱离了实际应用和学生的生活经验，造成了学生对于语言应用体验的缺失①。这种观点与大英部很多教师的观点不谋而合，其课程理念还在于语言的实用和功用，是学生获取利益的一种手段。工具原则在课程教学中可以简单地理解为追求效益最大化，以及追求实用性，学生经过几年的学习要通过大学英语四、六级考试，能够应付各类出国考试，能够在将来走上工作岗位的时候熟练应用英语交流。现实的需求对于语言本身所承载的文化性和人文性并没有过多的要求，对于即时的利益，语言所包含的这些功能也无法在现实中即刻兑现。语言的功利性和工具性与当前的社会环境密切相关，随着英语的普及，其在社会生活中得到了广泛的应用，而随着全球化和国际化的发展，英语对于大部分人的目的就是用来作为交流的工具以及作为其他专业内容的载体用于学术交流或海外留学。王玲认为，“现代社会对知识价值的认识由原来纯粹的、精神的知识价值观转变为功利的、实用的知识价值观。在功利的、实用的知识价值观的指导下，现代大学的课程目标更具世俗化，为生活做准备，强调实用性”②。

（三）为什么比“×东方”差？

语言工具性的重要性也体现在我国大学英语的历次改革中，不论是最初 1986 年的《教学大纲》中强调大学英语的教学目的是要培养学生一定的阅读能力，具备一定听、说和写的能力；还是 1999 年的《教学大纲》中培养学生全面的听、说、读、写、译的能力，具有较强的阅读能力，都

---

① 余渭深．体验教学模式与《大学体验英语》的编写思想及特点．中国外语，2005（4）：43 - 49.

② 王玲、张德伟．知识价值变革下的大学课程重构．教学研究，2006（5）：69 - 73.

明确指出了语言的应用性。进入21世纪后，2007年最新的《大学英语课程教学要求》虽然提出了大学英语还要兼顾学生人文性的培养，但重点仍突出了学生的听说能力和学生的综合应用能力。因而，纵观历次的我国大学英语教学大纲，其重点一直都在语言应用和语言技能上，都是以语言本体为中心的。它们之间的不同主要在于所培养的语言技能顺序的改变。

语言课程教学的主要目的就是各种应用。课程设计为什么不能像“×东方”一样，他们在这方面做得非常成功，学生们选择“×东方”也从侧面反映出我们课程教学的失败，“×东方”的课程培训模式很值得我们去学习和研究，学生对课程不感兴趣有我们的责任。用人单位首先重视的是学生的语言应用能力；学生出国首先得过了语言关。我觉得这些应该是大学英语教学所要解决的问题。(9-YAN-02)

种种迹象表明，英语课程教学依然依赖这些工具和功利原则，并在实践中将这些原则付诸实践，这就是当前基于语言工具性的各类教学和培训会受到欢迎的重要原因。这在一定程度上印证了英国哲学家边沁（Bentham）的话，所谓快乐的根源在于利益的满足。利益、功利是人们行为的唯一目的和标准。然而对于英语纯粹的工具性价值诉求也受到很多教师的反对，他们强调语言的文化性，而非语言本身。他们反对大学英语课程过度强调语言本身的教学，从而忽视英语课程的知识实质内容，例如，文化、历史、人文科学素养和思维，以及信仰价值观，等等。

二、人文型：“文化摆渡人”

（一）语言与文化的关系

语言和文化的关系是相互关联，不可分割的。不论是人类学家里弗斯（Rivers）的文化四类说：物质文化、社会结构、语言以及宗教；还是赛里格曼（Seligman）的文化三类说，都认为文化可以分为以下三类：语音、物质文化、道德文化（即一切社会制度）①。都将语言作为文化不可分割的重要组成部分。因而著名的语言学家萨皮尔指出，“语言不能脱离文化而存在”②。语言有自己独特的系统特征，同时从更大的系统来看，它又

① Rivers H R. *The Ethnological Analysis of Culture*: *Psychology and Ethnology*, 1926, P. 132.

② Sapir E. *Language*: *An Introduction to the Study of Speech*. New York: Harcourt, Brace & World, 1921, P. 81.

隶属于整个文化中的一个子系统，有自己的独特性和文化包容性，因而，会对文化产生巨大的影响。语言在文化的传承过程中起着核心的作用。由于文化本身在于社会的传承性和后天的习得性，因而，学习语言的过程也就是内化文化的过程，学习文化内容和文化传统。而另一方面，语言不能独立于文化而存在，语言沉淀了一个民族的风貌、风俗、习惯和信念体系。因而，两者之间是一种相互发展、相互推动、相互促进的关系。因此，语言被称为文化的载体，是反映文化的一面镜子。"如果没有语言系统的支持，文化传承就不能实现。语言不仅能够传承文化，而且还能反映特定的文化。可以说，每一个单词、短语、句子、结构、语言都能反映出文化"①。张国扬将两者之间的关系总结为：（1）语言是文化不可分割的核心组成部分；（2）语言是反映一个民族的文化本质和文化内容的镜子；（3）语言与文化相互制约、相互影响②。束定芳、庄智象也提出相似的三点：语言是文化的一部分；是文化的载体；文化是语言的底座。语言和文化相对应而存在，"语言结构、语言交际模式、篇章修辞原则等等都在很大程度上受到作为该语言上层文化观念的影响甚至制约"③。

语言渗透在文化的各个层面中，从而构成了文化的整合体，语言不能脱离文化而存在，想要理解文化必须了解承载文化的相应语言，因为文化可以影响语言的发展，影响其意义、内涵和所指。在语言学习中，已有的研究也指出，仅仅掌握一些基本技能听、说、读、写，还是难以进行有效的跨文化交际。"进行有效的跨文化交际必须了解不同语言所造成的两者意义的变化，想当然地认为每个人都运用同一个词表达相同的意义只会导致交流的失败"④。"从某种程度上来看，仅仅了解语言本身还难以达到有效的交际，因而有研究认为外语教学从某种程度上来讲就是文化教学"⑤。因而对于大英教师而言，不但要有熟练的英语听、说、读、写等技能，同时还要具备很高的文化修养，还应该熟悉西方文化，熟悉西方文化的经典著作和文学作品，这对于大学英语教师而言都是巨大的挑战。同时，在实践中，大英教师应该熟悉中西不同的文化，理解中西文化的精髓和差异，

---

① 申小龙．语言与文化的现代思考．郑州：河南人民出版社，2000：21.

② 张国扬．外语教育语言学．南宁：广西教育出版社，1998：16.

③ 束定芳，庄智象．现代外语教学：理论、实践与方法．上海：上海外语教育出版社，2008：129.

④ 拉里·A. 萨默瓦，理查德·E. 波特著，文化模式与传播方式．麻争旗译．北京：北京广播学院出版社，2003：277.

⑤ 余娟．从语言学习到文化理解．华中师范大学博士学位论文，2011：32.

能够进行文化比较教学，能够帮助学生掌握语言背后的文化现象与内涵，从而培养学生的人文素养和提升学生的跨文化交际能力。

在实践教学中，文化与人文性又存在什么样的关系呢？张家政指出，人文性的理解应基于文化的传承视角，“人文就是人与文化，人是文化中的人，文化是人的文化，人文性就是要注重文化的含量”①。同时，他分别从教育、教学、人的活动和人的素养四个方面来谈论人文性在具体的实践中的体现。他认为，当用教育的视角来理解人文性时，就是以人为本，其核心在于对个性的尊重，对人的自由、价值和尊严的追求；而这些理念反映到实践教学中就是教学能够促进学生的身心和谐发展，让学生体验到对于人性和价值的尊重和认同，因材施教，发挥学生的主观能动性；尊重学生的活动，强调学生的主体参与性，发挥学生个体的积极性，从而通过人文素质的培养塑造学生的人文精神、人文素质②。自大学英语课程设置以来，工具性成为其主要的特征，而社会对于大学英语效果的评价也都是基于工具性价值。直到20世纪末，随着通识教育研究的兴起和在中国高等教育中的普及，英语教学中的人文性才渐渐被重视。

（二）人文型课程：“培养语文学家”

语言知识的学习和语言技能的获得最终目的是提升学生的语言综合运用能力，必须服务于这一最终教学目标。因而，大学英语教学不能仅仅为知识而教，而是要超越知识教学的层面来到更广的境界，也就是实现课程的人文性。

大学英语课程要有别于中学英语课程，重要特征就是要具备文化性和人文性，让学生学会思考，这才是大学课程所必备的特征。过去几年的大学英语一直在变革，但换汤不换药，大学英语形式上做到了多样化，音频、视频、网络、微课、微播，等等，结构框架有了，但内容呢？要文化内涵才行，这才是课程改革真正意义上的深化。（3 - WAN - 02）

教师HUO非常赞同当前的大学英语变革，对于变革的方向他也提出了自己的看法。

现在的教学必须变革才能发展，很多学者也都很关注它的发展，但目前大家都在讲实用和效率，这就是一个典型的工具理性大于人文理性的一个重要标志。想说的就是，要告别工具理性。越是现代化的时候，越需

---

① 张家政．大学外语教学改革的文化哲学研究．西南大学博士学位论文，2013：61.
② 张家政．大学外语教学改革的文化哲学研究．西南大学博士学位论文，2013：62.

要文学，工具理性太窄了，其实现在，大家可能也渐渐地意识到了这个问题……你看国外英语专业都叫 English，英语教师也叫 English teacher，但是却诞生出很多大家，比如，乔姆斯基、萨义德、伊格尔顿等，他们都是大学教师，但同时又是社会中积极的活动家。既然咱们也教英语，所以也要回归到他们那样的状态中去，做一个语文学家。(14 - HUO - 02)

教师 HUO 所说的状态就是他自我定义的“语文学家”或“公共知识分子”，这既是作为大学英语教师所应具有的品格，同时又是大学英语课堂教学所要实现的目标，而语文学家就是要超越单纯的语言本身，上升到语言和人文的层次，学生除了基本的语言能力外，还要具备很好的人文修养。

英语教师，作为人，有很多公共的职责，需要人文关怀。所谓的研究者，我理解更多的是工具至上，它强调的就是工具性。所以，我觉得我们应该是教育家，或是我们应该超越它，具备公共性，做一个公共知识分子，做一个语文学家，就是需要具备批判性思维。我教给学生也是这样的，也是这样实践的；让学生学会审视这个社会，去批判和反思这个社会，就是要学会反思，具有人文关怀的情怀。(14 - HUO - 02)

公共知识分子是来自西方的概念，是具有一定历史情景的概念，西方社会基本上具备了公共知识分子产生和存在的社会基础。而国内公共知识分子的概念，是一个近年以来才刚刚出现的词汇，而这个词汇在大学教师中的应用和流行是一个社会进步、成熟的标志。这也说明在高等教育领域，作为知识分子的教师开始反思中国的大学教育以及大学的人才培养问题。大英教师作为其中的一员同样具有相应的责任。大学是充满人文性和批判性的场域，而所谓知识分子的培育既要孕育教师作为知识分子的批判精神，又要培养学生的人文情怀。人类文化的最核心的精神以及整个人类文化的内在的灵魂就构成了人文精神。“它以追求真善美等崇高的价值理想为核心，以人的全面发展、自由、解放和幸福为终极目的”[①]。人文精神的培养与大学中对通识教育的目标的重视相一致，因而高等教育场域与文化和人文精神的培养具有先天的血缘关系，“教育本身就是一种特殊的文化，带有普及、传承和创新等诸多功能，是人类文化不可分割的重要组成部分，因而理应体现整个人类文化最根本的精神或整个人类文化生活的内在灵魂”[②]。因而，不仅仅是大学英语课程，大学中的所有课程都应该

---

① 孟建伟．科学与人文精神．哲学研究，1996 (8)：18 - 25.
② 孟建伟．教育与人文精神．教育研究，2008 (9)：17 - 22.

体现出其科学性，体现出其人文精神。

目前大学中的很多课程其实都是缺乏人文关怀和人文性，就是为了知识而学知识，学生根本就不会独立思考，教师本身也缺乏这样的思辨能力，很难在课堂中去引导和启发。如果大学英语课程只重应用，忽视课程实质性内容，就会变成“空心课程”，其科学性和学科地位肯定也是越来越低，不利于发展。(13 - LI - 01)

石中英指出，后现代知识强调课程的文化性，课程必须是“文化涉入”，而非“文化无涉”，是有一定“文化限域”，而非是“超文化的”。大学英语课程不应该变成冷冰冰的工具。

课程应该具备人文关怀，课堂教学要关注人的丰富情感，这才是具有人文性。但不得不说这是个功利的社会也是工具化的社会，大学英语教学与研究就是以“语言中心主义”为导向，而教师和学生就是工具和机器，教师和学生之间的连接就是一些冷冰冰的单词、课文。这其实就是当前大学英语教学的现状，而学生似乎对这些内容司空见惯，他们自己所需要的也是这些内容，能在各类考试中拿到高分，这就是一个好的学习者。这种误导性的教学和学习方法也造成了语言和思维以及语言和文化的脱节。(1 - XUE - 02)

在实际的教学过程中，文化是丰富课程内容，培养学生语言能力的重要接入点，是培养学生文化能力的重要一环。

如果你不了解英美文化，要学好英语是很难的。大学生毕竟不同于初、高中生，除了语言学习，还应具备一定的文化修养，所以，你越是了语言背后的历史、文化、传统等，就越能正确地理解和准确地使用这一语言，从而反过来也能帮助你进一步了解文化。对于学生来说，他们已经具备了基础能力，完全可以由学生自学完成。那大学教什么？就是更多地提供给学生体验不同文化的场所，最终通过文化的体验来实现学生独立人格的培养，英语课堂的最理想状态就是以文化为主，语言为辅，通过文化的体验来带动语言的学习，这样才能真正地实现课程发展和人才培养的相一致，也就是我们常说的培养文化意识和文化能力，如果连英语课堂都不能解决这个问题的话，那么你又怎能指望其他课堂呢？(15 - LING - 01)

对于文化意识和文化能力，著名学者拜拉姆和瑞萨格（Byram & Risarger）认为，“文化能力是交际能力的重要组成部分”①。“实施文化教

① Byram M, Risarger K. *Language Teacher, Politics and Cultures*. Clevedon: Multilingual Matters, 1999, P. 58.

学能够增强学生的学习兴趣、拓展视野；培养学生的跨文化交际意识，提高文化交际能力；能够加强文化教学，提高外语素质”①。使用和交流中的语言必然承载着信息和思想，从而体现了文化性和人文性。

而针对当前大学英语教学的真空状态，教师 SHEN 提出了当前大学英语课堂教学的“失语”状态，没有做好中西文化的“摆渡人”。

大学英语教学处在一种“失语”状态，英语课程的本质就是文化体验的过程，这样才能体现出英语作为大学课程的特征，不能仅仅重视英语国家的文化，而且还要加入国内的本土文化才行，做好文化的“摆渡人”，要了解本国的文化，能够用目的语来表达本土文化才行。现在的四、六级的改革中就加入了中国文化的汉译英，这就是一个很好的改革，通过文化的学习培养学生的学习兴趣，这样才能实现学生语言能力真正的提高。(5 - SHEN - 02)

很多研究也指出，大学英语教学的本质在于中西比较的文化教学，通过对文化的赏析、批判和思考来培养学生的人文性，进而提升学生的语言能力。文化知识和文化理解构成了大学英语课程文化教学两种内容，文化知识是文化理解的基础，其最终目的是实现对文化的理解，而真正的理解必须基于不同文化的对比之上才行，这就决定了对于文化内容的选择应该包含中西两种文化的内容②。因而文化教育不仅要了解所学语言的文化和本民族的母语文化，而且更应该学会如何用目的语来表达本民族的文化③。因而对于大学英语教学而言，其宗旨应该是聚焦于学生人文素养的提升，使学生了解西方文化的同时，兼具中国文化的熟知，能够在国际舞台上传播中国文化和文明④。贾国栋则直接高屋建瓴地指出，大学英语课程的核心地位，是中国文化“走出去”战略的基础课程之一，在这一全新的背景下，大英课程也应顺应时代的变革要求对自我的教学目标重新进行定位。“大学英语课程除了以培养学生获得跨文化沟通能力作为目标之外，还应该承载一定的传播中华文化的任务，只有学生对中西文化都有所掌握，语言跨文化沟通才会更有效”⑤。

---

① 朱家科．大学英语教学中的文化教学，武汉：华中科技大学出版社，2003：7 - 16.

② 曹文．英语文化教学的两个层次．外语教学与研究，1998（3）：10 - 14.

③ 刘长江．谈外语教育中目的语文化和本族语文化的兼容并举，外语界，2003（4）：14 - 18.

④ 殷和素，严启刚．浅谈大学英语通识教育和专门用途英语教学的关系——兼论新一轮大学英语教学改革发展方向．外语电化教学，2011（1）：9 - 14.

⑤ 贾国栋．新时期大学英语教学改革的紧迫任务——谈《大学英语课程教学要求》的修订．中国外语，2012（6）：11 - 15.

但目前的大学英语教学，处在一种“失语”状态[①]。大英课程中缺乏本土文化知识，从而导致西方文化话语占据了强势地位掩盖了本土文化话语。

三、融合：“殊路同归”

大学英语课程长期以来都是以语言技能的培训和语言知识的学习为主要内容，从而导致在实际教学中以及理论认识上语言和文化的割裂，使得两者不能最有效地统一起来。加上文化教学不能像语言技能教学一样立竿见影，造成文化教学处在教学的边缘，被很多教师和学生认为是缺乏实用，比较空洞的内容，从而导致文化教学处于附属地位，扮演着次要角色。外语是外国文化和文明的载体，是中外交流的重要桥梁和窗口，因而如果仅仅将其作为一种简单的、技术性的知识传播工具，那么就失去了语言更广泛意义上的文化通识性和综合教育性的重要作用[②]。另外，文化教学不能是简单地介绍一下西方的人文历史知识，而是能在中西方的比较分析中培养学生独立思考和批判的能力，这才是文化课程教学的本质。“将文化内容教学忽略，或者只是零星地在时间允许的情况下，根据自己的兴趣向学生谈及一些文化主题，开展一些文化学习的课堂活动，这远非是真正的文化教学”[③]，都是不可取的。

如果你把课程当作技能训练，那不就是“×东方”吗？而如果你只是介绍一些文化背景知识，那就成了大杂烩，泾渭分明不可取，殊路同归或许是未来之道。(15－LING－01)

不论是以工具性为主导还是以人文性为主导，反映的都是当前大英部在发展中的分歧，但正如文秋芳指出的，一味强调英语教育的工具性会失去其育人的价值，从而使大学中的英语教学和“×东方”等机构的英语培训没有差别。但过分突出人文性则会使英语课程失去了其独特的工具价值，最终可能导致英语课程的消亡[④]。

---

① 从丛．中国文化失语：我国英语教学的缺陷．光明日报，2000年10月19日．

② 周谷平，李佳．通识教育视野下的大学公共外语课程——以近代清华大学为个案．高等工程教育研究，2007(5)：123－126.

③ 张红玲．跨文化外语教学．上海：上海外语教育出版社，2007：117.

④ 文秋芳，大学英语教学中通用英语与专用英语之争：问题与对策，外语与外语教学，2014(1)：1－8.

第二节　职业："向左走，向右走"

普拉特和福尔曼指出，个体身份和组织身份是互补的，组织身份能够影响个体行为，个体行为也能影响组织身份①。教师身份的形成与教师的职业发展密切相关，两者也是一种互动的关系，教师的职业发展是个体教师与情境交互作用的结果。鲍尔（Ball）认为，教育变革不仅改变了教育者、研究者等做什么，也改变了人们对"我"是谁的认识②。随着高等教育中管理主义的兴起，高校教师拥有更多的权力和责任，但同时高校中的问责制也使教师处在很大的压力之下，尤其是各种评价机制更是在很多方面限制了教师的理念和实践，从而会影响教师的专业身份。"管理主义的话语已塑造出一种企业化身份，该专业身份带有强烈的个人主义、竞争性、外部规制性特征"③。

课程变革的过程充满着很多不确定性因素，这反过来也给教师的职业身份带来了很多不确定性，使教师的职业发展面临多种选择，而在这个变革过程中，教师往往会基于个体的兴趣和爱好从而赋予不同的学科和课程以不同的地位，进而影响教师职业的发展方向和对自我职业身份的认同。学科本身有自己独特的学科文化，学科文化的主体是教师，而教师的精神活动是其核心所在。每个学科的载体都存在着共同的信念，从而使得教师对于学科特有的语言符号系统和价值观念体系有统一性的认识，这就构成了学科文化。由于符号系统在学者之间的差异，使得教师在学科信仰和学科文化的理解上就会产生偏差④。学科文化制约着教师的学术行为，体现在教师的态度、习惯和整个学科的素质中。在一个学院内部，由于教师持有不同的信念、规范和实践，从而形成了不同的学科亚文化，在海芙蒂（Hilferty）看来，围绕着不同的科目所形成的文化就是学科亚文化，学科亚文化存在于更广泛的教学文化之中，同其他文化范式一样，学科亚文化是由共享的知识、价值和实践规则所构成。当一系列的实践规则围绕特定

① Pratt, M G, & Foreman, P O. Classifying managerial responses to multiple organizational identities. *Academy of Management Review*, 2000, 25 (1): 18 - 42.

② Ball S J. The Teacher' s Soul and the Terrors of Performativity. *Journal of Education Policy*, 2003 (2): 215 - 228.

③ 卢乃桂．教育改革潮中的教师和教师发展．基础教育学报，2001（1）：73 - 100.

④ 童蕊．大学跨学科学术组织的学科文化冲突分析．教育发展研究，2011（1）：82 - 88.

的学科而展开，从而形成了某一独特的研究领域和社会建构[①]。学科亚文化的差异从而塑造了向不同方向发展的教师专业身份。

一、偏离：“身在曹营心在汉”

在大英部的课程变革中，由于教师学科文化的差异以及教师对于变革理解的差异，从而使教师对于自我的身份产生了差异化的理解。这一类型的教师既包括脱离英语教学和科研寻求其他学科或职业发展的教师，又包括留在本专业内，但却失去了发展动力和发展意愿的教师。之所以将这两类教师归为一类，是因为这两种类型的教师本质上已经脱离了学科和课程的亚文化，对于第一类教师而言他们不认同大英学科共同体和作为大英教师的身份，对其他学科的认同取代了对英语学科的认识，但教师并没有脱离教学这一行业，其职业发展轨迹为英语教学加专业研究的发展模式。但由于在教学和科研方面无法实现两者的兼顾，从而使其职业发展方向慢慢偏向其他专业方向发展，而仅仅保留了“教书”这一功能。而第二种类型的教师，既缺乏职业发展的愿景与动力，但又接受目前所处的职业地位与角色，职业身份处于僵化状态，也就是说没有任何发展和愿景，这类教师虽然还留在组织内部，但其已经不再认同其专业身份，处于一种“石化”状态[②]。

这两种类型的教师都把自己在大学英语课程教学中角色描述为“文化民工”“教书匠”，而差别在于一个选择了留守而另外一个选择了其他专业方向的发展。教师 LONG 谈道：

大学英语是一门基础性学科，重复性的东西比较多；上课的时候感觉自己缺乏内在的知识储备，知识都掏空了。教课很多，也没有时间去做科研，学校的评价体系还是以科研为主，所以教好教坏也没有太多关系，而科研又不是我的强项……我觉得自己就是一个“教书匠”。“教书匠”……，就是一个工匠，就像工人一样，就是一个工具，就是一个“文化民工”……(6 - LONG - 01)

大英教师长期以来被定位为一种课程内容传声筒和基础技能培训者的角色，缺乏学术职业者具有的深刻性、思想性和厚重性，即便教师对于英

---

① Hilferty, F. Theorizing Teacher Professionalism as an Enacted Discourse of Powers. *British Journal of Sociology of Education*, 2008, 29 (2): 161 - 173.

② 温剑波．大学外语教师职业认同的个案研究．外国语文，2015，31（1）：144 - 149.

语课程有自我的理解和独立的决策能力，但也被语言的工具性的外壳逐渐削弱。教师的思想和视野被技术化了的语言表象所遮蔽，这种现象虽也存在在其他学科上，但在大英教师身上表现的尤为突出①。长期的自我身份叠加使教师固化了自我的专业身份，失去了发展的动力，从而不去发展，也很难发展。谈到个人的选择，SA 教师觉得：

不是很喜欢自己目前的职业现状，但是毕竟教了这么多年，so far，so good，轻车熟路。再去选择其他职业方向发展，需要知识积累和培训才行，另外，只有积累和培训也不行，得有一个系统的训练过程，最好是有一个相关的学位。这都是一个艰苦选择的过程，所以我宁可选择大家瞧不上的大学英语去教，反正也就这样了，也不会去教其他课程，除非是没有其他办法了。(20 - SA - 02)

另外，教师常常把目前出现的问题归因于组织的羁绊，组织中的管理体制和管理方式成为扼杀他们的热情和进取的罪魁祸首。比如谈到教师个人发展问题时：

你要出国进修，但学校提供的机会有限，只靠这种行政的安排不太现实。像咱们，你不可能舍下这个工作到国外游历几年，这个不太现实。谁给我资金啊？除非学校给我足够的资金。哈哈，对吧，我要养家，养孩子，我还要还房贷。在北京，教师工资本来就不高，我还要上很多课，既没有时间也没有钱……对于个人发展，Long 教师有自己的想法，他谈到，很多教师心思不在单位所从事的职业，他们有自己的兴趣，有自己的第二职业，有趣，还可以有收入。我觉得这是很好的选择，有时候很羡慕他们，就是把自己的教学工作完成，然后做自己喜欢的事情…… (6 - LONG - 02)

伴随大英教师长时间负面心理体验下情感、态度和行为表现出消极的状态，最终导致教师负面组织身份的产生，从而导致大英教师停滞不前或寻求其他出路和发展。

我教书都好几十年了，其实刚开始那会也雄心勃勃。后来有了家，有了孩子，要照顾家，要照顾孩子，重点就在家庭上了。女教师可能不像男教师压力那么大，不用想着怎么养家、努力挣钱。教书就那么回事，教了几十年，经验也够了，反正觉得自己没有太多前进的动力，我肯定也不会再去考博士，评教授也没有想过。这样很好……尤其是前几年评上了职称(副教授)，感觉完成了最后一件大事，所以也没有什么其他计划。(25 -

① 吴宗杰. 外语教学研究的新视野：从教学走向教师. 中国外语教育，2008 (1)：46 - 54.

XUN－01）

我们可以把教师的这些体验感受归结为职业的负面认同，“没有意思，没有动力，没啥计划，想换一下，等等”，对专业长时间下的心里负面体验感受，最终会导致教师寻求其他发展，抑或不去发展。持有这种观点的教师不在少数，“教师职业身份是教师教学、生活和工作的组织原则，它为教师的行动、对工作的理解以及如何摆正自我在社会中的位置提供了参考框架”①。教师是基于我们是谁的认知基础上教学的（we teach who we are），如果大学教师认为“我”是一个教书匠，那么他就会用教书匠的方式行事，如果“我”是一个“孔夫子”，他就会在智慧中行走。而缺乏智慧和内涵的教学，最终导致大英教师失去了对职业的认同。

而另外一种偏离则是教师保留了组织内部英语“教学”人的角色，然而，在自我职业发展轨迹上出现了偏离，从而寻求其他的专业身份认同。教师 YIN 谈到自己选择经济学作为发展方向时说：

当时也并没有下定决心一定要选择语言之外的专业，刚开始那会教学中给学生增添了很多经济方面的文章，毕竟是财经类大学，这样上课他们也感兴趣，有动力。后来慢慢感觉大学英语就是个工具，而自己感兴趣的与经济有关，后来就有种胡同走到头的感受，本科和硕士学的语言学，基本忘得差不多了。个人学术的发展不一定完全和自己从事的教学职业相关，对吧？（8－YIN）

“大学教师身份是由大学所赋予的，但是，与学问有关的研究活动则是由机构外部的专业组织或共同体认可的”②。这就使得教师的职业发展方向可以偏离组织内的共同体，从而寻求其他共同体的职业身份认同。

以前的教学中我也会穿插一些金融英语或者是商务英语方面的内容，尤其是一些很有名的期刊文章，像《金融时报》《经济学人》《华尔街日报》等，这些对于我们的学生来说都是非常必要的。所以这几年大学英语的课程改革的方向是对的，符合学生的需求，这个转变是正确的，语言加上经济方面的专业知识方向的转变让我视野开阔了，而且这个是将来大学英语发展的方向。能够结合学生的专业来学习语言应该是一个很好的选择。（8－YIN）

---

① Sachs，J. Teacher Education and the Development of Professional Identity：Learning to be a Teacher. In Denicolo，P，& Kompf，M（Eds）. *Connecting Policy and Practice*：*Challenges for Teaching and Learning in Schools and Universities*. Oxford：Routlege，2005，pp. 5－21.

② 阎光才．我国学术职业环境的现状与问题分析．高等教育研究，2011（11）：1－9.

尽管 YIN 教师认为学术英语是未来大学英语发展的方向，而且她本人也赞成这样的改革。YIN 教师认为，教学是教学，科研是科研。最完美的就是教学和科研的一致，但由于我博士阶段的学习是金融方向，所以我自己的研究方向仍然是经济类为主，咱们学校这方面的讲座、交流还是很多的，其实最终觉得自己还是跳出了这个圈子，现在有点“身在曹营心在汉”的感觉吧。(8 - YIN)

知识是社会角色的先决条件，① 教师对自我身份的认同最初来自学科本身以及基于学科的知识、教学和科研，因而，学科及其知识构成了教师专业身份建构的重要基础。很多教师专业身份的形成首先始于其所教的学科课程，学科身份成为教师首要的身份基础。即便是在同一组织内部，由于学科的差异，抑或是当他们不教这门学科时，他们就会把自己视为“局外人”，从而产生身份的差异。教师 KUO 在谈到自己的职业发展时更多是从变革所带来的危机和机遇的角度选择的，他说：

再过几年或者十几年，我们这个行业可能就都被淘汰了。你看看现在大学英语的改革方向基本上都在向通识或学术的角度发展，所以，如果现在不做出选择，将来也必须得选择才行，我们现在的课程变革不就是这个方向吗？趁着自己还年轻，早作打算，不然路子越走越窄了。很多人可能觉得，这样的发展对于个人和教学部来说有点“四不像”，你到底是英语专业呢，还是国际关系专业，其实知识本身都是相通的，人文社科就是一家人，是相互促进的，“四不像”未必是坏事，而且对于学生来说，这样可能还会带给学生不同的视角和体验，更能促进教学。而对于科研来说，如果你在两个方面都能做得很好，那岂不是更好呢？(16 - KUO - 02)

张宁俊等认为，“教师的组织认同也可能会对其职业认同产生正面或者负面的影响。一旦出现导致低组织认同（或不认同）的组织情景，也将会导致教师个体对自己原来的职业价值、职业信仰和职业目标产生怀疑，进而弱化教师个体先期形成的职业认同”②。什里姆将这一过程称为否定的认同（disientification）和再认同（reidentification）的过程③。教师身份的偏离就是否定的认同到再认同的过程，并最终形成了对于自我学科身份的认同。

---

① 樊平军．论大学学科文化的知识基础．江苏高教，2007（6）：13 - 15.

② 张宁俊等．高校教师职业认同与组织认同：理论与实证研究．成都：西南财经大学出版社，2013：120.

③ Chreim，S. Influencing organizational identification during major change：A communication-based perspective. *Human Relations*，2002（55）：1117 - 1137.

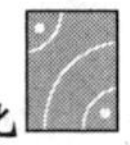

二、回归:“金屋、银屋不如自己的草屋”

在教育的变革中，大英教师在职业上的发展与他们所承担的各种角色之间相得益彰、彼此促进，从而使他们作为英语教师、学术研究者和社会人获得了相应的经验和能力，教师认可所从事工作的价值和意义，从而选择专业共同体内的发展，这类教师的身份即来自对于共同体内教学和科研的认可。他们把自己的职业角色定义为“大学教师”“语言教育家”，并寻求在本学科领域中的职业发展和身份确认。

教师LI谈到了自己对当前教学的看法，这也从侧面说明她比较认同自己所从事的职业和身份:

语言教学不同于其他教学，不论怎么变革，其特点就是非常个性化，有很强的教学规律可循。多发挥学生的自主性。不论课程如何变革，你需要做好一点就行，那就是让学生融入到课程中来，让他们成为焦点。现在的课程变革趋向多元化，其实核心都是让学生参与进来。文学课程，你可以叫它语言课，也可以叫它通识课，但在这个课程中可以培养学生多方面的能力，语言、赏析、美感、批判、写作，其实是个综合的课程，而这些能力都是当今的大学生需要具备的，所以，对于英语课程来说完全也可以上得多姿多彩。(13 - LI - 02)

在谈到当前整个教育环境以及高等教育国际化时，很多教师抱怨没有国外学习和进修的机会，教师XUE认为这样的机会比较多，只是教师自己没有把握好机会而已。

知识的流动也变得简单和快捷，获取知识的途径也很方便，有时候也不应非要在国外学习一段时间，指望学校把每一位教师都送出去学习一年半载的不是很现实，完全可以利用好一些其他机会，比如参加一些国际会议，一般费用都是对方提供，出去就变得简单了，还有国内也时常有一些国际会议，我一般都申请参加。这样的收获很有针对性，对自己的职业发展很有帮助，还可以了解本行业的最新动态……我认为作为年轻教师一定要利用好一些圈内资源，很多年轻教师都忽视了。(1 - XUE - 02)

学科内的发展给了教师XUE给多的个人学术空间和职业发展空间，克拉克在研究了美国研究型大学的变革后指出，由于大学中学术活动和研究机会的增多，从而极大地扩展了大学教师的活动范围，增加了他们的物质收入和职业发展机会，使得教师具有一种不受行政部门或其同事支配的新的独立意识，教授拥有了更大的自治权和自由度。[①] 教师所拥有自由的前提是由一种学术意识，和学术共同体并最终具有一种学术职业身份。在谈到职业发展和选择时，教师 JIAN 讲道：

留在这个圈子发展对我帮助很大，因为毕竟你从事这个行业，有句俗语说得好，“金屋银屋不如自己的草屋”，如果向其他专业发展，你付出很多才行，毕竟是一个全新的领域，全新的竞争，除了语言优势，没有其他优势。那你最后的研究和教学到底是什么呢？经济学？文学还是语言啊；另外，职称的评定还是要看本领域的研究成果才行，那你到底是参加经济学科的评审还是外语学科的评审呢？你在课堂上讲解的是什么呢？语言还是经济知识？这对本人的发展，而且对于教学部的发展都很难。这是个相辅相成的事情。很多人不喜欢语言教学研究，可能是因为还没有融入进来……有时候看起来也没有那么复杂，对于教师还是要摆正自己的位置，不能仅仅把自己当作教书人，我们应该是学者，研究者才行。（教师 -11 -JIAN）

尽管大学教师需要承担一定的教学事务或者担任组织内部的一些任职，但对他们而言，学术研究比教学和管理更容易获得地位和声誉，因而，大学教师更看重所在专业领域的学术认可以及社会地位，而非他们在大学中的其他身份[②]。教师 JIAN 所说的“圈子”就是专业意义上的学术共同体，而融入圈子则是教师获得共同体认可的过程，也是教师构建其职业身份的过程，“以学术为业者不仅具有了超越所在机构对其施加控制的底气，而且还因为享有其他高级专门性职业所具有的排他性培养和培训权、资格审查和业绩认可权、新成员入门资格权等，而具有最大限度地抵制外部，如政治和经济力量介入的权力”[③]。这也是教师选择向右发展，即留在学术共同体之内的重要原因之一。

教师 ZHAO 比较看重大学教师的社会地位、受到的尊重和对时间相对自由的支配，她说道：

我认为大学教师有地位、受尊重，也有很多自己的时间，尤其适合女教师……自己教了那么多的学生，感觉很自豪，学生也很尊重你，对你评价很好，很有成就感。在高校工作博士学历还是很重要的，学校的评价不

---

① 克拉克·克尔，陈学飞等译．大学的功用．南昌：江西教育出版社，1993：27 -28.

② Clark. S M. The Academic Profession and Career: Perspectives and Problems. *Teaching Sociology*, 1986, 14 (1): 24 -34.

③ 阎光才．我国学术职业环境的现状与问题分析．高等教育研究，2011 (11): 1 -9.

也是基本只看重科研吗？大家还是很认学位的，在晋升、待遇方面都会有优势。最重要的还是要自己喜欢，我比较享受作为研究者的快乐，觉得研究会带来一种自我精神的满足吧。(7 - ZHAO - 02)

不论是来自学生的良好评价以及她作为研究者所获得的满足，这些积极的心里体验都增强了教师 ZHAO 对大学英语学科、大英教师职业的认同感，也使她能够对兼顾合格的研究者和优秀教师这两种身份充满自信。

对学生、对自己应该要有一种责任感，这也坚定了我在教学和科研方面做更多贡献的决心。在谈到自己的个人理想职业状态时，她说，"我自己想做一名合格的大学教师。大学教师就是很有思想，有自己的想法，大学能够给我提供给这样的平台。"(7 - ZHAO - 02)

弗洛姆指出责任感并不是从外在强加给人的一种职责，而是对我内心恳求的最真实的反映。责任感与反应从根本上说是一致的，反应即回答，承担责任亦即准备反应。面对当前教育变革，教师 ZHAO 对自我的职业发展充满信心，也具备了这种教学和科研的责任感，并为此做好了应对的准备。

三、方向："有交集的平行线"

海芙蒂指出通过"沉浸在学科亚文化中，从而使某一科目的教师接受了特定的专业身份"①。不论是对教学还是对研究都有很强的良好的职业认同感，这来源于教师对大学英语教学和科研的热爱，教师将自己定义为学者、教育家，这一身份的确认过程来源于个人需求的满足以及个体对组织期望的实现，也是教师自我学术职业的确认过程。从事研究活动的本质在于对知识本身的研究和发掘，学术职业因此与学问产生交集，它又是与学问有关的职业和大学教师角色的交集。因而，唯有从事被某一学科认可的专业研究工作且具备大学教师身份的人，这样的工作才是学术职业②。大英教师唯有真正的热爱英语学科，对大英教学和研究充满热情和责任感，才能实现他们职业发展的理想结果。大英教师职业身份的分化，本质上因其在组织生活中的不同的体验而对学科、职业本身所产生的不同的热

① Hilferty, F. Theorizing Teacher Professionalism as an Enacted Discourse of Power. *British Journal of Sociology of Education*, 2008, 29 (2): 161 - 173.

② Light. D Jr. Introduction: The Structure of the Academic Professions. *Sociology of Education*, 1974, 47 (1): 2 - 28.

爱、责任和承诺，对于大英部而言，由于教师职业发展的分化，大英部形成了一个跨学科的学术组织，尽管它有统一的学术目标和组织规则，由于教师在其职业发展上所产生的学术经历的差异，对同一问题也会产生不同的看法，从而也就形成价值观的差异和分化①。教师 XI 在谈到这两种不同的职业发展时用了一个比喻，就像两条平行线，研究各有不同，但最终聚交在了教学和科研中。因此当职业理想和兴趣期望在同一轨迹时，大英教师才会实践真正意义上的身份。

第三节　组织："三分天下"

在大英部内部一直存在着关于发展和变革方向的争论，大英部是应该以语言为核心还是以内容为核心的身份讨论成为组织发展分化的焦点。自此在大英部内部产生了通用英语（English for general purpose，EGP）、通识英语（English for general education，EGE）和学术英语（English for academic purpose，EAP）之辩。

一、EGP、EGE，EAP："刨根问底"

目前，高校中的大英部是以通用英语教学为目标的组织机构，它的主要特征是围绕英语语言大纲或者其他形式的大纲组织教学，从而让学生掌握听、说、读、写、译等基本技能，同时具备一定的跨文化交际能力，工具性是当前大英部的主要身份特征。文秋芳指出，EGP 不是某个学科和职业，而是涵盖和涉及基本的知识范畴；其使用也没有清晰的专业和职业目标，服务的是人的普遍交际需求②。另一方面 EGE 和 EAP 可以统一称为以内容为依托式教学（content-based Instruction，CBI）英语，其特点是围绕学生学习的内容来组织教学，从而让学生掌握用语言进行交际的学科知识，而语言技能的提升是顺带的结果。CBI 的教学不再局限于语言本身，而是实现了语言技能向内容的转向，教学材料有助于帮助学生思考，培养学生的认知能力，从而超越目的语和目的语文化，而且教学内容还可以以

① 童蕊．大学跨学科学术组织的学科文化冲突分析．教育发展研究，2011（13）：82－87.

② 文秋芳．大学英语教学中通用英语与专用英语之争：问题与对策．外语与外语教学，2014（7）：1－8.

任意话题展开。

CBI也只是在过去几年才正式进入中国的大学英语教学中。对这一转向的明确化则是在2010年5月广州召开的“外语通识教育与课程设置高层论坛上”得以确认。过去大学英语的教学改革主要是教材、教法、结构或框架的改革，教学条件从纸质向电子化的转变，同时伴随着教学手段和教学形式的多样化，但这些都没有涉及教学实质内容的转变，英语教学应该从单纯形式的变革转变为实质内容的改革，要增加课程的内涵，尤其是文化内涵。转变为以内容为主导形式（content-driven）的教学，最终做到学生可以用英语来进行文化交流，陈述观点，表述专业知识，用英语来进行交际，从而医治大学生所存在的“文化失语症”。①

CBI目前较为通行的做法主要是以EGE和EAP的形式出现。通识教育是非专业性教育是面向人人的教育，是给所有人奠定一个共同基础的教育。通识教育源自于英语中的general education，可以追溯到柏拉图和亚里士多德的自由教育理念和思想，从1828年的《耶鲁报告》到1852年纽曼的《大学的理想》中的自由教育理念的形成，一直到1945年，哈佛大学《自由社会中的通识教育》标志着现代通识教育的开端，期间历经修改，最终成为高等教育领域中的一个共识。到了1978年，哈佛大学文理学院提出了被认为是“迄今为止在理念上最完美体现通识教育精神的”② 核心课程的报告，包括5大类：科学与数学、社会与哲学、历史学、文学与艺术，以及外语与文化等。是“向学生提供共同知识背景为目的的，基于学科中的基本、核心内容的课程设置”③，1985年，哈佛大学又将其核心课程扩展为6大类，增设了道德逻辑课程。2005年全面实施通识教育课程改革，本科生4年所选课程中，8门为核心。受到美国通识教育改革的影响，进入21世纪以来，中国的高等教育也实施了通识教育课程改革，这反映了中国高等教育在人才培养机制方面向通才的转变。通识教育的培养目的就是培养全面发展的受教育的公民，发展学生的批判思考能力，通过文明教育和人性教育，从而培养“能够具备远大眼光、博雅精神的人才”④；就通识教育的内容而言，涉及“主要领域内的基本事实和思想，例如文

---

① 王哲，李军军．大学外语通识教育改革探索．外语电化教学，2010（9）：3－8.

② Bok，D. *Higher Learning*. Cambridge：Harvard University Press，1986，pp. 75－78.

③ Levine，A. *Handbook on Undergraduate on Undergraduate Curruculum*. San Francisco Jossy－Bass，1978，pp. 8－10.

④ Lee，C T. *General Education*：*Ideal and practice*，the paper ［C］ //The 2th Conference on General Education in Universities and Colleges，Taiwan，1997，P. 24.

学、历史、语言、艺术、自然科学以及其他社会科学”① 的教育。英语通识教育是指以英语为媒介语言开展的教育，以区别于汉语和其他语言的通识教育。语言是文化的载体，大学中的语言教学就要增加文化的内容，不仅要用英语学习西方经典，而且还要用英语推广中国文化，从而形成人文通识课程②。

学术英语这一用法最初来自20世纪60年代的英国，当时英国的高校为了帮助国际学生提高语言能力，开设了一些专门课程以帮助学生掌握专业学习所需要的语言知识和技能，从而达到用英语进行专业学习的目的。这些课程被很多高校认可并被冠以学术英语的名称③。学术英语是“教师和学生使用的语言，用以学习新知识和技能、传授知识、描述抽象概念、发展学生的概念性理解”④。斯卡尔切拉（Scarcella）把学术英语定义为“在专业书籍中使用的英语，具有与学科有关的语言特点”⑤。乔丹认为，学术英语是正规教育体系中以学业用途为目的的英语交流技巧，学术英语可分为通用和专门两部分，通用指在英语学术环境中学习不同学科所需具备的英语语言技能，后者指学习某一具体学科所需掌握的英语语言技能⑥。而学术英语教学是“把重点放在学术环境中某一特定群体的交流需求上而进行的教学”⑦。作为一门课程，课程内容分为英语能力培训和学术能力培训，通常包括学术英语词汇、听力、阅读、写作和演讲等内容。学术英语的词汇、语法和听说能力主要与学生专业学习相关，最终让学生能够表达复杂的观点，调高学术讨论和演讲的技巧。因而从以上讨论可以看出，学术英语需要在词汇、句法和篇章结构等方面区别于普通的大学英语，满足学习者的具体需求或特别要求，同时，学术英语的课程内容必须与某些特定的学科、职业及活动有关，就是为学生用英语学习专业课程提供语言的支撑。

---

① North Central Association of Colleges and secondary schools. *Manual of Accrediting Procedure. American Education. Its Main Ideas and Institutions.* New York. Amok Press, 1934, P. 353.

② 王哲，李军军．大学外语通识教育改革探索．外语电化教学，2010（9）：3-8.

③ 胡开宝，谢丽欣．我国大学英语教学的未来发展方向研究．外语界，2014（3）：12-19.

④ 熊淑慧，邹为诚．什么是学术英语？如何教？——一项英语专业本科生“学术英语”的课堂试验研究．中国外语，2002（2）：54-64.

⑤ Scarcella, R. *Academic English: A conceptual framework.* The University of California Linguistic Minority Research Institute. Technical Report, 2003, P. 1.

⑥ Jordan R P. *English for Academic Purposes: A Guide and Resource Book for Teachers* Cambridge: Cambridge University Press, 1981, P. 1.

⑦ Hyland K & Hamp-Lyons L. EAP. Directions and is SUes. *Journal of English for Academic Purposes*, 2002（1）：1-12.

二、变革："拍脑门的决定"

关于大英部教育变革中的语言和内容之辩，本质上是教师对于大英部组织身份的多重理解而产生的。由于组织身份是组织内部各成员对组织区别性特征的一致性感知，从而达成"我们是谁"的共识①。当组织成员对于组织变革和发展有不同的解读时，组织内部就会产生亚文化之争，这也是组织内个体认知以及个体进行自我定义和分类的过程。

首先，组织变革的争论焦点在于大英部对于大学英语这门语言课程的设置问题。WAN 教授经历了大英部的一系列变革，她在语言教育、语言政策和文化方面都有很多的建树，她以自身在国外学习和访学的经历，从更宏观和微观的角度对西方和国内的外语教学提出了自己的看法：

这几年一直都在讨论变革，而且愈演愈烈。英语对学生们来说不仅仅是外语，更重要的，它是一门通用语，这是全球化发展的选择，所以学习英语的意义已远超教育层面。在国外访学的时候，我也非常留意这些国家的语言政策，外语学习已经成为西方国家战略的一部分，比如在美国，英语作为他们的母语已经成为国际通用的语言，但它仍然非常重视对其他国家的研究和学习，所以在他们的高等教育中，外语能力的培养成为国家安全战略的重要一部分。同样，欧洲的一些国家也十分重视外语学习，他们同样出台了很多语言教学的政策和纲领。而反观国内的大学，我们对于外语的学习还没有站得那么高，而且对外语的规划在政策方面也缺乏统一性和前瞻性。(3 – WAN – 02)

而具体到大英部的变革，教授 WAN 认为：在英语越来越重要的今天，反而高校都在压缩大学英语学分，没有一个统一的规划，或者耐下心来做一个实实在在的调研，看看这么做是否合理。实际情况是，这么做并不是说大学生的英语水平已经很高了，反而说明了当前我们的大学英语教学目标很不明确，你不能完全跟着社会舆论走啊，大家说大学英语没用了，咱就直接推翻，更不能赶时髦，看到别人都改革了，都 ESP 或 EAP，各种形式的"P"，你也随大流，这些肯定是不理性的。(3 – WAN – 02)

泰勒指出，课程目标应该把学习者的需求、社会生活的需要以及学科本身的发展都考虑在内，而且学习者、社会生活、学科三者之间是一种并

① Hatch, M J, & Schultz, M. The Dynamics of Organizational Identity. *Human Relations*, 2002 (5): 989 – 1018.

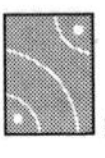

列的关系。教学目标的制定都应以此作为自己的依据。很显然，大英部在变革目标设置过程中并没有将三者考虑在内，仅仅把社会的期望纳入发展变革的推动因素，并没有考虑学习者和学科的自身发展需求，因而，也就出现 WAN 教授所说的非理性行为。她又从微观的角度谈到了当前的改革：

教了这么多年的学生，咱们是最有体会的，学生的水平参差不齐，又不是一个高中培养出来的，全国各地的高中教学条件差别很大，教学质量也参差不齐，水平差的还很多，而且目前来看，中学的英语教学还是以应试教育为主，所以就语言本身来讲还有很大的提高空间，尤其是听、说、写的能力更是差得很远，所以，现在和将来，教学的重点还是应该放在学生综合英语能力的应用上才行，就是回到原点和基础，所以我认为改革的重点还是回归本源，这是关键所在。(3 – WAN – 02)

教师 YI 和教师 TANG 则从实际教学的角度支持 EGP 方向的变革，反对以 CBI 为主的教学改革。教师 YI 认为：

不论以什么样的内容为主，核心目标必须明确，那就是学生的语言能力一定得到提升。而学生提升能力的关键还在语言本身，不论是通识内容还是学术内容，感觉就是在学习知识，就是在用英语背诵内容，我觉得这些都是些花架子而已，语言能力的提升就是在多练习，多创造一些环境让学生增加听、说、读、写四项基本功的能力。“×东方”为什么这么火？主要还是因为人家能把你的基础能力，能把你的语言技能提升上去，有了语言技能和能力，其他的问题也就容易解决了。所谓的内容或学术这些东西，学生在其专业课或选修课中都有类似的这种课程，完全没有必要再去用英语开设这样的课程，感觉就是重复，上课的目的是什么呢？是巩固语言能力还是去学习知识和专业呢，啥也想学，反而啥也学不好，语言也学不好，所谓的内容你肯定不如汉语教学教得明白，而且语言本身也学不好，用不好，最后就成了“四不像”课程了。(10 – YI – 02)

教师 TANG 也表达了相似的观点，任何的改变和变革都要考虑学校、学生的实际情况才行，教什么或者学什么并不重要。这就好比语言学里面讲到的根基和描述的关系，大英课程的根基就是语言本身，而负载的内容就是描述性的，教师其实也应该让学生明确目标，那就是你要把语言基础打好，提升听说能力，语言课堂的目的不是来学习经济的，也不是学习法律的，这不是语言课程的目标。我们如何保持课程的特色或者是竞争力，更进一步说，如何保持大英部的名誉，我认为靠的还是语言，学生的语言能力提高了，你才有声誉和地位，不然，你的课程最终会失去竞争力。我认为这好比孩子学走路，你路都不会走，就想跑，不摔跟头才怪呢。课程的变革也得有个循序渐进的过程才行，而咱们目前的改革缺乏一个完整的课程方案，不能拍拍脑袋就这么定了。(19－TANG－02)

课程实施并非自然而然地发生，它是课程方案和特定的学校脉络之间的相互调适的过程①。教育的改革必须要思考变革中内外部的各种关系，个人应该处于各种关系的首要位置。只有当变革动力来自教师的个人投入时，教育变革才最有成效②。在组织的发展中，当个体成员对变革持有否定态度的时候，变革最终取得的成效会大打折扣。具体到大英部的改革，当教师的思想与改革的理念相一致时，他们对变革持有积极的态度；而当改革威胁到教师的利益或信念价值时，他们则会拒绝变革③。

教师 XUN 则更多是从教师职业准备和教师发展的角度来看待组织变革中的发展分歧，她认为：

语言和内容哪个先，哪个后并不是最重要的，我觉得最重要的是从语言向内容的转变过程中，教师是否准备好了，咱们大部分教师还是以语言和文学为主，直接向通识教育或者是学术英语的转变需要一个过程，要做一个负责任的合格教师，我们还是缺乏相应的知识储备。所以系统的教师职业培训很重要，而现在就是现学现用，没有交流，没有培训肯定是不行的，最后改来改去就是折腾教师自己，负担加重了，课也未必就能取得好的效果。(25－XUN－02)

尼亚斯（Nias）认为，教师职业的很大一个特点是“专业个人主义（professional individualism）”，教师大多数情况下是靠一个人的力量来解决一些问题，因而，会造成教师之间的相互隔离，而不是相互依赖④。对于组织而言应该调动教师的积极性参与到课程的变革中，使他们能够打破个人主义，从而自愿加入教师的职业发展和培训中去。

“变革中最大的阻碍是什么”？我觉得还是教师。改革带来许多的变化，课时要求虽然少了，但是内容反而增加了，有很多新知识进入了课程内容。如果按照常规的教学方法教下去，肯定不行。所以结果大家都有很

① Snyder, J, Bolin, F, Zumwalt, K. Curriculum implementation [A]. In Jackson, P. W. *Handbook of research on curriculum.* New York: Macmillan, P. 78.

② Goodson, I. *Social histories of educational change. Journal of Educational Change*, 2001, 2 (1): 45－63.

③ 尹弘飙，李子建．论课程改革中的教师改变．教育研究，2007（3）：23－28.

④ Nias, J. Why Teachers need their Colleagues: A Developmental Perspective. In Hopkins, D. *The Practice and Theory of School Improvement*, 1993, (pp. 223－237). Springer.

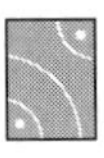

大的危机感或者更多是职业的压力感和无力感。知识更新的这么快，我们其实就是用昨天的知识去教今天的学生，没有新的东西，所以我还是有比较强的职业危机感。但不论是学校还是学院对于教师的职业培训还是跟不上，或者也根本就没怎么关心这事。对于管理者而言，应该要有一种责任感和使命感去对待课程变革，调动教师的积极性，创造条件。在教学中不断地反思，这样才能跟上变革的要求，说了这么多，就是教师的职业发展要跟上课程变革的需求才行。(25 – XUN – 02)

教师 XUN 的观点也反映出当前大学组织变革中的通行做法，大学中变革更多是一种自上而下的变革，对于基层的教师而言，变革是一种被动接受的状态。从语言到内容的转变对于大英部的很多教师而言显得过于突兀，他们在自我心理以及外部的职业准备方面显然是不足以应对，而这种状况在高等教育领域时常发生。在高等教育领域实际的变革中，变革往往只是一个事件，其想法通常是由政策制定者所提出并设计的，教师往往充当一个被动的执行者。LI 教师一直担任学校本科生的导师工作，她从学生就业的角度谈到了关于大英部的变革，LI 教师认为：

改变也需要适应社会的发展和变化，不能闭门造车。从一个极端一下子到了另外一个极端，大英部如果可以帮助学生提高自己，让他们具备一定的语言竞争优势，更容易胜任自己的工作。不管学的是什么，如果语言能力强，在就业市场中就很有优势，尤其是一些跨国公司，对英语的要求更高，首先，他们强调的是语言能力，其次才是专业能力，而专业能力是在工作的实践中学到的，如果语言能力不行，会失去很多的就业就会；而语言能力不过关的话，教师肯定有一定责任。(13 – LI – 02)

另外，大英部变革的方向应该是对于组织身份的确认过程，在这些教师看来大英部的核心特征就在于语言优势，培养学生的语言应用能力是大英部的核心竞争力，也才能彰显大英部的身份认同。但大英部也应该顺应高等教育变革的趋势，其改革和发展方向应该是建立以内容为教学中心的组织，跳出现有的语言身份标签，成立跨学科、甚至是跨学院的发展方式。

如果以语言为主的话，其实是对资源的浪费，也难以满足学生对于语言学习的要求，所以变革的重点应该转向实质内容上来，这才是大学英语发展的方向，如果不提前做出改变，大英部迟早会被边缘化或者失去存在的必要性。(12 – XI – 02)

而 SONG 教师认为，以内容为中心的发展模式是社会发展的需求，并不是说学生的语言能力不重要，而是现在的评价标准发生了变化，对英语能力的要求不单单是讲得多么流利，多么标准，而是除了这些还要能够用英语来表达自己专业方面的内容，两者的结合才更有说服力，就我们学校而言，学生完全可以以经济的学科知识为核心，这样不但可以做到他们用的语言材料的真实性，符合他们自我专业的需求，而且能够培养学生在用语言表达专业时的学术性，学习语言需要结合自我的专业才是最理想的状态。(21－SONG－02)

但是，在内容改革的方向上，大英部也出现了两种不同的声音。其分歧点在于建立是以学术为核心还是以通识为核心的组织建构。

正是由于通识教育在高等教育中的发展和影响，一部分教师认为应该建立以英语为核心的通识教育学院或学部，持有这一观点的教师主要是以文学和文化为研究方向的教师。人文性和通识性是大学英语最核心的地方。学习和欣赏文学与文化知识是离不开语言的，而且母语最好，英语发展的最佳方向就是文化性和通识性，英美有很多伟大的作品，这些都是很值得大学生包括现在的人都要读的。文学作品里面有活生生的人物和具体事实。是用人物和具体事实写出那段故事的，所以会写得有趣、完整，看起来并不费很大的劲就会感动，在不知不觉中得到教育。(13－LI－02)

语言的人文性是外语教育和通识教育融合的接口。其本质体现在："当它（语言）作用于人与人的关系的时候，它是表达相互反映的中介；当它作用于人和客观世界的关系的时候，它是认知事物的工具；当它作用于文化的时候，它是文化信息的载体和容器"①。而人文性和批判性的培养也符合当前高等教育人才培养的趋势，即LI教师所提出的：文学课程还教会学生阅读的能力，批判思维的能力，这些都是我们现在社会所欠缺的，文化的积淀需要不断地积累，知识的拓展也需要长期地积累。很多人觉得学习文学会影响学生的语言能力，这个是很大的误区，文学中有大量优美的词汇和语法应用，在阅读中学会的这些内容更接近母语环境，这样学生可以学到地道的表达，从而锻炼学生的语言理解能力，让他们了解藏在文字中蕴含的"言外之意"，培养学生的批判思维能力以及提高他们的交际能力。(13－LI－02)

斯特雷贝尔（Strebel）指出，认知上的舒适（cognitive comfort）来自人们熟知的工作方式，从而能够避免变革的不确定性，人们往往也无意识

---

① 朱绍禹．朱绍禹文存．长春：吉林人民出版社，2002：26.

地去选择他们所熟悉的东西。大英部作为一个教语言的部门好像就成了一个习惯，而习惯一旦形成就难以改变，不仅学生这么认为，教师们的看法也是如此，社会上的观点更是如此。英语学习无非就是为了听、说、读、写的技能，就是应用、出国。其实，很多教师也都是这么做的，毕竟习惯了。但现在大家似乎突然意识到仅仅为了实用的目的可能会存在很多问题，实际上，教学内容除了语言和技能外，还应该具有培养学生综合人文素养的内容，这些内容与通识教育的理念是一致的。(15 - LING - 02)

教师 LING 由此认为：现在所说的大英部教学改革，就是以英语语言为载体的通识教育改革，就是说，从语言为目标的教学转变到以内容为载体的教学，让通识教育成为大学英语教学的中心。(15 - LING - 02)

同时她并不赞成大学英语向学术英语的转变，现在我们的改革里面有学术课程的实践，但我觉得这不应该成为大英部发展的主要方向，EAP 对教师的知识提出了更高的要求，而目前大英部的教师学术背景大多是文学、翻译、语言学等，而学术英语要求的是一些相关的专业背景，所以教师们很难胜任这些英语课程的教学。教师培训可以在一定程度上缓解这个问题，但这样形成的知识缺乏系统性、全面性，所实施的 EAP 也就往往是流于形式，对学生实质能力的提升帮助不大。(15 - LING - 02)

DAN 教师曾有教授学术英语写作的经历，基于自我的教学经历，她认为：一方面，从学生的角度来看，大多数学生很少去写英语论文，学术英语讲座也听得不多，所以，我觉得学术英语作为选修课程比较合适，可以满足部分学生的需要；另一方面，随着海归的增多，专业教师完全可以开设双语课程或者专业英语课程，根本没有必要把大学英语这门课程转变为学术英语，所以大英部的发展方向还是应该基于通识教育为主的变革。(22 - DAN - 02)

教师 RU 则从国际化的视角来看待大英部的转变问题，她认为：大学英语教学还是很有使命的，如要培养学生的思辨能力，做到有理有据，了解国际习惯和国际文化，同时还要熟知本土文化，了解并理解中西文化的精髓，才能传播中国文化，让自己走向世界，才能达到双向的国际化目的，所以学习英语的目的不单单是外国文化，更是能够了解本土文化的内涵、能够了解世界多元文化，向世界推广中国文化，我们的教学目标也就是要让学生能够传播中国文化，这才是国际化人才所要具备的。因而变革的方向是要让教学有文化内涵，能在不知不觉中把英语学好，提升自己，适应当前全球化和国际化的竞争。(17 - RU - 02)

正是由于通识教育本身的吸引力，加上通识教育和英语结合实际的可操作性，所以有研究直接指出，“在不久的将来，以语言教学为主体的大学英语课程将会被以英语为载体的通识类课程逐步代替”①。

而在大英部内部的另外一种声音就是大英部的未来发展方向应依托学生所学的专业来进行，尤其是在一所财经类大学，经济类专业是国际化程度最高的专业之一，也是与语言结合最密切的领域之一，因而，在财经类院校的英语教学更应该以学生的专业内容为主导。这些教师的理由也很充分，他们认为，随着大学新生英语整体水平的提高，以及社会的需求，尤其是进入21世纪后，中国开放程度越来越高，大学生不仅要具有通用的听、说、读、写能力，而且还要具有专门用途英语的能力，因而，大英部的教学目标应该定位在学术英语或专业英语上。这类教师的职业特征基本上是在本科和硕士阶段的专业学习，主要是以英语语言或文学为研究方向，而博士或职业发展的方向基本上是以经济类、管理类、法律类等专业为主，而这些专业都是案例大学的强势学科和专业，正是由于专业背景与大学的相关性，因而实施学术英语的教学才有了便捷性和可行性。蔡基刚指出，未来大学英语已经没有存在的必要，大学英语必然被学术英语所代替，对于这种转变，基础的语言学习到专业的学术英语学习上来，这就要求对目前的大学英语内容重新审视，由通用的基础英语教学向专业学习服务的学术英语上来，教学内容、教学方法必须被重组。

XI教师是坚定的EAP的支持者，她认为：随着学生英语水平的提高，尤其是像我们这样的重点大学，普通英语的教学已经不再合适了，大家应该都有这样的感觉，学生对课堂英语学习兴趣不大，学习懈怠，缺乏学习热情。他们大部分的学习时间还是以自己的专业为主，反而课后自己花费了很多时间在学英语，如果能将英语与他们自己的专业结合起来，这肯定有利于他们对英语学习兴趣的培养。而在谈到实施EAP的优势时候，她认为，学生的专业基本上是以经济类为主，实施学术英语教学有着得天独厚的条件，像财经英语、管理英语、学术英语等直接与他们的专业学习相关，这对于他们的英语学术文献阅读和学术论文写作都很有帮助，而随着国际交流的增多，一些英语讲座和英语专业课程都需要学生具备较好的学术英语能力才能适应发展的要求。（11－XI－02）

SONG教师对当前高校中的双语教学提出了异议，她认为，双语教学

① 吴鼎民，韩雅君．通识教育视角下的大学英语“三套车”框架构建．外语电化教学，2010（5）：9－13.

本质上也是一种学术英语，因而，教学模式和课程设置也应该向 EAP 教学的方向转变。目前，学校开设的所谓双语课程其实就是英文教材和课件，汉语讲解。这不是双语课程，对学生来说既学不到很高深的专业知识，又提高不了语言能力，双语教学和学术英语的授课语言必须保证大部分是英语才行，所以我觉得这是咱们的优势所在。而针对人才培养和就业的关系，她认为，学术英语教学能够满足社会对人才的需求，学生毕业后语言的应用更多是与专业相关的，如果能在大学的教学中培养专业强、外语好的复合型人才更能体现教学的价值所在，这也是未来大英部很好的发展出路。(20 - SONG - 02)

SONG 谈到了她所了解的商务人才培养：比如，我了解的商务人才，国际贸易、金融知识是必须要懂的，同时外贸英语能力也不能欠缺，就是具备用英语进行跨文化交流的能力和素养，从而能成功地进行商务谈判与合作。但商务谈判不是说能讲英语就可以的，必须可以用英语来表达商务领域的知识才行，所以普通的英语教学肯定是不行的，只有与商务有关的学术英语才能解决这个问题。(20 - SONG - 02)

在这些教师看来，学生学术语言能力的形成需要系统的课堂教学才能实现。因而，学术英语能力不是笼统的语言交际能力，而是一种具体的语类能力，即在约定俗成的社会情境和在某一特定的专业学科文化相关的语篇实践中选择恰当语类来“做事”，来达到交际目的的能力①。进入 21 世纪后，我国大学英语的课堂教学仍然还是以通用英语为主，已经不能适应社会发展的需求了。蔡基刚认为，未来大学英语教学改革应该是从基础的通用英语向更加强调专业能力和学术能力的专门用途英语教学转变②。这一观点也与一部分大英部教师的观点一致，即坚定支持学术英语课程的发展和变革。

正是由于大英部内部存在不同的声音，才使大英部的改革保留了所有的可能，既保留了 EGP 的方向，又增加了 EGE 和 EAP 的变革。但由于变革之间并不存在相互的前后关系，而是一种并列关系。因而，大英部在改革中并没有规定哪种类型的内容孰先孰后的关系，因而，以 EGP、EGE 和 EAP 为载体的教师在组织内部形成了不同的群体，以及亚文化，使大英部形成了不同的亚文化身份，最终也形成了大英部发展方向的分化。

---

① 庞继贤、叶宁．语类意识与英语研究论文写作．外语与外语教学，2009（3）：34 - 36.

② 蔡基刚．再论我国大学英语教学发展方向．浙江大学学报（人文社会科学版），2015，45（4）：83 - 93.

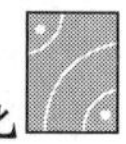

第四节 小 结

组织的变化带来了个体角色的期待与人文环境的变化，进而使个体面临新的挑战和压力。大英部的变革对教师的知识学习、储备、教育教学与科研能力都提出了新的、更高的要求。以前的大学英语是计划经济下的产物，你有我也有，大家完全一样，铁板一块，就是千篇一律，现在是“合久必分”，每个院系都应该根据自己的特色进行相应的改革，做到因材施教，因地制宜才行。(2-SUN-02) 兰久富指出对于价值本身来说，它们之间是不会发生冲突的，发生冲突的往往是人们对于价值本身的评价和选择，当人们选择一种价值而拒绝另外一种价值的时候，冲突就会产生。因而价值冲突的实质就是价值观念的冲突，在价值观念冲突之外并不存在价值的冲突①。正是对于组织变革所产生的不同价值理念，使得大英部的变革产生了分歧，教师对于 EGP，EGE 和 EAP 之间发出了不同的声音，并且在课程变革中选择了自己支持的方向发展。组织的变革使教师对于自我职业身份的认识也产生了差异，从而使组织的发展方向产生了分化，而组织所呈现出的机会的有限性会导致教师不发展或向组织外发展，从而会脱离本职业的发展方向，一部分教师寻求向学科外的方向发展，形成了新的学科文化和对其他学科的专业认同，而专业的差异化形成了不同的“学者共同体”，从而使教师自我与他人区分开来，形成组织内部的研究自由、教学自由和个人自治②。它不仅影响着教师教什么、怎么教，同时，还影响着教师对政策和改革的态度，最终影响教师的行为方式。不同方向的发展无论对于个体教师还是大英部而言都造成了多重身份，而对于不同的身份，教师则有不同的意义理解。大英部还有一部分教师虽然仍停留在本学科内的发展，但却失去了发展的动力和热情，而教师的这种分化与组织的环境变化有关，进而也加速了组织的变革。

---

① 兰久富．社会转型与价值冲突．北京师范大学学报（社会科学版），1999（3）：97-102.

② 伯顿·R. 克拉克主编．高等教育新论．王承绪等译．杭州：浙江教育出版社，2001：101.

第六章

分裂维度下的身份模糊

在马丁看来，分裂维度是组织成员对于组织文化和身份存在着模糊的阐释，这被称为分裂维度的身份构建。霍尔指出，身份由“两种不同的变量所形塑，两者同时起作用，一方面是相似性和持续性；另一方面是差异性和分裂性”①。相对于组织文化整合维度的一致性，以及差异维度的分化，组织的分裂维度更多强调的是组织内部的模糊性、不确定性和矛盾性，从而对组织身份的理解和构建带来困惑和混乱。模糊性指的是由于事物类属划分的不分明抑或对某一现象和事件没有明确的阐释而引起的判断上的不确定性。由于意义都是由个体在情景中建构的，因而费尔德曼（Fieldman）指出，任何个体和组织对模糊的理解是复杂的，受到历史、个体和社会因素的影响②。马奇和奥尔森（March and Olsen）列出了组织中出现模糊性的四个特征。这四个特征分别与组织要做什么，什么是组织适合做的，组织过去的行为以及行为的原因，谁应该为组织的行为及组织中发生的事件负责四个方面。他们将组织中的模糊性归结为目的、理解、历史以及组织的模糊性并指出所有的组织在决策形成的过程中都面临模糊因素③。什里姆指出组织的主要变革就是由一定程度的模糊性构成的，尤其是在公共和教育机构中，模糊性是组织变革中的主要特征④。

---

① Hall, S. Cultural Identity and Diaspora. In J. Rutherford (Ed.), *Identity: Community, Culture, Difference* (pp. 222 - 237). London: Lawrence and Wishart. 1990, P. 225.

② Fieldman, M S. The Meanings of Ambiguity: Learning From Stories and Metaphors. In P J. Frost, L. R. Moore, M R. Louis, C. C. Lundberg, &J. Martin (Eds.), *Refraining Organizational Culture* (1991, pp. 254 - 270). Newbury Park, CA: Sage.

③ March, J G & Olsen, J P. Organizational Choice under Ambiguity. In J. G. March&J. P. Olsen (Eds.), *Ambiguity and Choice in Organizations* (1979, pp. 10 - 23). Norway: Universitetsforlaget.

④ Chreim, S. Influencing organizational identification during major change: A communication-based perspective. *Human Relations*, 2002 (55): 1117 - 1137.

第一节 课程："雾里看花"

一、语言与知识："公说公有理婆说婆有理"

大英部的课程改革从一年级新生就开始实施，随着"大学英语"这门课程的实质性取消，学生从开学后就直接进入选课模式，由于新课程对于语言能力的弱化，而更多强调了对于文化和知识性内容的掌握，面临的矛盾则是在开展新课程的同时如何保留语言教学的优势地位。对于大英部的教师来说，普遍认为，即便是新课程，培养学生的语言能力和流利度才是课程最重要的特色和最根本的基础，但语言和知识（内容）两者的比例如何分配，到底是以哪个为主，并没有统一的结论。一位教财经英语的教师指出：

到了真正上课的时候，可能会比较纠结，因为有时候在上课过程中很容易就转向了自己的专业知识，让学生做的PPT也是比较专业性的东西，财经方面的知识会涉及很多，我记得有一次在做完评价的时候，有个学生委婉地给我提出了建议，"教师您教的知识很多都是很专业的内容，我们听不太懂，我们是冲着英语课程来的"。后来，我反思，终归还是英语课，重视语言能力是基础，不能舍本求末。其实，大家也不是很确定如何把握好这种比例，实际上上课也就"公说公有理，婆说婆有理"了，跟着感觉走吧。(21 - SONG - 02)

而HONG教师则讲了故事的另外一个版本，HONG教师教授的课程是学术英语（管理学方向）：课程中的一些内容，我自己也是现学现用，毕竟这些内容自己也不熟悉，所以没办法，上课第一节的orientation，我就直接告诉学生，语言能力是基础，课程是管理学英语，但我们还是需要把基础打好，语言肯定是要占大头的，这样起码不让自己在上课中感到被动，虽然是这么说，但最终讲起课来不自觉地就偏离了语言本身。(27 - HONG - 02)

对大英部而言，在语言和内容选择的同时，也不得不面临其他一些问题。在实现课程从语言向学术英语和专门用途英语转变的过程中，没有足够的教师资源，上课内容的选择很多是基于教师的语言能力而不是相关的知识储备而做的选择。正如教师 LING 指出：

上课的时候会缺乏对语言的观照，我自己是做英国文学研究的，课程是欧洲文明史，对于这些虽有了解，但不系统，所以讲课的时候还是以知识性的内容为主，这个课肯定不是让学生练习英语应用能力。其实教这个课程也是教学部觉得应该了解这些内容，对学生来说，可能就不公平了。因为如果教师讲的不好，没有意思，学生们肯定不会感兴趣，这其实就是一种变相偷懒和浪费的表现。投入了大量的人力和物力，但学生对这些内容不感兴趣，他们的时间和精力都用在了考级和出国上了，无论是对教学部还是学生来说都是一种负面的影响和伤害。(15 - LING - 02)

教师 JIAN 也比较认可 LING 教师的观点。对于大英部来说，一方面，以内容为基础的课程改革势在必行，语言教学逐渐从以语言为主向内容为主的教学形式转变；另一方面，学生对于语言技能的要求仍然存在很大的需求空间。在实际的教学中，以四级、六级培训，出国培训为导向的语言课堂在大英部的教学过程中却无法满足这些需求，这不仅仅对于教师而言，同样对于学生而言都造成了一种选择矛盾。

必须课，学生肯定得选这些课程，但这并非是他们的实际需求，教学和学生的需求就是两条线，教师教教师的，学生学他们自己的。碰上要求严格的教师，学生也必须花费大量的时间，既要用在课程的学习上，也要花费很多时间用在语言考试的学习中去，感觉就是两门课程的状况，学生的负担肯定是加重了。(教师 - 11 - JIAN)

在大英部的课程变革中，对于语言基础能力的培养还是很重视的。因而，会要求教师在教学过程中也要关注学生基础能力的培养，对于一些课程来说，这一问题很容易得到解决，如商务英语课程，其实就是一个听说读写的综合课程，而对于另外一些课程，由于教师知识储备的不足和偏差，课程内容的差异以及上课时间的不足，很难做到对于语言和内容的同时关注。而大英部也有一个内部的不成文规定，就是四级、六级和出国培训考试不是大学课程的教学规定，因而教师没有责任和义务去教这些内容，这也造成了大英部发展中的模糊性和质疑声。

这就是个悖论，当四级、六级不再是必须的要求时，很多学生的学习动力也随之降低；再加上课堂教学的内容性主导，大家对学生的语言能力期望也随之降低了，明显感觉不能用旧标准去要求他们了，课堂以内容为主，那么课后他们就得去补语言，不然肯定学不好，但最后怕是竹篮打水一场空，什么都是一知半解。(教师 - 17 - GM)

这对于大英部而言就是一个矛盾的选择，一方面，无论是教师还是学生都希望提升语言的应用能力，这样才符合大英部的身份，即提升学生的语言能力是最根本的外部形象；另一方面，处在改革的大潮中，大英部又不得不去改变课程设置，造成了资源的浪费与紧张。而这一结果无论是对于大英部的身份还是教师的职业发展都产生了一定的负面影响，组织形象的产生是基于大英部的语言提供的特征，而组织文化却从语言向内容转变，这恰恰造成了组织发展中的模糊和矛盾。

二、语言选择：“阿奇里斯之腱”

对于一个以英语为主要身份标志的组织来说，课程教学中的语言选择应该不是大英部所面临的问题，作为大英部课程其教学语言肯定就是英语而非其他语言。然而随着大英部课程的改革，课程变革中所暴露出来的语言选择却成为大英部课程变革中的“阿奇里斯之腱”（14 - LING）。阿奇里斯是希腊神话里的一位鼎鼎有名的人物，这位希腊英雄骁勇善战，最厉害的是全身刀枪不入，但脚跟是他最致命的弱点。语言是大英部课程最重要的优势所在，然而随着课程变革的实施，课程中的语言选择反而成为课程变革中致命的一个弱点。

课程变革中语言的选择成为大英部变革中的一个矛盾所在，对于一个合格的大英部教师来说，能够掌握流利的语言是基本的职业要求。如果能在流利的语言之外再掌握一门专业课程知识，这在大学管理者看来是最好的选择，也符合大学双语教育课程改革的趋势和发展要求，即教师可以用全英文讲授一些专业课程或者通识课程。然而现实的困境是，具有很强的语言能力的大英部教师由于其学科专业背景的限制阻碍了从事专业课程教学的机会，而其他学科教师在某专业课领域很有建树，却在语言能力方面存在一定的不足，最终使一些双语课程沦为了翻译课程。大英部的改革方向是以内容为主，这在一定程度上降低了对于语言的要求，但却增加了教师使用汉语授课的比率。而这一改变使大英部偏离了语言传统，造成了身份认识上的混乱和模糊。

在所采访的教师中很多谈到了关于语言使用和选择的问题，教师 LONG 开设的是翻译课程，这一课程是学生从一年级开始就必修的课程之一。

翻译涉及中英文之间的互译，会涉及很多的翻译理论和技巧，用中文讲解最合适，学生理解透彻；而翻译的好坏，三分在英文，二分在技巧，剩余的五分在汉语水平上。课程最后成了一个知识性的学习，学生在语言技能方面的训练不是很多，而汉语应用的就比较多。(6 - LONG - 02)

对于大英部的某些英语课程来说，课堂中汉语的应用可能会带给教师和学生更多的好处，作为母语来说，汉语比英语能够传递更多的信息。教师 LI 谈到了自己所开设的课程西方古典文明时候讲道：

上课会涉及很多的人物、思想，如果都用英语来讲会感到很难，这样会导致很多重要的信息可能就略过去了，很难把这个课讲得比较深刻，但是如果用汉语的话，很多问题可能就迎刃而解了。还有一个很关键的问题就是课程中的很多内容如果用英语讲解的话，学生听起来根本就是一头雾水，所以不得不用汉语再来解释，但是汉语用多了，有时候连自己也会质疑这门课的性质是什么，英语课程还是汉语课程。(13 - LI - 01)

教师 CHEN 也认为：如果都用英语授课的话，学生们是很难理解一些比较专业的内容，有些内容会用汉语讲解更合适一些，最后要传授的是一些知识性的东西，我的课程里面的学术英语部分，有些内容都是用汉语来讲解的，如文献检索、论文格式、管理学方面的专业知识等，这些内容即便是用汉语来讲解，学生们消化也得需要一些时间，对我这样的课程，英语就是个工具和手段，而不是目的。

教师 CHEN 觉得：这个课程就变成了双语教育课了，我们的课本都是英文，但是上课的时候用汉语。按照传统教学方式，上课必须用英语，这样可能不太现实，并不是不能全用英文上课，而是教学效果不好，学生听不懂、跟不上。所以，或许这不是课程变革最终的结果吧。(教师 - 26 - CHEN)

很多教师觉得，课程必须用英文授课才称得上英语教学，否则课程和其他学院开的课程有什么区别？英文授课是必须要坚持的，否则大英部就没有存在的必要了。教师 RU 谈道：主管领导应该认识到这个问题的长远影响，如果提供的课程不能用英语来授课，就不能叫大英教学部了，和其他院系所提供的一些语言课程有什么区别？那还叫英语课？还叫英语教师吗？(教师 - 18 - RU)。在教师的眼中，英语语言是大英部的核心特征，也是课程区别于学校中其他课程的重要标志，课程无论怎么改革，核心还是在于英语的学习和应用，学生在大学修完英语课程后都应该能够达到课程的目标和要求，能够用英语熟练地交流、讨论，如果这个目标达不到，那教学就是失败的，课程再改革也是无效的。如果大英部的课程需要大量汉语授课的话，课程也就变质了，也意味着课程失去原有的意义，从而会在教师之中造成对课程的模糊认识。

组织身份是组织最核心的特征，也是相对比较稳定的特征，对于大英部而言，课程中的“英语”语言就是最核心的特征之一，如果课程改革中英语语言被弱化，而汉语增多，其课程身份就发生了质的变化，势必造成对于课程认识的模糊和矛盾。正如教师 LI 指出的：

汉语的增多必然会影响英语的使用，学生的英语需求得不到保证，最终教师到底要成为什么呢？其他一切都很好，但这一点早晚成为教师的“阿奇里斯之腱”，成为教师最大的弱点，语言才是教师的标志，所以不管学生是否能听懂，课堂英语必须要坚持。(15－LI－02)

伴随课程变革的困境集中于在课程多元化发展的过程中如何保持语言的优势，同时还要尽量保留课程中内容的完整性，因而英汉两种语言的选择，这种看似不是问题的问题却成为大英部矛盾的争论点，英语语言的优势地位是课程变革的中心，也是大英部最核心的身份特征，课堂语言中汉语应用的增多，造成了教师对于课程，对于自我认识的矛盾性，使他们对于课程的正当性产生了疑问和顾虑。大英部课程的语言属性奠定了正当性的基础，语言课程的正当性构成了课程存在的根基所在，由于身份包含一定的责任，大英部课程的主要责任在于让学生掌握语言的基础和能力，失去了这一根本属性，正当性也就必然遭到质疑。而如何协调两者之间的矛盾，在现有的资源下解决这一冲突不仅仅是课堂语言的选择问题，更多涉及教师的职业发展问题以及教师对于组织的认同问题。

第二节　职业：“鱼和熊掌可否兼得”

“教师专业发展中的身份冲突往往是指教师在专业权利、义务、责任等方面的失序与困惑，以及专业身份感的缺失或抵触”①。随着组织的变革，大英部不再是提供单一语言教学的组织机构，而是成为语言加内容、语言加学术的多元化课程发展的机构，大学对于教师的评价也逐渐向基于科研效率为主的评价模式，大学的本质在于以知识的生产和传播为目的学术性机构，其外部特征和内部结构在当代社会均呈现出日趋复杂的趋势，

① 孙二军．教师专业发展中的身份认同与认同危机．现代教育管理，2011 (2)：87－89.

但“高深知识”的宗旨一直是其最核心的目标，决定了大学组织所特有的制度特征。无论是学科组织环境还是系部组织环境都创造了教师发展的环境因素，学术性取向在一定程度上限制了教师在教学方面的发挥。这使得教师对于自我的身份定义产生了一定的模糊和冲突，从而使得教师对于自我的职业身份认识处于一种非连续性的状态中。

一、教研：“公家地”还是“自留田”

大英部承担着整个大学的英语教学工作，因而在外界看来更多地被看作一个基础教学单位，教学是其存在的核心基础，是最根本的“组织形象”，即一种外部所“解释的组织形象”（perceived organizational identity），组织形象的核心在于教学；大英部的教师对于自我身份界定是教师自我主动的身份建构，是一种内化过程，也是教师反思自身专业价值与专业权益的一种结果，在这一过程中，教师在对于身份的界定上赋予了自我更多的学术意义。

首先，在大学英语课程变革中“重视教学”的性质带给了教师很多的动力，也带来了压力。教学工作可以使教师在日常工作中有一种成就感和精神的满足，从而使教师在一定程度上能够自我激励，实现教书育人的理念。

我比较喜欢教学，很喜欢和学生待在一起的感觉，课堂上可以把自己的一些教学理念付诸实践，这是很有成就感的地方。无论教授什么课程，我努力认真地去备课、教学，在这方面花费了大量的时间和精力，用心去做。我要求不是太多，有付出就有回报，所以在精神上和物质上我觉得都很满足。(16－KUO－02)

在泰勒来，“大学教师除非成为本学科领域中杰出的学者，否则，教学对他们来说可能比研究有着更为重要的意义”①。一方面，教书育人是大学教师的首要学术职责；另一方面，大学教师的学术职业性质定位给他们带来了科研方面的压力和困惑。

对我们来说，要说哪些是最核心的东西，我觉得还是教学，毕竟是大学中的公共教学部门；对我个人而言，我感兴趣的也是教学这一方面。新的课程需要大量的备课时间，不像理工科，科研是他们存在的理由。语言

---

① ［英］马尔科姆．泰特．侯定凯译．高等教育研究进展与方法．北京：北京大学出版社，2007：159.

类好的期刊就那么一些，竞争太激烈，一些差的期刊又不想去发表。教学给了我很多的乐趣，但总想着怎么去发表文章又使自己失去了很多乐趣，这是个很矛盾的地方。(16 - KUO - 02)

大学英语课程长期以来更多强调的是技能和应用，因而，无论是本科阶段的英语教学，还是研究生阶段的英语教学，真正涉及专业知识的内容很少，大多数课程还是基础课程。这样就造成了大学英语偏重语言技能的教学内容与教师的专业研究的脱节，从而使大英部教师陷入两难的境地，要么在教学的同时，从事和教学很难联系起来的语言学和文学研究；要么进行与大学英语教学实践相关的科研；要么从事与教学和语言文学没有任何关系的其他专业研究。大英部教师的教学和科研就像两条平行线，教学目标和科研方向脱离，教学内容和研究领域分离。这也造成了教师之间的分化，使他们形成了"科研积极分子"或者"非科研积极分子"[①]。对大多数的大英部教师而言属于后者。

虽然我比较喜欢教学工作，但大家最终是要趋利的，教好教坏也没人去管，这个怎么评价呢？完全就是一个良心工作，对的起自己和学生。但教学部和学校看重最多的还是科研，科研不行，别人自然而然就觉得教师教学也好不到哪里去，不管付出了多少，也不管教得多好，没人去关心。教学就是"公家地"，学生又不是我们的，出力再多，也没有人去关心这事；努力再多，人家觉得是理所当然的。而科研呢，就是"自留田"，干好了，都是自己的收获，但必须付出才能管理好这块地，所以大家对科研就格外上心。这样循环下去，课程、教学怎么改也都是一样的。到最后，大家关心的还是科研和自己的收益回报，对教学、对课程投入的自然会少。(22 - FENG - 01)

受控于大学变革式的、指令式的课程的教学指导，教师对教学的参与成为一种被动的选择。教师的教学工作往往逐渐被"去专业化"(deprofessionalised)[②]，尤其对于大英部教学而言缺乏专业性，从而导致教师缺乏参与教学变革的主动性。古德森（Goodson）认为，教育变革中需要处理各种关系的平衡，在内部、外部以及个体间的各种关系中，个人应该处于各种事务的核心位置。只有当教师的个人投入被视为变革动力及其

---

① ［英］路易斯．莫利．罗慧芳译．高等教育的质量与权力．北京：北京师范大学出版集团，2008：24.

② Jeffrey，B & Woods，P. Feeling Deprofessionalised：The Social Construction of Emotions During an OFSTED Inspection. *Cambridge Journal of Education*，1996（3）：325 - 343.

目标时，教育变革才最有成效[①]。当教师在教学方面的投入减少时，无法保证对于教学的投入时，大英部所进行的任何教学改革成效就大打折扣。

但大英部改革的积极意义不能被忽视，改革在一定程度上促进了教师的教学和科研工作，带来了教师职业发展上的变化。

每次教学改革都会让我思考我应该在哪些方面需要提高，哪些方面需要进一步地发展，也会关注教学法的问题，到底怎么教符合科学，对于我来说每次的变化都是一次提升。商务英语是全新的课程，以前的学习都是语言学和语言理论，其实，教这个课我觉得自己提升得更多，而不是学生，自己现在也特别关注国家经济方面的新闻、报道，同时自己还补充了很多商务方面的知识。(10－YI－01)

对于教师 YI 来说，教学改革给她的教学带来的主要是正面的促进作用，使她对于经济和商务方面的知识更加关注，对于自我知识的提升和教学能力的提升都有很大的帮助，这一过程是对自我身份的积极确认。同时她也提到了课程改革所带来的负面影响。

压力也会很大。你要投入更多的时间学习、备课，一周下来就是在备课、上课的循环中。我所知道的其他高校，他们重复课很多，而且基本上备一轮课就行，后面几年都可以用，教学压力感就会很小。像我们经常变化，而且越变越大，新的东西融进来，总是有事情在逼着你向前走，课程不能变得太频繁或者太大。有可能这个还没完全吃透呢，又换了下一个，耗费的精力太多了，就感觉特别累，而且还得必须要去申请课题、做科研，再加上乱七八糟的其他杂事，时间是有限的，长期下去，最后教学效果也会受到很大影响。(10－YI－01)

麦克尼尔（McNeil）提出了课程改革的三种策略，自下而上（bottom-up），自中而上（middle-up）和自上而下（top-down）的策略[②]。而在三者之间，自上而下的改革往往占据多数，管理层根据形势的变化提出改革，然后由各部门直接实施。自上而下的改革策略固然能提高改革的效率，但执行者（教师）往往就被边缘化。教师通常被认为能够很好地理解改革者提出的理念并去践行，然而现实往往事与愿违。大英部的改革也是一种从学校到教学部再到教师的变革，学校领导以及教务处管理者对于大

① Goodson, I. (2001). Social histories of educational change. *Journal of Educational Change*, 2 (1): 45－63.

② McNeil, J D. *Curriculum: A comprehensive introduction.* New York: Harper Collins College, 1996, pp. 241－262.

英部的课程变革专门召开过几次会议商讨变革的方向，而学分的减少更是直接来自学校和教务处的行政命令。一方面，课程改革要求教师做出相应地转变，从而能够使学生的学习发展方向符合改革的理念；另一方面，教师对于改革的态度，教师专业知识的提升，他们对于自我身份的理解和角色定位也会反过来影响课程变革的效果①。教师对于课程的变革，总体上还是持有一种保守的态度，教师本身所具有的保守型和稳定性的个体文化与变革型文化产生冲突，是教师抗拒课程变革的主要原因。在这里，文化的稳定性特征常常表现为教师出于对自身价值观念的维护，而对各种试图改变组织文化的行为产生抵触甚至反抗，与课程变革所带来的新的组织文化的变化形成了某种程度的对立，当组织出现某种变动而可能在人员心中造成焦虑的压力时，组织文化便成为成员共同抗拒变革的防卫机制。因此，造成了教师对课程变革的抵制。

院系的组织环境对变革以及教师对教学的参与形成了无形的阻力，主要体现在对于教师的评价体系和聘任体系上。

课程变革的目的就是要适应变化，就是保证我们对教学的热情，把课堂教学做好。但是最后的评价还是以科研为主，看看科研的奖励资金，再看看教学的奖励数额就一目了然了，不能总拿科研说事，难道说科研做得好，教学就一定好吗？其实，大家都明白，你是教授，你是专家，但上课真的没有比从讲师、教师那儿学到的东西更多。看看我们周围的例子就行，受学生欢迎的教师都是年轻讲师。如果年轻教师都把上课的时间和精力放在科研和职称上，这肯定会影响教学的，最终受到损失的还是学生。课改的目的不就是要把教学搞好吗？但学校看重的还是科研，无论是学校还是教学部都把科研作为最后考核的标准。有科研和职称压着，还怎么安心上课呢？管理者应该实际一些，这样才能真正提高学生的能力。(25－XUN－02)

教学不再是大学学术工作的中心，大学中的“教师—学者”（teacha-er-scholar）的身份逐渐转向了“学术专业人士”（academical professional），在以学术专业为导向的大学中，后者可以获得更多的资源、机会和话语权，因而其社会影响力也就越来越大②。这就形成了在大学内部，教师更

① Fullan, M, Hargreaves, A. Teacher Development and Educational Change [A] In Fullan, M., Hargreaves, A. *Teacher Development and Educational Change.* London: The Falmer Press, 1992, P. 1.

② Rice R E. The Academic Professiona in Transition: Toward a New Socieal Fiction. *Teaching Sociology*, 1986, 14 (1): 12－23.

偏向对于学术人的追求。我国高校普遍应用量化评价法，形成教师专业评价中的科研“单向路径依赖”。高校都偏爱制订科研绩效量化指标，而非课程绩效指标，因而教师对课程虽有参与的态度，却缺乏将课程变革理念融入实践的动力中①。因而在以科研为中心的组织环境下，课程教学的改革必然造成教学课程和科研的冲突，从而造成大英部组织身份的矛盾和冲突。随着新管理主义在高等教育中的兴起，案例大学从2005年开始正式实施聘任制改革，每三年对教师的教学和科研实施大考核，每一年对教师实施小考核，同时划分了不同的岗位。由于大英部是基础教学单位，因而根据其性质，除了教学科研岗位外，还增设了专门的教学岗，但数量有限。流动聘任、有限聘期等一系列措施在大学已经执行了三轮。对于完成考核的教师给予相应的奖励，而对于没有完成考核的教师则取消一切奖励，并不给予其参与职称评定的机会。大英部有很多优秀的教学教师，但这些教师虽然教学优秀，受到学生的好评，但苦于没有足够的科研成果，从而使教师无论是在物质报酬还是职称评定上都受到限制，而这些措施对于一些科研好的院系可能影响较小，但对于公共英语课教师的影响非常大，这也使很多教师担忧职业危机与职业发展的前景。阎光才指出，在我国的大学，尤其是在一些高水平、研究性大学中，研究逐渐成为大学教师的中心任务和核心工作，从而赋予了教师现代学术职业的特征。然而所造成的结果则是，大学教师对于教学不够重视，精力投入明显不足，这也是教师早期专业训练不足的主要原因之一②。因而，无论对于个体教师还是对于大学而言，如何处理好教学和研究之间的关系，化解两者之间的矛盾，一直是很多教师和大学所面临的最为棘手的问题之一。

二、内外：“教育者”还是“市场人”

在新管理主义思想的影响下，大学具有更多的自治管理权力，大学的市场运作也以学生和市场为主从而使大学更加关注市场，追求效率，市场化背景下的绩效指导方针越来越明确，绩效控制感越来越强，适应“适者生存，不适者被淘汰”的市场原则。大学的经费不仅仅依赖于有限的政府财政拨款，更多的是要从市场上寻找资金渠道。从而使组织处于多重情境关系的张力中，其中表现之一就是市场因素逐渐融入到大学的工作中，使

---

① 马万华，温剑波．高校教师出国进修效益分析．清华大学教育研究，2016（1）：78－89.

② 阎光才．我国学术职业环境的现状与问题分析．高等教育研究，2011（11）：1－9.

院系具有了更多的独立性和自主性，市场的配置和效率使院系具备了获取额外资源的重要渠道，影响了大学教师对于自我和组织的理解。吉登斯认为当社会及其制度处于变化转型的过程中时，外部环境的可预测性降低，个体的身份理解受其影响而呈现出不确定性，甚至可能导致个体的主体安全感受到威胁①。这种不确定性从而造成了组织内部的矛盾与冲突。笔者曾作为教师代表参加了案例大学2015年底的工作大会，其中重要议题之一就是要求各职能部门汇报经费来源，各院系职能部门也把自己的主要成绩之一放在了经费增长这一很重要的指标上，拿了多少项目，有哪些收入来源，经费主要集中在哪些学科和科研建设等。能给学校带来收入的学科和教师就成为学校的能人。大英部作为基础教学单位，科研向来是弱项，而又缺乏其他经费的途径，一方面经费收入的缺失成为大英部教师时常抱怨的主因，另一方面大英部处于组织弱势地位循环中的一个诱因。从2013年开始，大英部积极寻求合作办学以求在市场效益方面的突破，并成功在国际合作办学以及课程合作教学方面取得了突破。仅仅在过去的几年，使大英部实现了“脱贫致富”的目标。(3－WAN)

首先，市场化的道路给教学部带来了丰厚的收益，“市场人”的身份使其具有了更多的经济话语权，因而在一定程度上增强了其组织身份和组织认同，积极了很多，氛围和凝聚力也有了。(教师－1－XUE)

以前基本上就没有什么年终奖励，分到每位教师手上的也就几千元，大家习惯了这样的日子，抱怨也没用。经费成为制约发展的最重要原因，学科的发展、教师的发展都受到很多的限制。这几年随着收入的增加，教学部也有能力进行一些大的教改课题和科研课题，教学部给予大家的年终津贴和教学、科研经费也越来越多。感觉大家的干劲明显积极了很多，氛围和凝聚力也有了。(教师－4－HUA)

其次，市场化的变革也给组织内部教师带来了积极的影响，其中最直接的表现体现在经济收益方面。

像在北京这样的大城市，只靠工资肯定是不行的，要养家，养孩子。教师基本没什么课题，也没有项目，主要以教学为主。教授一节课，学校就给三五十块钱，院系部再补贴几十元，跟大学生搞家教有什么区别呢？逼的教师只能到外面去挣外快。现在教学部给教师的国际培训课程报酬很高，毕竟是自己系部的课，课程设置和平时的大外课程比较相近，一下子

---

① 安东尼·吉登斯．夏璐译．现代性与自我认同．北京：中国人民大学出版社，2016.

感觉轻松了很多，没有那么大的压力。最重要的是，教学部给教师的报酬远远高于其他一些培训机构，这也是对教师贡献的回报。除了这些方面外，教学部对于教改课题也很支持，大家也踊跃参与，有总比没有好，这是一种变相资助，大家也就安心了。(14 – HUO – 02)

在研究者所采访的教师中，基本都做过代课的“兼职”工作。随着大英部合作办学的开展，很多教师也承担了合作课程的教学工作，由于合作课程更多的是市场化行为，在未来很长一段时间内教师还会继续兼顾“学术人”和“市场人”的双重角色，但是这两个身份的发展有着不同的动力来源。“学术人”主要源于体制内部的压力与外界的期待，而对于“市场人”的需求则单纯是对于个体经济利益和物质回报的追求。宋德发、李林静认为在后现代社会，高校日趋学术化，但大学教师作为教师的身份却日渐模糊，而市场影响下的“商人”身份却日益凸显[①]。对于两种身份的追求造成了组织内部教师个体认识的冲突和矛盾。高等教育的属性决定了大学与其他机构的本质区别，对于大学来说，传授高深学问是其最根本的属性，也是大学教师身份的根本所在。正如布鲁贝克指出，无论是什么制度或类型的现代社会，“都需要有传递深奥知识，分析、批判现存知识并探索新的学问领域的机构。换言之，凡是需要人们进行理智分析、鉴别、阐释或关注的地方，那里就会有大学”[②]。从这层意义上来讲，学术人是大学教师最核心的外在形象和规定。

在高校里面做一个教书匠其实是没有太多出路的，除非就安心上课，莫问其他事。谁愿意去上那么多课呢，辛苦不说，报酬也少。大家都想有自己的时间可以用来做点其他的事情，如课题、成果，等等。真正的大学教师最后还是应该是个学者吧，有自己的见解和思想，能够为真理而贡献自己的想法，做一个“知识人”，如果仅仅是个“传播者”其实就是个教书匠，挣的还不如培训机构教师多。(教师 – 8 – YIN)

对于学术职业身份的追求是大学教师的本质内在需求，以发展学术为目的的知识人是大学精神的守护者。“做一个学术至上的知识人无疑应当是大学教师的第一身份”[③]。因而，相对于教书匠或者培训者，教师更希望自己是一个“知识人”。刘易斯在其分析中指出，大学会成为知识人所向往的或知识分子愿意为之选择的地方是因为大学教师的时间分配可以制

① 宋德发，李林静．论大学教师的身份危机．理工高教研究．2008，27（6）：50 – 53.

② 约翰·S. 布鲁贝克，高等教育哲学．杭州：浙江教育出版社，1998：13.

③ 刘传霞．大学教师身份认同与大学精神建构．群言，（9）：14 – 16.

度化，他们能够把大部分时间用于独立思考和自主的研究中，大学承认其成员的学术自由。得到了制度上的保证，免受外界和市场的干扰，从而能全身心地投入工作①。然而对于大英部教师而言，其作为“市场人”的身份是为了教而教，为了物质回报而教，从这一方面讲，从而失去了作为“知识人”的根基。大英部所提供的机会是以解决教师的经济压力而存在的市场行为，是一个非基于教师的职业发展而提供的一个免于后顾之忧的环境和基础，在一定程度上是对教师“知识人”身份的侵占。

教师DAN也谈到了对于培训课程和合作办学的看法，认为这些市场行为会影响到大英部的发展。

我自己也代了一些培训课程，其实就是为了赚钱。学生的水平肯定不能和学校正规的学生相比，而且授课的内容很机械，学生也经常逃课。时间是有限的，把大量的时间用在了培训方面，其他时间肯定会被挤压，每天感觉就像打仗一样，除了自己的课程外，就是这些培训课程，这应该是个相互影响的过程……基础学科又不像其他学科一样，科研项目很多，而且国家和学校的补贴也很丰厚。不希望教这么多课，还是希望能够多读书，能够在科研方面有所进步和发展。只是做一些简单的、重复的工作，谈不上是一个“大学教师”。以后会把这些培训课程辞掉，专心做些学问，读点书，自己在这方面有亏欠，而且这才是大学教师区别于其他教师的地方。(23－DAN－02)

对于大学中的院系而言获取更多的物质回报成为他们的利益所在，而这也成为院系进行学术发展的最大保障②。对于大英部而言，最有效的资源就是语言背景优势下的市场化办学资源，在市场经济的时代，对物质利益的获取成为人们所追求的东西，技术则成为谋求效率的招数，强调投入产出的比率，其游戏规则不再是对真善美的追求，而是对于实际回报的追求。对于大学和大学教师而言，能够在市场化的环境下获得经济收益体现了大学、市场之间的互动关系和紧密关联。随着20世纪90年代市场经济成为社会主流后，“商业人”也随之成为大学教师的一种身份认同，其主要目的在于对金钱和物质回报的获取。另外，大学和教师作为市场人的行为在一定程度上冲击了大学作为知识“生产者”和教师作为“教育者”的角色和地位。“教书”或者“育人”固然不是评判一个大学教师的充分

---

① ［美］刘易斯·科塞．郭方等译．理念人——项社会学的考察．北京：中央编译出版社，2000：308.

② 张洪峰．大学组织变革中的博弈分析．华东师范大学博士论文，2010.

条件，但却是一个大学教师作为“教师”身份被普遍认可的必然条件[①]。刘传霞指出，学术的本质在于传承并创造人类文化、知识和思想，从而保证知识生产能够生生不息，社会才得以前行。但当今的学术职业受到权力、金钱等因素影响甚重，学术所具有的独立性和客观性遭到了挑战，从而偏离了大学精神[②]。而这一点也是造成组织身份分裂的重要原因，一方面，作为市场人，大英部所追求的是最大的市场利益和最佳的经济效果，从而能够维护其市场化的行为，实现经济收益，满足组织发展的需求；而另一方面，“市场人”的身份造成了对于“教育者”身份的冲击。在冲突和矛盾的双重挤压下，大英部为了发展，有时会契合市场的要求，从而解构了“教育者”身份应有的权利和义务，切合了“市场人”的身份但忽略了“教育者”的身份，使得大英部及其大英部教师在选择时面临一种矛盾冲突。

三、选择：“留下”还是“出走”

组织发展的矛盾和分化也影响了教师对于自我职业发展方向的选择，大英部课程变革造成了教师职业发展的滞后，以财经内容、学术内容以及通识内容为主要变革方向的课程改革对于以语言学和语言教学的教师来说更是一个挑战，这也加速了他们在职业方面的分化，甚至“出走”，这类教师往往都是以“隐性出走”的形式实现了自我发展方向的选择，其表现形式主要体现在以下方面：

一方面，尽管教师留在了组织内发展，但其发展兴趣已经不在教学部，而是偏向了其他方面，如家庭。

我教书都几十年了，其实，刚开始那会也雄心勃勃。后来有了家，有了孩子，要照顾家，要照顾孩子，重点就在家庭上了。女同志可能不像男教师压力那么大，不用想着怎么养家、努力挣钱。教书教了几十年，经验也够了，反正觉得自己没有太多前进的动力，肯定也不会再去读博士了，尤其是职称问题（副教授）解决了，这样很好……，所以也没有什么其他计划。(27 – HONG – 02)

另一方面，教师通过向其他专业的学习和发展，从而实现自我教学和科研的方向转变，学校的教学成为次要“战场”。

如果现在出国读个洋学位，可能会不现实。我觉得想换一换，还要依

① 王志华．大学生心目中优秀大学教师的标准．教育学报，2008（3）：60 – 64.
② 刘传霞．大学教师身份认同与大学精神建构．群言，2013（9）：14 – 16.

托大环境，选一些相关的专业，如教育、文化、法律，还可以读经济。反正是不想读语言专业的博士了，觉得没什么意思，也没有太多发展前途。个人的发展不一定完全和职业相关。而且我觉得也是一个趋势，知识语言的面太窄了，很难再适应当前的要求。(12－XI－02)

教师寻求其他职业方向的发展，开辟第二职业，而学校的教学工作反而成为“兼职工作”。

很多教师心思不在单位所从事的职业上，有自己的兴趣，有自己的第二职业，有趣，主要还是有收入。我觉得这是很好的选择，有时候很羡慕他们，就是把自己的教学工作完成，然后做自己喜欢的事情，而不是被教学和科研拴在这里。(6－LONG－02)

即便教师留在组织内部发展，但由于很难做到教学、科研和生活之间的平衡，使其慢慢失去了对自我身份的积极评价。

对自己还是很不满意，有的时候，工作达不到自己所要求的那种状况。感觉总是难以平衡工作和生活中的一些事情，总感觉自己很忙，但是最后却一事无成。如果我的能力再强一点，水平再高一点，很多东西可能会有另外一番景象。现在就觉得自己的能力还是比较有限的，如果有进一步的发展，可能对教学有一个更好地促进。职业发展的困难也很多，一个是教学本身，作为一个入职不是很长的英语教师来说，很多东西都要去学习。我学的是文学，现在教的是商务英语，文学对我来说基本没有问题，但商务英语对我来说还是全新的领域，自己也是在学习的过程中，边教边学，所以有段时间，虽然很努力了，但是觉得自己对于教学把握不好。另外，自己在职称上、在科研方面做得还是远远不够，教学很重要，但是大学教师不能不去做科研，就是没有时间，都用在了教学上，整天就是备课、上课，没有科研肯定不行的，但自己再往上走，困难很大的，先走一步是一步吧…… (23－DAN－02)

对于教师DAN来说，她的职业身份分成了教学和科研两个方面，她在组织内部的职业发展选择也会走向不同的道路。一方面，她在教学方面付出了很多的时间，尽量做到教学的完美；同时在科研上，她对自己有很高的期望，但各方面的阻力很有可能使她的努力无法取得预期的收益。在未来的发展中，决定她走向哪一个职业阶段主要取决于组织环境因素，如果组织对她职业成绩的定义标准没有改变，仍然以科研为主的话，她很有可能停滞不前，难以兼顾教学和科研。但如果组织对于教学和科研的评价标准有所变化，把科研的比重适当减少，对教学的重视有所增加，她对于教学的投入会使她取得专业的进一步成长，并获得职业的成就感和满足感，从而增强自我的职业认同和对组织的身份认同。

另一方面，教师寻求向其他专业发展，其职业生涯最终会脱离组织而去寻求其他组织中的发展，从而导致教师的离职，这类出走被称为“显性出走”。在大英部内部，教师的显性出走虽不是普遍现象但却时有发生，很多教师是以读博士的名义离开了本单位；有些教师是在获得其他专业的博士学位后，转到其他学校或院系从事与本专业相关的教学和研究，实现了“跳槽”；也有一些教师是直接辞职离开了高等教育这个行业而从事其他的职业。笔者所在的单位，在过去的3年中有5位教师停薪留职到国外攻读博士学位，有2位教师留在了国外发展，其余教师是否回归也是个未知；有2位教师辞职转行进入与经济有关的企业工作，还有两位教师辞职后去了另外的大学从事教学和科研工作。个体对组织的认同感越强，他越有可能与组织的行为和观点步调一致，从而也就支持组织的变革和发展。组织认同感可以为组织成员提供行动的意义来源，是组织成员界定自我身份的基础，可以促进组织成员的工作满足感，使他们远离组织疏离感，从而使得他们愿意留在组织内发展并为组织的发展而努力。反之，组织认同感的缺失就会降低成员对于组织的认同，甚至使他们走向对立面①。

笔者并未能采访到脱离组织发展的这些教师，但在所采访的教师中SA教师比较有代表性，她是1997年进入大英部工作的，后来她选择了法学作为博士研究方向。尽管她一直在大英部工作，但其工作中心已经在她的律师事务所，在笔者再三请求下，她道出了自己的心声：

我不想去做科研，职称对我来说也无所谓，也没有想过职称的事情，教学肯定是保质保量地完成，其余时间基本还是留在事务所。当初刚工作的几年，工资也就每月2千多，之所以选择法律，还是因为物质回报要多得多，现在律所是我工作的中心。觉得自己在这方面做得还说得过去，教学中会分享一些工作方面的心得，这个没有经历是不会有体会的，觉得学生还是很喜欢这些东西。(20－SA－02)

教师对自我职业身份认识存在于与其他个体或群体的社会互动中，这是一个逐步展开的过程，随之“互动就进入了一种真实的交换性谈判——借此，人们寻求伴随其角色执行的合法性而来的报酬”②。对教师SA而言，其职业发展的交换性来自于所从事的律师事务所的工作，这不仅带给

① 王彦斌．西方组织认同感理论研究综述．思想战线，2006（6）：1－6.

② 乔纳森·特纳．社会学理论的结构．华夏出版社，2001：42－45.

了她一定的物质回报，同时还给予她在教学工作中的经验分享，这种互动在一定程度上实现她的身份合法化。麦考尔和西蒙斯（McCall and Simmons）的身份理论认为，角色支持构成了教师职业者最重要的报酬来源。当他人、群体或组织对教师职业者角色持支持和赞同态度的时候，那么教师就会形成积极的自我角色认同。反之，但当他人或组织无法提供有效的角色支持，低于教师的心理预期，就会阻碍和降低教师对自身角色和身份的感知，从而使教师产生脱离组织的认知和理解。

费斯勒（Fessler）以整体的、动态的视角来考察教师的职业发展，并将其放在个人和组织的环境中来考察，提出了教师生涯循环论，教师所经历的职业周期是与这两个环境因素相互作用的结果①。如果教师在职业发展中缺乏进步和激情，职业满意度开始下降，体验到挫折和倦怠，从而产生挫折感，进而因各种原因被迫或自愿地中止工作，从而离职。在教师的转型时期，蒋玉梅认为，教师的专业知识非常重要，处于能力建构期的教师如果形成对本专业知识的掌握，那么就会对教师的进一步职业发展奠定良好的专业基础，从而帮助教师进入职业发展的成长期。相反，专业知识的缺失会导致教师职业发展意愿的降低②。第一种可能的结果是教师需要重新评估其专业发展方向，从而可能会选择一个全新的职业发展领域，如跨专业发展或转岗为行政管理；第二种可能的结果是教师止步不前，安于当前发展现状；第三种可能是教师遭受专业发展挫折，形成消极的心理暗示，从而抵制任何专业发展的尝试，甚至有可能丧失专业发展的信心，最终离职。教师离职对于组织来讲属于不合理的、非正常的流动，组织认同的缺失对于组织的成长和发展会形成长期的负面影响。但如果组织成员对于组织有很强的认同感，就能提升成员的工作满意感，从而在一定程度上可以降低个体离职的意愿③。这也符合一些已有的研究发现，职业身份和组织身份越强烈的高校教师，其离职倾向越低（Gaziel，1995；Moore and Hofman，1998；魏淑华，2008）。在大英部的案例中，无论是教师的显性离职还是隐性离职对于组织的长期发展都带来一些负面影响，从而在一定程度上会阻碍组织的发展和变革。

---

① Fessler，R & Christensen，J C.，董丽敏等译．教师职业生涯周期：教师专业发展指导．北京：中国轻工业出版社2005年版，第86页．

② 蒋玉梅．大学英语女教师的职业生涯发展研究．南京大学博士学位论文，2011：186.

③ Dick R V，Christ O，Stellmacher J，et al. Should I Stay or Should I Go? Explaining Turnover Intentions with Organizational Identification and Job Satisfaction. *British Journal of Management*，2004，15（4）：355－360.

第三节 组织："我是谁"

从公共英语教研室到大英教学部，从单一的语言教学到语言教育、通识教育以及学术英语教育，从本土发展到寻求国际合作，体现出了大英部在面对社会环境变化时的变革。埃兹科维茨和蕾蒂斯托夫（Etzkowitz and Leydesdorff）指出，高等教育中的变化既与高等教育系统被赋予更多的自主权力有关，又与持续的高等教育国际化密切相连中，在市场化日趋明显的高等教育领域中，教育机构越来越以竞争者的身份出现①。高等教育中的这些变化，使大学作为组织有了更多的自由度，但也受到问责制的规约，大学机构内部出现了更多变革的冲突和张力，从另外一方面也可能限制变革的广度和深度②。高等教育变革的核心是对于高等教育机构未来发展方向争论的明确以及未来发展中存在的不确定性和模糊性的澄清。格林伍德等（Greenwood et al.）指出，从组织身份为介入点来理解高等教育的变革可以厘清并解释变化的政策环境对于高等教育机构的影响③。在组织身份的变革中，"身份不是固定不变的，不是原生的"，而是"本质上是社会文化属性的"，因而是可以"协商的，多变的"④。正是因为其多变性和协商性，在这个过程中作为组织中的个体互动对于组织身份形成发挥了重要的作用。

一、组织形象："为他人作嫁衣裳"

哈奇和舒尔茨认为，组织具有两种形象，第一种形象是感知的组织形象（perceived organizational identity），组织成员对于核心特征的感知，大英部教师对大英部核心特征的感知，即感知到的组织身份特征；第二种形象是解释的外部形象（construed external image），是组织成员基于对组织

① Etzkowitz, H & Leydesdorff, L. *Universities in the Global Economy: A Triple Helix of University – Industry – Government Relations*. London: Cassell Academic, 1997, P. 86.

② Locke, W, Cummings, W K, & Fisher, D. (Eds.). *Changing Governance and Management in Higher Education. The Perspectives of the Academy*. Dordrecht: Springer, 2011, P. 58.

③ Greenwood, R, Raynard, M, Kodeih, F, Micelotta, E R, & Lounsbury, M. Institutional Complexity and Organizational Responses. *The Academy of Management Annals*, 2011, 5 (1): 317 – 371.

④ Jenkins, R. *Social Identity* (*3rd ed.*). London; New York: Routledge, 2008, P. 19.

外部的舆论推断而形成的组织形象①。即教师基于局外人对大英部的观念上所形成的形象认知，也就是解释的外部形象。这两种形象对于组织身份的形成都具有重要的影响作用，同样两种形象的冲突也会造成对于组织身份认识的模糊。

大英部的变革反映了整个高等教育发展变化的趋势，SUN 教师作为大英部的老教师，她谈到了当前大英部的变化时认为：

以前是教研室，也就十几个教师，现在是教学部，接近 80 个教师。这十几年变化很大，我记得那时候上课就是新概念，这是最经典的课程，教师读，学生念，而现在呢，教学手段多样化，授课模式和课程也多元化发展；以前大家没钱，教研室没有太多额外的收入，都是死工资，大家都到外面的机构和学校搞创收，现在咱们有自己的国际合作办学项目，起码在经济收入方面有了很大起色，这都是很大的改变。咱们现在的发展也越来越好，在很多方面还超越了其他院系。（教师 -2 - SUN）

除了经济方面的收益外，RU 教师也谈到了自己对于大英部的认识，无论对于课程建设还是科研发展，院系领导都越来越重视，尤其对于科研投入的很多，其实非常希望将来咱们在科研方面有更多的成绩，这样才有更多的话语权。不仅仅是教学，科研也要向其他院系看齐，成为一个优秀的“学术团体”。（18 - RU - 02）

相对于大英部发展的乐观态度，很多教师表达了对于大英部发展方向以及发展模式的困惑。教师 GM 认为：教学部的发展还是存在很多不确定性，但有一点不能否认，大英部未来的重点还是在公共基础教育上，就是做好“后勤保障工作”，在一个大学里面，不可能每个学科都是最好的，红花总有绿叶配，做绿叶就是把教学做好。但现在的重点好像不在教学上，大家各忙各的，对于未来到底如何发展谁也不清楚；或许有一天解散了也有可能。至少在教师中间，大家并不清楚未来教学部到底应该是什么样的，实际上我们也没有一个明确的发展预期。在 GM 教师眼中的未来，既是对大英部形象的感知，也是对大英部身份的认知。组织身份的形成过程是基于组织成员对认知和识别的基础上逐渐形成组织成员对“共有的组织身份”的清晰理解。

组织身份强调的是组织成员对组织核心的、独特的和持久特征的认知。当组织形象无法被组织成员感知的时候，组织成员就会产生“我们是

① Hatch, M J, & Schultz, M. The Dynamics of Organizational Identity. *Human Relations*, 2002 (5): 989 - 1018.

谁”和“我们应该是谁”的困惑与疑问。

GAO教师谈道：变革是好事，这对于学生来说有了更多的选择，这也符合当前整个学校变革的要求，但是对我们来说其实没有本质的变化，没有真正的“学生”，教来教去都是为别人作嫁衣裳而已。GAO教师一直担任辩论赛和演讲赛的带队教师，他提到了自己的一个亲身经历和体会。每年我们都花费大量的时间、人力、物力组织全校学生参加英语辩论赛，从选拔、培训、初赛、复赛直到最后的全国决赛一直到拿到了冠军，中间付出了太多，只有参与的教师才能理解其中的辛苦，有一年拿到了全国冠军，结果学校宣传的时候，尤其是各院系宣传的时候，对我们轻描淡写，功劳都成了其他院系培养学生的功劳了，他们也只提是自己的学生英语水平高，是自己培养的结果，而我们的付出根本没有被宣传，这很无奈，谁让我们就是一个基础教学部门，提供的是公共教学服务。所以我认为起码要有自己的学生，这个是欠缺的。所以一旦他们的学生在语言方面做得不好，人家就开始怪大英部教得不行了。(24-GAO-02)

组织身份的形成需要通过外界比较和有意识地自我反思才能获得，这正体现了组织身份感知和组织认同的过程。GAO教师所反馈的正是他自我感知的组织形象与解释的组织形象之间的反差。教师GAO的观点也得到了其他教师的认可，教师LING在谈到自我归属的时候讲到了她的一个经历：有一次监考，一个教师问我，你是哪个学院的？教什么的？当我回答我是大学公共外语教学部的，教英语的，他们眼神中似乎都是怀疑的神情，心里肯定在想，“公外的啊”“教大学英语的啊”等这些问题，怎么说呢，不屑、怀疑？似乎只有教金融、会计才符合他们的预期，大学英语还用教吗？后来再有人问我，我和别人介绍的时候，很少说自己是教英语的，我只和别人说，我是研究文学的，我是教文学的。(15-LING-02)

当外界对组织存在着高度的正面评价时，组织成员就会有更强的认同感，他们就会“感觉沐浴在组织荣誉里”①，反之亦然。在外人看来，大英部并非是一个独立的组织机构或者是大英部对他们就是一个根本不熟悉的存在；在他们看来只有像经济、金融这样的学科才能算得上是真正的大学科目，而大学英语并非是一门真正的课程。由于组织形象既是组织成员对组织的整体感知，同时又是局外人对于组织的综合评价，因而，组织形象会影响组织身份的形成与发展。哈奇和舒尔茨指出，当组织审视自我的

① Dutton, J E, Dukerich, J M & Harquail, C V. Organizational Images and Member Identification. *Administrative Science Quarterly*, 1994, 39 (2): 239-263.

时候，是通过外人对组织持有的形象而反映出自我的，因而“组织形象至少是在某种程度上由组织成员和局外人对组织的反馈之间的互动建构而成的”①。组织形象受到两种因素的影响，一是组织试图给予外人的印象；二是组织成员和局外人对于组织的看法和印象。一方面，大英部试图给予局外人一种独立身份的印象，它是一个独立的教学和科研部门；另一方面，却是在局外人以及很多教师眼中，它缺乏作为独立组织的身份，这种反差造成了大英部组织形象和组织身份的模糊性。大英部教师对于局外人反馈的评价是促使大英部变革的重要推动力之一，“解释的外在形象是引起身份变革过程中的关键所在，它代表的是组织成员对于局外人对组织成就期待的外在反馈和阐释，同时也代表了一种媒介，通过组织形象，组织成员决定了局外人如何理解本组织，因而提供了两者对于组织形象理解比较的基准。通过自我反思以及对其他反思的界定，解释的外部形象是连接组织自我定义的首要概念”②。正是由于身份与形象之间的反差和互动才使组织身份的建构一直处于变动中。因而焦亚等（Gioia et al.）强调说，身份和形象之间的差异从而导致组织的变革，而两者之间的互动是组织在适应变化的环境中最核心的功能特征。

二、组织发展：“摸石头过河”

在组织的变革过程中，成员感知到的组织身份特征往往是模糊的、零散的，并非是一个整体的架构，并非是组织真实的全貌特征，因而常常发生误解。“成员对组织身份特征的知觉极有可能发生偏差，对自己所在的组织的认识不到位，即对‘组织是谁’的问题比较模糊或回答错漏”③。同样在大英部的发展过程中，教师对于未来如何发展充满着困惑和模糊。

大英部变革的主要内容是始于课程变革，也是确立新的组织身份的重要举措。教师 WAN 作为大英部的负责人，也是整个课程改革的发起者之一和主持人，谈到了当前的变革：课程改革是避免被边缘化的最重要的措

① Hatch, M J, & Schultz, M. The Dynamics of Organizational Identity. *Human Relations*, 2002, 55 (8): 989－1018.

② Gioia, D A, Schultz, & Corley, K G. Organizational Identity, Image and Adaptive Instability. *Academy of Management Review*, 2000, 25 (1): 63－81.

③ 冯云霞，葛建华．组织文化的象征化过程研究．暨南学报（哲学社会科学版），2010，32 (5): 48－55.

施之一，也是我们目前能够比较容易做到的，能够实现的事情。而对于其他方面的变革和发展，还是要一步一步地来。需要向其他高校学习，目前要想有大的突破还是很难的，受到很多限制，如大英部并不是学校发展的重点，因而在师资引进方面受到学校整体发展规划的影响。作为同类大学，我们和对外经贸差距太大，他们不但在语种方面实现了多元化发展，而且课程设置也有层次性，在研究生的培养方面也远远地超越了我们。如果学校能够提供更多的资源支持的话，很多方面还是会有很大的提高空间。(3 – WAN – 02)

“对今天的组织来说，变革不仅仅是为了成功，更是为了在日益激烈的竞争环境中获得生存”①。而为了获得足够的外部资源，大英部也开展了国际合作项目，其主要目的是获得发展的资金。

没有资金只能自己去寻找资金，在这方面耗费了很多精力，但起码有了底气，大家的凝聚力也有了提升。一个机构的发展，充足的资金是一方面，大学也更应该创造一个好的环境、好的政策扶持才行。目前做的还是远远不够。学校的各种政策和资金支持基本上都去了强势学院和学科，而像我们这种基础部门，就要自力更生了，很多发展的规划和项目也都要靠自己去探索，应了那句话，摸石头过河。(3 – WAN – 02)

教师 HUO 认为一个院系的发展需要一种文化的构建，而不单单是局限在某一方面的发展，他认为：学院也是一个综合性的大家庭，它有自己的底蕴文化，能够在无形中影响教师和学生，我们经常说精神气儿就是这个意思，就是一种文化能够让大家各司其职，如果变革能够达到这种效果那就是成功的，要达到这个目标需要做的事情太多了，良好的氛围或者文化不是短期内就可以实现的。我觉得还是缺乏这样的文化，缺乏凝聚力，大家各做各的事情，很多改革措施名字听上去好听，但实际效果如何呢？大家都付出了多少呢？如我们的课程改革，名字听上去很大气，但实质内容有没有质的变化，这个得打个问号。(14 – HUO – 02)

组织文化是基于共同惯例的默认和自发行为，在艾伯特和惠藤看来组织文化和组织身份两者之间密切相关，组织身份的核心内容体现在组织文化上，组织成员只有认识到自我的组织身份才能实现组织文化的内化，使组织文化成为组织有效的组成部分②。因而“组织身份根植于组织的观念

---

① Kotter, J P. *Leading Change*, Mass. Harvard Business School Press, 1996, P. 18.

② Albert, S, & Whetten, D A. Organizational Identity. *Research in Organizational Behavior*, 1985 (7): 263 – 295.

和价值中，体现在组织文化中”[①]，特定的文化成为回答“我是谁”这一问题的核心组成部分。当大英部内部缺乏一种精神气质的时候，也就难以使个体的身份与组织的身份内化。

教师 FU 表达了对未来不确定性以及变革困难的担忧：我们这几年的发展已经落后了很多，甚至是全方位的落后，所以大家都在突飞猛进的时候，你还在原地踏步，这就是个落后。在学校里，相对于其他院系的红火，我们也是显得很沉寂。大学英语本来就处在改革的风口浪尖，对我们而言课程的改革也仅仅是其中很小的一个方面，再过几年是否需要大英部都不好说，教学部如何转型呢？教师如何转型呢？“人无远虑必有近忧”，或许再过几年，大英部会被解散，教师们自然会面临失业或转型的困境，所以我觉得这个是目前我们要好好直面的问题。(16 - KUO - 02)

大部分教师认为，只有发展和变革才是避免被边缘化的重要举措。但是对于未来如何发展却产生了分歧或者是模糊不清。大英部的变革最终定位于基础教学部，做好全校的基础教学服务工作，还是要定位于一个专业性的教学机构：需要具备特色的课程，能够有自己的研究生培养，教师的职业发展重点在于教研兼顾，以研为主。同时，在转型中最关键的就是资源的缺乏，无论是资金方面的支持不足还是教师的储备有限都会制约组织的发展。

教师 CHEN 谈道：有些教师对系部的未来较为悲观，有些是比较乐观，我个人还是中性观点吧，只能走一步看一步，问题肯定是很多，那也得一个一个地解决，活在当下，未来如何，谁能可知呢？(26 - CHEN)

科利和乔亚（Corely and Gioia）将教师中存在的困惑称之为“身份模糊”，即对于“我们是谁”“我们该如何行动”存在不确定性[②]。由于对组织身份“在同一时间内持续存在的不同的阐释”，才导致组织未来发展中模糊性和不确定的存在，才促使教师去思考大英部的核心特征到底是什么，大英部的未来发展如何。组织中的不确定性和模糊性会持续地影响组织身份的构建。无论是对个体还是组织，身份的模糊性都会阻碍个体和组织实现对身份的一致性认识。也正是由于身份与形象之间的互动和交互使组织身份建构的过程一直处于变动中。

---

① Hatch, M J, & Schultz, M. The Dynamics of Organizational Identity. *Human Relations*, 2002 (5): 989 - 1018.

② Corley, K G, Gioia, D A. Identity Ambiguity and Change in the Wake of a Corporate Spin-off. *Administrative Science Quarterly*, 2004, 49 (2): 173 - 208.

第四节 小 结

在组织变革中，不同的事件以及不同的理解使组织成员对组织内的政策、价值或目标产生困惑、不一致以及矛盾的看法，从而使组织变革中常常充满模糊性和不确定性。正是这种不确定性的存在使个体和组织出现模糊身份认同。对于管理者和教师而言，他们并没有对大英部的发展方向有一个统一的认识，对于自我身份的认识也存在不同的亚文化理解，对于课程的多元化变革也缺乏一致的目标，在语言能力提升以及授课内容的选择方面处在一种选择的矛盾和模糊不清中，受制于各方面条件的限制，这些矛盾和冲突并非短期内能够解决。已经不是我们那个时代所理解的教学了，想想从我最初参加工作，到现在已经过去快60年了，真是物是人非，沧海桑田，变革是好事，重要的是要找对方向，方向对了就不怕走弯路。(教师-2-SUN)。吉登斯指出，人类所习得的日常惯例以及熟稔掌握这些惯例的形式，不仅仅针对给定的他人与客观世界的调适模式，而且是在情感上对“外在世界”这一现实的接受。但当“外在世界”发生变化时，个体的主体安全感会受到威胁①，从而使个体和“外在世界”形成矛盾和冲突。

① 安东尼·吉登斯．夏璐译．现代性与自我认同，中国人民大学出版社，2016：39.

第七章

身份整合与建构

在组织身份的构建过程中，课程身份、职业身份、组织身份以及组织认同之间是一种相互关联、相互影响的关系，甚至是一种相互融合的关系。通过教师访谈，本章试图从以下几个方面对大英部的身份做一个整体构建。

很多研究指出，组织身份的变化会不可避免地影响组织成员的身份及其对组织的认同（Larson and Pepper，2003；Skalen，2004；Empson，2004；Jordan，2009；朱伏平，2012；张宁俊等，2013）。“个体身份和组织身份之间是一种互补的关系，组织身份可以影响个人行为，个人行为也可以影响组织身份”①。一个稳固的和吸引力的身份可以促进个体成员的组织认同感，还可以促进个体的自尊、自我一致性和自我认知的形成。在当前组织转型和变革的时代，大英部面临着双重身份的构建。大英部教师是具有自然人和组织人两种身份的结合体，他们作为自然人的身份是其在个体层面构建的身份，而他们作为社会人的主要身份标签是“大英教师”，是在组织层面的建构。身份建构的要求不仅来自组织需要也来自个人需求，身份建构的目标不仅体现在对于组织整体价值的追求，也体现在对于个体价值的实现。

第一节　课程：“新瓶装新酒”

一、变革：“一步一个脚印”

乔亚等指出，“组织必须具有快速适应日益多变的环境的能力，是其

① Pratt，M，& Foreman，P. Classifying Managerial Responses to Multiple Organizational Identities. *Academy of Management Review*，2000（25）：18－42.

存在的必要条件。因为对于组织而言，最重要的就是如何改变而不是保持不变”①。从大英部成立之初，其课程教学改革一直在进行，也是确认学科身份的重要步骤。在大英部的发展过程中，市场的力量逐步渗入到其中并影响其发展，处在国家引导市场、市场引导大学、大学引导院系的建设关系之中。大英部成立之初，实行的是纯粹的英语语言教育，以语言本身的学习和训练为最核心的内容。20 世纪 90 年代后，高校毕业生就业制度中逐步实行自主择业的方式，狭窄的语言技能专业化教育已经很难适应社会的发展需要。SHEN 教师是大英部的教学主管，他在谈到学科课程改革时认为：

最初的专业设置，我们还是完全按照英语语言文学的课程来安排的，但后来证明并不符合市场的发展需求，也不能满足学生的要求。社会需要学生具有较高的英语水平，但同时还要用英语来表达一定的专业知识；在我们学校，学生的就业方向基本上都是与财经有关，如果一个学生学了几年大学英语还不懂得怎样表达财经方面的基本知识，没有利用好这么好的专业优势，不仅是一种资源浪费，也可以说是英语教学的失败。（5 - SHEN - 02）

进入 21 世纪后，尤其是在 2001 年中国加入 WTO 之后，从国家层面开始全面的人才培养转型，“复合型人才”成为国家人才培养的政策出发点。“语言 + 财经专业”不但成为国家人才培养的目标，也是市场发展的需求，更是很多大学的优先选择。在实际的课程安排中，大英部基本上实行的是 CBI 的策略，即 content-based instruction。语言教学和内容学习（主要以财经和文化知识）分别占据其课程设置的一半，语言的学习通过课程中内容的学习体现出来。这一课程设置和传统意义上的大英课程设置有很大不同，也可以说成为大英部所独有的“特色”设置。

大英部学科变革的另外一个重要变化，体现在大英课程的国际化变革。在组织身份的危机中，我们已经谈到，单纯的语言教学已经不能适应当前大学英语教学发展的趋势，从 2012 年开始，大英部对课程进行了一系列的改革，其改革内容之一就是大英课程的国际化和通识化。高等教育国际化是“将国际的、跨文化的或者全球维度融入高等教育目标、功能与提供（delivery）中的过程”②。著名高等教育专家奈特在研究中指出，纵

---

① Gioia, D A, Schultz, M, and Corley K G. Organizational Identity, Image, and Adaptive Instability. *Academy of Management Review*, 2000, 25 (1): 63 - 81.

② Knight, J. Updating the definition of internationalization. *International High Education*, 2003, 33 (6): 2 - 3.

观世界各国的高等教育的发展，国际化是最重要的趋势和特征，然而在人文领域包括外语和文化学科被认为是“国际化程度”最低的学科，而经济界上商业被认为是国际化程度最高的学科①。由于语言学科和课程的国际化融入度低，在学校管理者眼中是一种边缘化地存在，因而大英部和英语学科在大学的国际化发展规划中并没有得到更多的重视。20 世纪 90 年代以来，国际化是高等教育领域最重要的主题，其中之一就是将外语与课程结合在一起②，这也影响了大英部的课程变革。对于大英部而言，大英课程的国际化改革更多是一种自上而下的制度安排，以迎合大学的人才培养目标：即在通识教育下的培养具有国际的、全球视野的、跨文化能力的、有批判思维能力的人才。在这一原则指导下，大英部课程改革的方向是基于课程的语言教学（Languages Across the Curriculum），因而在课程内容中加入了大量的文化要素、国际比较要素和其他基本的知识要素。LAC 的教学目标主要是将学生的语言运用与语言之外的课程结合在一起，具体体现在商务英语、英美文化、西方古典文化等课程的变革上。但在很多学者看来，课程的国际化更多是一种理想的构建甚至是空洞的泛指而非一套确定的制度设计或教育目标（Kehm and Teichler，2007；Knight，2004）。

在谈到大英课程的变革优势时，教师 SHEN 认为，无论是 LAC 还是 CBI 的教学模式，其实我们以前多多少少都有，只不过这几年才完全实施这种教学模式，这对传统的语言教学是一种颠覆。改革的整体思路还是要实现语言技能向内容进行转向，培养学生的批判思维能力。过去几年的课程改革大多停留在教学结构框架的改变上，如纸质材料换成电子材料的，传统的换成多媒体的，形式上是多样化了，但缺少真正的内涵变化，教学改革的本质还是应该在于内容英语教学才行，增加通识学科知识和文化的内涵，这才是真正意义上的改革，也才能符合高等教育的发展趋势。(5 - SHEN - 02)

关于这一改革的发展和方向，就是适应国际化发展的需求，重点应该就是以英语为内容的载体加强通识教育的改革方向，使通识教育成为大学英语教学的核心内容。正如吴鼎民指出，“可以预计在不久的将来，以语

① Knight，J. *Internationalization of higher education*：*New directions*，*new challenges*. The 2005 IAU global SUrvey report. Paris：International Association of Universities，2006：17.

② Knight，J. Internationalization remodeled：Definition，approaches，and rationales. *Journal of Studies in International Education*，2004，8（1）：5 - 31.

言教学为主体的大学英语课程将会被以英语为载体的通识类课程逐步替代"[①]。但这一改革基本上是对原先大学英语的全面颠覆，纯语言的大学英语课程被取消。对于新的变化，教师 CHEN 谈道，LAC 或者 CBI，没人告诉你怎么具体操作，就是一个指导方向，我的理解就是英语是一个工具，在我的课堂上，讲解的内容基本上都是与商务和管理有关的知识，这个是大学英语教学？还是专业英语教学？肯定是一个新的尝试，有了新瓶，就不能再去教纯语言的东西了，也得装上新酒才行呢。我觉得应该这么去做，这个或许是在未来很长一段时间内，大学英语教学发展的方向。(JS－26－CHEN)

无论是 LAC 还是 CBI 的课程都是对原先课程的全面改革，实践出真知，对于课程改革后的效果还需要后续的验证，教师对于课程的评价如何，学生对于课程的反馈情况以及课程是否能给学生带来在语言学习各方面的变化都需要实践来验证，需要作进一步的调查研究。教师 HUA 也指出，课程的设置效果如何，还需要进一步的研究和证明，这肯定不是终点，还得需要结合实践来验证，但要一步一个脚印地继续改革。(JS－4－HUA)

二、阻力："说起来容易做起来难"

组织身份为组织成员在变革过程中提供了重要的心理依靠。但组织原有的身份也可能成为组织变革的阻力，组织成员倾向于保留他们现有的身份而不是去质疑自我概念。组织的变革可能会引起组织成员的紧张和抵制，尤其是当新的自我概念和自我形象不一致时，这种冲突会更加明显(Brown and Starkey，2000；Gustafson and Reger，1995)。

(一) 组织决策力的缺失

在组织的变革中通常需要领导力的支持从而能够应对变化环境的要求和挑战。领导在组织变革中参与的角色是组织变革成功的关键所在[②]。变革型领导可以帮助组织实现转型，并能帮助组织成员建立对组织目标的认

① 吴鼎民，韩雅君．通识教育视角下的大学英语"三套车"框架构建．外语电化教学，2010 (5)：9－13.

② Chrusciel，D. Considerations of Emotional Intelligence (EI) in Dealing with Change Decision Management. *Management Decision*，2006，44 (5)：644－657.

知意识和接受度。有效的领导力可以促进组织成员对组织的认同感①。当组织成员能够致力于组织任务的实现时，他们的行为也就与组织目标相一致。尼德勒（Nadler）指出，大规模的组织变革通常需要积极的、动态的以及可见的领导力以帮助澄清变革困惑，动员并赢得组织成员的支持。

大英部的课程改革基本上是依托大学的学科优势来进行的，当谈到这一变化时，WAN 教师认为：我们提出应该结合学校的专业特色来进行专业设置，学生需要依托经济类的语言核心课程学习才会有竞争优势和特色，在这方面我们有自己的特色，但是起步有些晚了。(3 - WAN - 01)

在谈到变革的缓慢时，受访者的基本反映在于管理层没有做出改革的决心。教师 WAN 回顾了当时变革的场景：

虽然是财经类院校，但在紧跟市场脚步和改革方面却名不副实，前几年去了同类院校考察，回来就下决心实施课程设置的变革，课程的改革应该要紧随市场要求，结合本校的优势才行，当时我们把计划和方案都提交给了学校领导，建议学校能够给予一定的经费支持，并提供教师国内外职业培训的机会，后来也就没有下文了。学校可能认为英语教师大多是学语言、文学和翻译专业的，再让教师去进修经济类等其他课程，转型的难度和阻力会很大。(3 - WAN - 01)

SHEN 教师也谈到了当时设置课程的情景：最初教师们是反对核心大英的压缩。他们的观点很明确，大英就应该着眼于语言基础能力的培养，不能偏离语言与文学方向。但我觉得社会环境变了，课程也得变化才行，人才应该是多元化的，复合型的事物才能适应社会的发展和需求。

后来几位老教师回顾了当时走过的路，对于学科设置的安排主要还是因为当时存在很多的分歧。HUA 教师说道：

主管领导对于大英部的课程变革存在不同分歧，一是大英部的发展应该遵循语言文学的传统，根本不需要加入财经的内容，想学这些内容，学生可以自己去选修，而不是成为语言课程中的核心课程；另外就是课程的改革一定要加入语言之外的核心内容，以 ESP 为导向。就 HUA 教师而言，她认为课程的发展方向应该是：不同院系之间的资源整合和合作是非常必要的，我们不能仅仅就待在“象牙塔”里面不出来，不去接触社会。我们所教的这些东西其实大多是跟不上社会发展的需求了，与时俱进是必须

① Walter, F &Bruch, H. An Affective Events Model of Charismatic Leadership Behavior: A Review, Theoretical Integration, and Research Agenda. *Journal of Management*, 2009, 35 (6): 1428 - 1452.

的，而背靠学校的发展优势，更是非常有必要的，如果把这些都放弃了，那就有些太可惜了。最关键的还是在于领导，如果作为领导下定决心这么去改革的话，大家也就吃了定心丸，会跟着走；但如果领导都有很多分化的话，摇摆不定，那实施起来就更加困难了。(4 – HUA – 01)

组织内不同张力和分化是组织发展和变革的推动力，也是组织身份形成的重要基础，但分化和张力有时候也会成为组织发展的阻力。受访的教师普遍感觉就是大学缺乏变革的眼光和实际行动力，总是落后于同类大学的发展。XI 教师一直是大英变革的坚定支持者：在变革方面，咱们总是落后一步，咱们的发展就是有些闭门造车，根本没有结合自身的优势和市场的需求，我们其实错过了很多发展的机会，对于学校领导而言是外行领导内行，但作为系部领导，我觉得还是应该要意识到这些问题的存在，如果我们还是仅仅局限于以前的教学内容，显然是不够的。(12 – XI – 02)

组织内战略性变化的发生通常依赖于内部组织和管理框架结构来实施其变革，这种战略性变化的发生必须有领导力的支持才能得以实现。对于大学而言，管理者对于组织的发展方向以及组织最核心的特征是什么应该有一个清晰地认识，从而能够推动组织随着周围环境的变化而变化。市场环境中加剧的竞争促使大学实施面向市场的改革，并增强了面对这些变化的应对能力，这些发展和变化同时导致大学组织中各种关系的紧张和对峙①。作为领导者应该具备处理这些紧张和对峙关系的策略和手段。大英部变革的发生既有外部市场环境的引发，同时也有组织内部对于合理身份诉求的呼声，而无论是外部的压力还是内部变革的诉求，都是组织内部不同利益群体的声音，如何整合组织内部的不同声音，就需要一定的组织领导力，在组织环境急剧变化的如今，领导力已经成为影响发展的重要战略因素，组成有效领导力的特质、绩效以及员工满意度的组织的发展方向。

（二）组织文化的惰性

组织变革与组织文化也密切相关，由于组织文化本身的滞后性，从而形成组织内部的文化惰性。“文化惰性指既定文化在其赖以形成和发挥作用的环境发生变化后，仍按原有的惯性运行所表现出来的排斥一切变化的倾向”②。每一个组织都有自己独特的组织文化。组织身份的相对稳定性

---

① Stensaker B. Organizational Identity As A Concept for Understanding University Dynamics. *Higher Education*, 2015 (69): 103 – 115.

② 白景坤．组织的文化惰性及其矫正．改革与战略，2008 (6)：26 – 29.

特征也决定了组织文化的不易改变性，从而使组织惰性本质上表现为组织的文化惰性。当组织处于变革时期时，组织文化的惰性在一定程度上会阻碍组织的变革。当组织中的组织文化根深蒂固的时候，很容易成为组织身份变革的阻力，尤其是当变革偏离了根植于组织成员中存在的传统观念的时候，这种阻力就更加明显①。

教师 SONG 对于改革提出了不同的看法，认为：传统的课程以语言和文学为主，这个最基础的观念不改变，即便是实施了改革也只是形式主义。任何的改变都是对教师底线的挑战。一是由于教师们的知识基本集中在语言和文学上，教师的转型需要大量的时间和资源；另外强调必须以内容或者财经内容为主的变革实施起来恐怕效果也不佳，是否能达到语言和知识的有效结合这都值得商榷。(JS－21－SONG)

教师 YIN 觉得，单纯的语言教学和研究容易让人变得慵懒，基本上都是基础的技能重复，与纯粹的英语教师相比，我认为复合专业的教师更有效率，有更多的研究点，在对待课程改革方面也会有更多的思路，说起来容易做起来难。(JS－8－YIN)

组织内的成员达成某种共识从而形成特定的组织文化，这种共识会使组织成员找到自我在组织内部的定位并实现自身利益的最大化。当改革使组织成员的地位和利益受到损害时，组织成员就会抵制变革的发生。

为了在一定程度上克服这一文化惰性，从 2015 年开始，大英部在人才引进中，也开始向复合型人才倾斜，如在其教师引进中就明确规定本科是英语专业，硕士或者博士是经济、管理专业优先，足以看出变革中的决心，从而在一定程度上可以解决教师的职业发展和师资缺乏问题。课程文化构成了组织文化的重要内容，根深蒂固的语言课程文化传统使大英部在推动变革的发展路上踯躅前行。王平认为，课程改革不仅仅是对原有课程的加减工作，还是对课程价值全方位的评估和修订，是课程深层价值体系的更新和再造。又由于教育与文化本来是一体的，课程的变革本质上意味着课程文化的改革和形塑。因而，从这一意义上说，课程改革成功与否，在于课程文化能否实现良性持续变迁②。

课程变化很大，充电是很有必要的，教学部虽然提供了一些外出交流和培训的机会。但是对于我个人，实在是想好好休息一下，不想来回折

① Hatch, M J, & Schultz, M. The Dynamics of Organizational Identity. *Human Relations*, 2002 (5): 989－1018.

② 王平. 课程文化变迁路径探析. 中国教育学刊, 2010 (4): 47－50.

腾，很多时候也就看看其他教师带回来的一些材料，这样的效果肯定是不如去现场好，今年参加了一次系部组织的培训，自我感觉收获不大，效果一般，但是当自己去看书充电的时候，往往也就更没有自制力了，原因还是在于自己缺乏一定的动力。(22－FENG－02)

像 FENG 一样的教师在大英部不在少数，从研究者所了解的培训情况来看，每个学期大英部所提供的培训机会都会有很多空置，最后的培训不得不成为一种行政命令，即每个教研室每年必须有一定数量的教师参与培训。同时，由于教师在长期的教学过程中形成了以语言为中心的固有文化，因而在向语言到内容转变的过程中很多教师持有的是消极的合作态度，从而使得改革的进程并非一帆风顺。作为最重要的变革执行者，教师在整个组织变革中扮演重要的角色。普拉特将教育人员对变革的态度分为了五类：反对者、拖延者、沉默者、支持者和热诚者。支持者、热诚者才会真正促进组织的变革，而反对者、拖延者和沉默者则会阻碍组织变革的行进和发展①。古德森认为，教育变革需要考虑组织内外部各种因素的平衡，但在变革过程中，个人的转变应该处在首要位置。只有当教师的个人投入被视为变革动力及其必要目标时，教育变革才最有成效②。教师所持有的组织文化虽然具有一定的惰性，但同时具有开放性和可塑性的特征，会随着组织的学习过程而变化，在一定程度上他们仍具有自我发展和改变的特质，因而，如何调动教师对于组织变革的参与是组织身份形塑的过程中最重要的因素。

如果组织存在发展的压力，那么组织会积极主动地去适应社会文化环境，从而构建发展的积极因素，并将其内化为自我发展的保证。在新的课程身份形塑过程中，组织既无法摆脱旧有课程文化的影响，又由于课程变革中存在的各种阻力，使得大英部难以形成新的课程文化。因而，在教师看来，这样的课程身份是模糊的，需要时间的进一步确认。“如果改革触及组织文化的最深层次的隐含观念价值，那么变革的时间就会被延长”③。

尽管大英部在课程变革中遇到很多的阻力，但还是试图去改变旧有的组织文化，从而建立一种新的组织文化以适应当前社会环境的变化。组织变革的重要动力来源于组织成员所持有的文化价值观的改变，而非外在的

---

① Pratt. D. Curriculum Design and Development. N. Y. : Harcourt Brace Jovanovich. P. 427.

② Goodson, I. Social Histories of Educational Change. *Journal of Educational Change*, 2001, 2 (1): 45－63.

③ Donghui Zhang. Tongshi Education Reform in a Chinese University: Knowledge, Values, and Organizational Changes. *Comparative Education Review*, 2012 (3): 394－420.

强制力。正如韦伯所说，直接支配人类行为的是物质上与精神上的利益，而不是理念，但是由理念所创造出来的世界图像常常如铁道上的转辙器，决定了轨道的方向①。因而，对于大英部而言，应该试图去引领教师的理念，赋予教师更多的参与权利，让教师在变革中承担更多的角色，帮助教师形成对于组织变革的认同感，形成良性的组织文化，从而建构稳定的组织身份。

第二节　职业："走向诗和远方"

大学教师的身份建构依赖于特定的情境因素，是"个体—情境"互动之中的建构，组织的变革意味着组织内部个体工作、地位以及角色的重构，而所有这些构成了个体对于自我认识的重要组成部分。大学层面的管理体制变革构成了大英部教师身份建构的外部情境。对于大英部的教师而言，其职业身份不仅仅受到大英部变革的影响，更是与整个大学英语教学环境和社会环境息息相关。对于大英部教师而言，"变革转型中的首要损失可能就是个体对于自我身份感的丢失"②。教师职业身份的建构既包括外在的社会和文化制度规约下的社会身份的建构，又包含教师学科身份和个体身份的选择和认同，是一种相互联系、相互影响的关系，体现了一种结构和建构的能动性，"表明了个人与社会、工具和本体价值的辩证统一"③。

一、背景：某大学人事管理制度变革与影响

（一）制度变革

随着进入21世纪以来，聘任制改革在国内高校普遍的实施，某大学也逐步实施了聘任制改革。这一改革的背景是新管理主义在高等教育的兴起，而实践是借鉴北大、清华的教师管理制度，其初衷是实现教师的"优胜劣汰"市场化管理体制，以强调效率为主，以量化为先。

---

① 马克斯韦伯．康乐、简惠美译．韦伯作品集—中国的家教：宗教与世界．广西师范大学出版社，第477页．

②③ 卢乃桂，王夫艳．教育变革中的教师身份认同．比较教育研究，2009（12）：20－23.

案例大学从2005年开始初步实施教师聘任制的政策改革，学校最终有决定教师去留的权力，学校也不再保留教师的档案信息，而是将教师的档案材料放入人才交流中心。档案被学校保存意味着个人的人事关系隶属于学校，成为学校的稳定一员；而档案在人才市场，则意味着教师的地位不稳定，随时都有被解雇的风险，如果在教学、科研或其他方面达不到学校的要求，学校有权力不再实施聘任。经过十年的逐步改革，某大学从2015年开始实施全面聘任制，对于大部分的新进教师不再解决编制和户口，而提供编制和户口的部分岗位取决于教师的教学和科研的完成情况，对于教师的考核实施一年一小评，三年一大评的办法。对于“小评”没有完成的教师，则扣除一部分年终奖励；而对于“大评”完不成的教师则剥夺其参评各项活动以及职称晋升的权利，如果连续两个“大评”达不到学校要求，学校保留对该教师是否继续聘任的权利。为了进一步促进国际化的发展，推进学校国际化战略的实施，从2016年开始，大学开展全方位的高层次外籍人才“引智”工作，引进了包括英国牛津大学、美国哈佛大学、康奈尔大学、加州大学洛杉矶分校等国际知名高校专家学者在内的97名外籍人才，与案例大学教师共同开展学术交流活动。其中就包括“长期外籍教师语言教学”“长期外籍教师专业教学”等教师和项目。

在教师岗位管理方面，某大学将教师岗位划分为教学教研型、教学科研型和科研型三类，目的在于人尽其才，既解决某大学部分基础院系科研薄弱的问题，同时又能加强其他研究单位和院系的科研力，从而推动整个大学的人事变革分流，具有较大的灵活性，能够为不同工作取向的教师提供更多的选择空间。教学教研岗位的设立基本上是针对像某大学大英部这样的基础教学单位而设置，其初衷是弱化对于科研的要求，强化对于教学的标准。在教师的工作绩效考核方面，一方面，教师要完成学校规定的科研任务；另一方面，还要完成学校规定的教学工作量，通常是需每周完成至少12学时的工作量，远远超过其他学院和系部教师的工作任务。从上述工作量考核及职称晋升评价规定可见，对于大英部而言，其改革偏向于强化教学而弱化科研，这与大英部极力倡导的“学生中心”和“教学中心”理念相一致，这意味着强化教师的教学投入；然而，教师的职称晋升受制于学校总体的数量限制，由于教学教研岗位的教师名额有限，评价标准“水涨船高”，大部分教师还是需要参与学校总体的职称评定，和大学内的其他教师一同竞争，这就造成了大英部教师一方面要完成大学和系部内繁重的教学工作量；另一方面，为了职称晋升还要完成学校的科研任

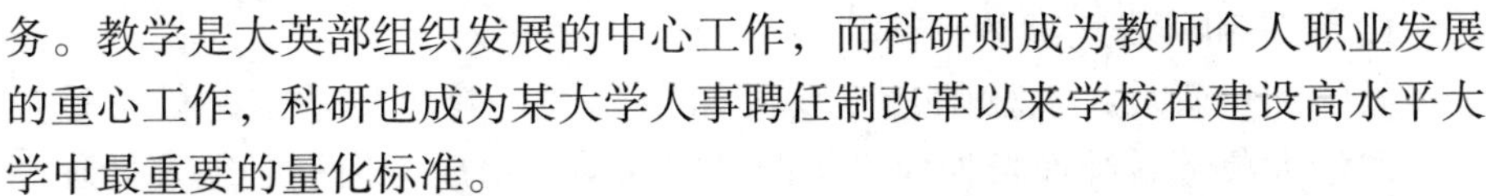

务。教学是大英部组织发展的中心工作，而科研则成为教师个人职业发展的重心工作，科研也成为某大学人事聘任制改革以来学校在建设高水平大学中最重要的量化标准。

对大英部所有教师的科研工作提出过高要求显得不切实际。现实是过多的教学工作量无形中限制了教师在科研方面的发展，进而在一定程度上影响了他们晋升的机会，从而使他们深陷从事大量教学工作以满足工作绩效考核要求与挤时间做科研以尽快晋升的矛盾之中。对大英部教师学术发展影响较大的另一因素是大英部的科研氛围不足且科研平台较低。作为一个基础教学单位，教学历来是大英部的立身之本，因而大英部形成了重教学轻科研的传统，过去的几年对教师的科研考核要求不高，教师群体整体的科研懈怠感强，尤其是教龄较长的教师。造成这一状况的原因一方面是由于大英部科研平台的限制，基础教学单位难以有高质量的、有影响的科研产生；另一方面，与大学英语学科整体地位的偏弱有关，大学英语历来是作为辅助学科而非大学重点学科而存在，其学术地位以及受学校资助的机会都处于末端。

随着新管理主义在高等教育中的兴起，案例大学在管理上给予各院系更多的自主权，实施了灵活的“双轨制”分类。但大学对于各学院和系部的评价标准基本趋于统一，即以效率和产出为最高标准，因而，科研无形中就成为第一选择。然而，这一管理方式对于大英部而言过于行政化，且过于极端并缺乏灵活性，不利于大英部教师获得较为自由的学术工作空间，同时也会降低他们在教学方面的积极性和参与性，形成了诸多方面的限制以及较强的外在制度约束性。对于大英部教师而言他们要考虑职称晋升过程中的学术成果的产出以及同行之间的压力，同时他们对自我学术发展的追求也形成了内在的压力。

（二）制度变革的影响

管理主义和聘任制改革实施以来，大学教师群体尤其是基础课教师，所受影响颇大，面临着多方面压力。尽管很多教师对学校管理体制改革的整体趋势和未来发展持肯定态度，然而他们对改革的具体措施还是持有否定态度，尤其是在工作绩效考核和职称晋升机制等方面。在大英部教师看来，一是教学工作量偏多，备课时间长，教学本身已是一大挑战；二是院校工作量考核和奖励以及职称晋升更偏向于科研工作，因而，对教师的工作投入有着引导性作用，并强化着他们在教学与科研中的矛盾。

1. 教学和科研之间的平衡。

教学和科研是大学教师最重要的两个职责，教学是基础，科研是根本。对于大英部教师而言如何平衡两者之间的关系成为他们必须要处理好的问题。

变革对于有些教师来说肯定是积极的，因为有些教师不愿意被限制在某一地方，或者某一特定的机构内，这样他们就可以实现职业的自由流动，人往高处走水往低处流这很正常，这些事我觉得还是很有利于年轻教师的发展……（JS－1－XUE）

但同时教师XUE也指出：对于年轻教师来说意味着很大压力，教师大部分的报酬是来自学校，学校对教师的评价更多是以科研为主，对于强势学院和学科的教师来说他们是明显占优势的；而对于以教学为主的教师而言，肯定要受到冲击，学校教学要抓，科研也不能放，最终评价还得符合学校的大政策才行，教师都得兼顾，这几年已经走了一些教师，与压力大、报酬少有很大关系。

受访的教师普遍认为教学工作量要求很高，作为基础教学部，有的教师达到了16课时，甚至18课时。备课、上课成了教师的常态，长期上课占用了教师的大量时间，影响了教师对于科研的探索，使教师在科研方面的积累不足。

每次学校来调研，我都会提一提上课多的问题。这么多年基本上都是一周12课时或14课时，有时候是备两种不同的课程。即便是实施新的课程改革后也没有什么起色，如这个学期我既有文化学术课程，又有交际课程，有时候被课程压得喘不过气来。所以大家更愿意上“系数”更高的课程，以减少工作量，比如一些MBA课程或者一些专业研究生课程，这些课程不但系数高，而且还给额外的报酬，都是“抢手课”，但是这样的机会很少。(22－FENG－02)

罗宾逊和格里菲斯（Robinson and Griffiths）在研究中指出，在组织的变革过程中，员工所感受到的最常见的压力就是工作负荷的增加。组织的变革往往会促使员工耗费更多的精力和时间，同时他们还必须付出额外的努力才能适应新的变化并改变自我原有的工作模式①。与他们大量的教学工作量相比，很多教师表示科研工作只能自己去找时间完成。大英部对教师教学的考核在于保证教师在教学方面的投入，促进教学质量和教学水

① Robinson，O & Griffiths，A. Coping with the Stress of Transformational Change in a Government Department，*Journal of Applied Behavioral Science*，2005（2）：204－221.

平。然而，案例大学对于教师的考核则实施统一的标准，而这样的做法就是教师既要高质量地完成系部的教学工作，同时，还要达到学校的科研考核标准。

如果不喜欢上课，就做科研；或者如果不喜欢科研，可以多上课，这样的做法是很人性化的。但这种情况对我们不利，其他院系的教师平时上课少，连我们的一半都不到。教学占据了我们大量的时间，所以科研只能是周末或者放假的时间来做。再加上一些其他的事情，就更无法全身心地投入了。(18 – RU – 01)

在案例大学中，教学只要达到学校规定的工作量就行，不是影响职称晋升的主要因素，在面临相同学科教师的竞争时，科研成果则成为最为关键的因素。

教学其实就是个参考而已，上足基本学时就可以了，学生评价也没有太差的。无论是系部还是学校的评价都是以科研为主，科研才是王道，孰轻孰重一目了然。要求有文章数量，而且质量不能差，还要有一些课题项目。职称晋升这几年越来越难，还是需要一些积累的，必须付出很多才行。(13 – LI – 01)

对于高校教师来讲，科研是其职业发展和职称晋升的关键评价指标，尤其是在人事制度改革后，“出版或者死亡”（publish or perish）的压力仍然存在，大英部教师的职称晋升紧迫性更大。由于大学对教师的要求力求做到“教学—科研”之间的完美结合，从而使教师处在两者之间的紧张关系中，一方面，大英教师被要求从事大量的教学工作以满足工作量考核，剥夺了他们从事科研工作的时间；另一方面，科研工作才是确保他们能够顺利晋升职称的关键。然而大量时间和精力花费在了教学上，科研发展难以为继。

2. 职称晋升的压力。

一方面，职称晋升是对教师个人教学工作和学术工作成就的肯定，是体现教师作为学者，学术地位的符号，教师在职称晋升过程中，获得了一种自我的身份认同，更多的话语权，对于组织也有更强的认同感，因而职称在某种程度上是建立个体和组织身份认同的重要环节。另一方面，职称晋升也为教师带来实实在在的物质回报以及一些其他资源，能够提升教师在薪资福利等方面的待遇，因而职称晋升成为大学教师职业发展中最重要的环节之一。

在大学实施管理制度变革后，以绩效为准的原则就成为衡量教师的主要标准。职称的晋升主要取决于教师的课题和科研，大学有一套自己的核心期刊目录，分别对于文章、课题以及其他成果做了规定，对于文章和课题也按照发表期刊的质量和课题来源分别给予分数的照应，并将其分为不同的等级。

我觉得文章和课题很多时候并不是个人说了算的事情，申请课题得面临很多竞争，要看前期的科研积累，没有相关的研究很难申请到课题，还得靠运气；而文章呢，好的期刊就那么多，对于外语来说更是很难，发表周期长，质量要求高。基于课题的文章发表稍微会简单一些，毕竟是大课题下面的。所以我会申请每年的课题，很幸运，去年中了教育部的一个重点课题，也是我这几年的努力没有白费。(14 - HUO - 01)

相对于其他院系，大英部教师在申请课题以及科研发表方面处于极为不利的位置，具有更多不确定性，一方面，国家级以及省部级课题数量本来不多，而这些课题也同时向一些强势的、实用性的学科倾斜，对于一些基础性学科关注不多；另一方面，某大学本身的学术委员会对整个大学的申请工作实施统一安排部署，由于大学的强势学科在经济、管理等方面，因而增加了边缘学科教师课题申请的难度和不确定性。

大学英语基本上在学校不太受重视，不像一些外语院校或师范院校，外语都是强势学科。而在我们这里，基础性的、教学性的学科在申请的时候会受到很多限制，如果总是不中的话，更影响将来的一些申请。我只能申请一些其他的课题或研究，如学校的或是学院的课题，这也是没有办法的选择。(23 - DAN - 01)

职称晋升门槛的提升也成为教师的主要压力来源之一。案例大学的人事制度改革实施“非升即走”“出版或者死亡”的原则，大英部是大学中人数最多的系部，而且又以年轻教师居多，职称的晋升非常激烈，同伴的竞争成为彼此压力的重要来源。而案例大学从 2004 年开始加大教师队伍并优化师资结构，积极引进新教师和海归教师，造成的结果便是大英部教师要面对整个大学至少是相似学科教师晋升的压力。然而现实中，非升即走政策也未必能够真正严格执行。教师 ZHAO 入职十几年，一直是讲师职称，在她看来：

我对职称一直也没怎么在意，好好教书，我为学校奉献了十几年了。都是听说教师们自动辞职，还没有听说评不上副教授就被开除的。(7 - ZHAO - 01)

案例大学的人事制度变革强调的是“竞争”和“绩效”等核心理念。

在国内环境下，老人老办法，新人新办法，教师ZHAO就属于“老人”一族，因而，对于年轻教师而言所面临的生存和发展压力就更大了。

担任基础课教学的大英部教师往往以年轻教师居多，基本上是在过去的十年左右随着高等教育规模的扩张所引进的教师，同时由于其组织地位和学科地位的影响，往往使他们处在学校学术金字塔的底层，他们在课题项目以及科研发表等方面和其他强势学科相比往往处于劣势地位，而大量的教学也占用了他们申请课题的时间，作为“小虾小鱼”，也就只能去申请“大佬们”剩下的资源了。这种存在的不确定性以及无助感正是组织外部因素对个体发展的限制作用，影响着教师个体自我身份及其形成过程。正如比洛（Billot）认为，大学传统上被认为是学者的圣殿，致力于研究合作，强调学术自由和精神的回报，并享有崇高的地位，而随着社会情景的变迁，这些价值受到了冲击，取而代之的是经济和管理效益成为当前的主流价值观，从而影响了大学教师的身份建构①。

二、教学：“梦想开始的地方”

（一）课堂：且行且珍惜

课堂是学校各类组织部分中最核心的要素，是教师实现教学育人，学生学习最为重要的场所②。作为基础教学单位，教学成为大英教师最根本也是最主要的职责，同时也是大学在教师考核工作中关注的主要方面之一。

教师教学理念的形成是教师长期教学实践经验积累的过程，它形塑了大英部教师的教学身份。对于语言课堂而言，教师希望能在课堂教学中实现师生互动，从而在应用中促进学生的语言学习效率。

因材施教很重要，不同的课程，不同的学生教学方法是不一样的。这样才能使学生真正受益，语言教学不管怎么变化，都要让学生学会表达自己的想法和观点，让学生参与或成为主角。所以激发学生的学习兴趣很重要，如通过运用课堂教学技巧，这可能也是大学英语课程区别于其他课程的重要方面。现在的很多学生不喜欢英语课，他们对教师的教学方法不感

① Billot, J. The imagined and the real: Identifying the tensions for academic identity. *Higher Education Research & Development*, 2010, 29 (6): 709-721.

② ［日］金子元久，徐国兴译. 大学教育力. 上海：华东师范大学出版社，2009：76.

兴趣。对于教师而言，可以通过一些教学手段使课堂丰富化，这样才能真正地调动大家的兴趣。(JS－17－GM)

在课堂教学中，由于语言本身的特性，教师都很重视与学生的交流互动。然而由于是公共课程，班级规模偏大，教师与学生的互动不足，导致教学效果的不足。从事大一英语教学的教师 YAN 认为：

我现在班级人数是 63 人，对于语言教学来说实在是太大了，怎么能教好语言呢。根本无法做到和每一位同学互动，最多就是组织一些讨论活动和小组活动。所以作为教师就不得不说很多，自然学生说得就少了。但是语言课堂，学生还是要多说，多参与才行。(9－YAN－01)

大英部教师对于自我教学身份的阐释体现在教学的理念选择、提高学生的能力、发挥学生的积极参与性、掌握一定的课堂教学技巧等方面。这些都是对自我是怎样的教师的一系列阐释。教学过程中形成的他们对于教学的理解和理念的应用是大英部教师身份建构的体现。在每周 12 学时的课堂教学中，教师所需付出的努力不止于课堂上的这些学时，还包括“课前”及“课后”的投入，备课工作是教师花费时间最多的工作。尤其是在大英部实施课程变革后，教师所教的课程不完全是语言课程，而是基于内容的课程，课程对于大部分教师来说都是新课，需要花费大量的时间准备。

教师 TANG 也谈到了自己这个学期的财经报刊选读课程：我开设的是财经报刊选读，这个课程和以前的课程差异很大。课程教学里面包含了世界经济形势、贸易、金融以及管理等模块，每个模块下面有 4 个单元：课程要求自己首先要了解一些基本的经济学原理和常识；另外，跟踪最新的国内外经济发展，毕竟书本是有滞后性的，所以还需要找一些最新的文章；有时候碰上一些难的文章，也要花费大量的时间去弄明白才行。做 PPT 的过程我认为很费时间，一周要做很多，感觉也非常累。(19－TANG－01)

课堂教学中无法实现既定的教学目标和教师自我的预期，使教师在教学过程中感到一些无奈，受制于公外班级容量过大，教师难以实现语言教学的互动，同时又由于课程的改革使教师面临新的知识挑战，增加了课程教学中时间投入的成本，从而造成了教师教学中的“累”。但即便如此，教师并没有改变对于上课的热忱和追寻。

很多人不理解，你的课都上了十几年了，还需要备课吗？听到这么说就生气，不但是备课，而且越备课越要付出更多，站在讲台上讲的东西，学生百度一下，谷歌一下都出来了，任何一个错误都逃不过学生们的眼

睛，能不认真备课吗？（25－XUN－02）

课堂教学是大英教师最主要的职责，课程内容和授课对象，以及教师课前课后的经历构成了教师对于自我理解的重要环节。课堂中师生关系的构建也影响着教师对于自我身份的构建，融洽的课堂气氛和良好的师生关系对教师职业身份的形成具有重要的影响。教师与学生是相对应的两个角色，教师身份理解建构于个体与学生的角色互动过程之中。不同的师生关系类型体现了教师不同的自我理解和定位，同时，师生关系的形成无不受所处院校制度的影响。①

公共课的特征是平时的交流和互动很少，学生也不会主动和教师交流，很少问问题。我们就像"后爹""后娘"，人家专业的教师才是亲的。对于学生，你教他们的时候，他们对你很好，很尊重你，毕竟有考试，但是一旦不教他们了，很多学生都不认识你了。公共外语课，学生没有那么重视；人家学生都有自己的专业和学院，除了上课，很多活动都需要专业课教师的指导，本科毕业论文也需要专业课教师指导才行，肯定是和专业教师联系的多。（18－RU－02）

由于公共外语学生来自于全校专业学生，这就造成了大英部教师虽然有很多课时，很多学生，却并非只属于自己的"学生"，因而，也就有了所谓的"势利眼"困境。

我的教学是付出了很多心血的，但学生的评价肯定会影响到教师的心情。有的学生不认真听课，或者逃课，会让自己对教学工作拾不起兴趣。但对于我个人，还是凭着良心在做事情，毕竟还有很多优秀的学生，他们愿意上课，并积极和教师交流，这样也会促使自己要积极地付出。（16－KUO－02）

公共课程常常会造成一种失衡的师生关系，由于较低的课程地位，导致教师地位的下降。教师的教学工作的价值感和承诺感降低，而这一困境却促使教师会进一步追问自我的身份与发展方向，教师并未放弃自己作为一名大学教师的教学"本分"，体现了教师在个体身份建构中的能动性和韧性。

"大学教育中最重要的当事人是教师和学生，教师的任务是教书，学生的任务是学习"②。教师是大学的灵魂，教师的态度和能力决定着大学

① Zhang Yinxia. *The Academic Identity Construction of Junior Faculty in the Context of Higher Education Reforms*, The Chinese University of Hong Kong, 2013, P. 119.

② ［英］马尔科姆·泰特，侯定凯译．高等教育研究进展与方法．北京：北京大学出版社，2007：64.

教学的质量，大学教师的首要学术职责是教书育人①。这一学术职责决定了传播知识成为教师在大学中承担的首要任务，而创造知识处次之，教师需要将人类社会中最基本的、核心的内容传授给学生，从而保证文明社会文化的完整性和连续性②。从这层意义上来讲，教学是大英部教师应有身份的最直接反映，是他们作为大学教师的首要职责和责任。正如一位教师谈到的：从小就梦想有一天能做教师，能在学校里面教书，是我梦想开始的地方，这也是支持我一直走到现在的重要原因，“且行且珍惜”吧。（教师－18－RU）。受制于现实环境，一方面，由于大英部的工作量很大，教师的大量时间用在了教课上，没有太多的时间去额外辅导学生，教师需要按时上下课，无法形成有效的师生互动；另一方面，在于大英部的学生来自全校其他专业的学生，并非本专业的学生，造成了教师和学生之间的疏离感。对于大英部教师而言，最美的梦想是实现教书育人的统一，实现自我的职业责任和意义的统一，感知与学生之间紧密的联系，并最终建立自我对教学身份的认同，这一认同的过程受到大英部特征的影响，即组织身份的影响，两者呈现了一种相互影响的关系。

（二）知识体系建构

组织的变化会引起组织内利益的重新分配以及组织成员地位的变化。对于大英部教师而言，他们不得不面对整个大学教学环境的变化以及大英部课程变革的冲击，大英学科地位的丧失冲击着教师的职业身份。对于大学英语而言，以内容为主要方向的变革是未来发展的趋势所在，而语言本身逐渐成为支持内容的工具。对于大英部教师，其最显著的职业身份更多是来源于“语言”教学，但当语言的光环这一身份也逐渐失去原先的地位，取而代之的是“语言＋专业”成为发展改革的方向时，以 EAP 和 ESP 为知识基础的建构就成为未来大英部教师职业发展的方向。教师 ZHAO 谈道：

刚工作那会，教学就是以技能为主，这种教法很适合学生；而现在突然发现如果还这么教肯定会被学生赶下讲台的，似乎这一套东西已经过时了，自己也不会再接受这样的状态了。这几年学生的水平提升了很多，他们的需求也发生了很大变化。他们期望的不仅仅是语言，更多是想学一些其他内容，所以，如果知识不更新的话，肯定是跟不上发展的节奏的。

---

① 李爱．大学教师教书育人本位价值回归的思考．大学（学术版），2012（3）：42－45.

② 蔡辰梅，殷建秋．论教师的知识分子属性．教师发展研究，2006（11B）：35－39.

这些变化与大英部教师的职业变化密切相关，对于大英部教师而言纯粹的语言教学的市场越来越小，既缺乏足够的教学效率，又无法产出更多的教学效益。在新管理主义下，高效课堂对教师提出了新的要求，教师的职业能力是教师进行高效课堂教学的核心能力，教师的职业能力的提升直接影响到教学的效率和效益。因而，对于大英部教师而言，想要追求教学效率和效益的最大化就必须做出职业发展的改变，这样的变化对于有些教师来说可能比较容易，而对于大部分的教师来说，需要一个较长的过程。

ZHAO 教师的认知也得到了其他教师的共鸣，教师 YIN 认为，教学这二十年，时代变化得太快，以前雷打不动的大学英语课程很可能就要被取消了；你觉得很有保障的教师工作也许就会面临被淘汰的命运。如果仅仅从事基础英语教学的话，那显然是不够的。当然也可以继续从事语言或文学研究，可以慢慢向英语专业方向发展，但这要求个人有很强的科研积累和科研能力才行。

对于大英部教师来说，常年的教学实践使他们越来越远离了语言理论或者文学研究，因而大英部教师必须转型才能生存。对于自我的转型和职业发展的选择，教师 YIN 最终选择了管理学作为自己的博士研究方向，谈到这个转变时，她讲道：

当初也是在语言和管理之间徘徊犹豫，毕竟自己一直以来都是语言学方向，如果再去读一个语言学或者教学的博士学位肯定会简单很多，但后来一件小事对我触动很大。记得几年前班里有几个学生参加英语方面的国际比赛，邀请我担任指导教师，当时就满口答应了，后来才知道这个比赛是关于企业管理以及企业责任道德方面的内容，虽然参与了指导，但说实话自己心里发虚，以后我就比较关注这方面的知识，慢慢地也喜欢上了，而且课堂教学的效果也不错。近几年来，也确实觉得只教语言已经不能适应当前社会和市场的需求了，转变让我觉得有了一种职业方向感。(JS－8－YIN)

在谈到当初选择教师这一职业时候，教师 CHEN 认为学习英语专业，从而进入高校工作是一个非常好的选择，也符合她自己对于自我的期待，因而要珍惜这个选择，就要主动地去改变自己。

我毕业那时就是想做一名大学英语教师，也实现了这个愿望，然而这几年才发现如果仅仅懂得英语，而不懂其他一些专业知识，很容易就被别人列为“二等公民”。这几年学校的“海归”硕士、“海归”博士越来越多，很多学院也只引进海归，我们系部都开始招收具有博士学位的外国人了，这可能也是个趋势。“海归”教师的语言很好、很流利，而且他们还可以用英语来教授专业知识，而我们呢，就只能教教最基础的东西，所以大学英语课程未来有没有开设的必要都是个问题。对自己而言，不提高，不充电，不改变，是站不住脚的，但这是一个挑战。未来要么从上而下改变英语教师的培养方式，要么自下而上由教师去实现自我职业的转变。(JS - 26 - CHEN)

陈坚林提出，大学英语教学改革的成功与否取决于教师内在素质的改变，体现在教师品格的提升和教师知识结构的改变，前者影响了教学方法和效果，而后者则是教的内容，两者相互作用，相辅相成①。面对组织的变迁，无论是教师本身知识的更新还是教师态度和品格的形成都不是一蹴而就的事情。对于大英部教师而言，实现自我知识结构的改变，才能实现自我职业的发展，教师在转型中面临着压力和困难，但如果没有任何职业方面的变化和突破，他们则会面临被淘汰的风险。尤其是对于语言和文学的教师而言，随着大英部变革方向的明确化，面临着专业转型的职业身份重构过程。

具备专门用途英语的知识是未来教师在教学知识建构的方向，大英部教师除了具有很高的英语能力，还要具备一定的专业知识，最终能够用英语表述专业知识。随着市场需求的多元化和实用性，意味着教师专业储备的多元化，一方面，对于大英部教师而言，其语言文学的单一性，难以适应当前学生对于“语言 + 内容”的需求；另一方面，学生的语言水平的提升，也在一定程度上进一步弱化了对于纯语言教学的需求，而随着大英部课程内容的变革转向，更加强化了对于大英部教师在专业性方面的要求，使他们必须通过进一步地学习或者进修才能跟上变革发展的要求，这也就进一步解释了在大英部内部，很多教师选择了其他专业作为未来职业发展的领域。对于大英部教师而言，其知识取向应该向“语言 + 专业”的方向发展，从而适应当前大学英语变革的要求，也增加个体在职业方面的选择。

但大英部教师职业身份重构的过程并非一帆风顺，由于大英部教师的知识单一性，难以胜任用英语进行专业学科的教学能力。目前，大英部开设的一些课程可能就是一个真实的写照，大英部教师很容易将专业课讲成语言辅助课，最终变成了一个语言课，失去了专业知识课的内涵；而一些双语课程的专业学科教师受制于语言能力，造成英文讲解与师生互动的困

① 陈坚林. 计算机网络与外语课程的整合：一项基于大学英语教学改革的研究. 上海：上海外语教育出版社，2010：78.

难。教师是整个教学活动的组织者和实践者，教师的语言水平和知识水平直接影响课堂的教学效果。从大英部教师的知识结构来看，以学术英语为方向的知识建构，一方面，要求教师具有较高的英语水平，掌握语言学和教学的理论和方法，尤其是关于学术英语的知识和教学的理论；另一方面，还要具备相关专门用途英语课程的知识结构，掌握相关的基础专业知识。在大英部的教学中，大英部教师面对的是具有专业背景，尤其是财经和管理专业背景的学生，而如果大英部教师具备一定的相关专业知识将会提升在学生中的威信，从而也有利于教师积极教学身份的形成。从教师的未来储备来看，语言教师应该是大英部教师的第一身份，因而就要求教师具备语言能力和语言教学素养；第二身份则是专业教师，要求教师具备一定的专业知识储备和素质，这样才是一名合格的大英部教师，也才能适应大学英语的发展变化，合格地承担起当前的教学任务。对于大英部教师而言，对于自我的知识应该有清晰地认识，优化自我的知识结构，从而适应当前和未来大英教学发展变革的需求。

（三）教学身份的建构

教学是大英部教师身份建构的主要基础，教学中的任何变革都会引起教师对于自我职业发展的关注。大英部的课程变革对教师自我教学身份的建构产生了很大影响。

教学部这几年一直都在尝试改变，去年是最大的变化，学分砍掉了一半，以后怎样做也没有具体说法。理论上讲，对于教师的需求就少了一半，以前都是缺教师上课，而现在则是有的教师可能完不成工作量，那就只能去开选修课或者一些特色课程，这些都要求教师去改变，大家对这个好像也没怎么关注……。(27 - HONG - 02)

之所以不关注教学变革，是因为教师的心思不在教学或者心思偏离了组织的发展。教师 XUE 表达了自己的担忧，

现在的年轻教师不像我们那个时代那么简单，他们受到的诱惑更多，我们这代人，大部分心思都放在了教学上，也特别关心学校以及教学部的发展，现在很多年轻教师更多关心的是教学部能够给自己带来什么好处。作为教师而言，本职工作应该是教学为先，能够静下心来做点教学和学问。

而曾作为大英部领导教师 WAN 认为：现在的年轻教师在语言能力方面确实强于我们的时代，同时他们在教学思路、教学方法以及科研方面都

比我们这些50岁的人做得好，他们有想法、有活力，是将来教学部发展的中坚力量。然而和老教师相比，他们更在意个人和自我，更愿意为自我的事情去努力而不是集体的事情，缺乏一定的奉献精神。教师WAN谈到了具体实例：教学部每周的教学会议是与大家教学密切相关的事情，但实际上教师们都不怎么感兴趣，除非一些出国进修、提高收入和待遇的话题能引起共鸣外，其他的会议缺乏凝聚力。(3－WAN－02)

具体到原因，教师HUO则有不同的看法：大家现在都很实际了，教学部的发展与个体教师关系有多大？我完成自己的教学和科研就行了，这些都是良心活，再强调不也是具体到教师们来做吗？即便是提出一些建议，这种声音也很难被听到或采纳，那还不如做些实际的东西，最终学校和教学部对你的评价还得看你有什么拿得出手的科研，所以大家都关心自我的发展，最终还得靠你有什么样的科研成果，其他事情就显得无足重轻了，系部的发展还是需要领导多考虑的问题，教师本来就是一个自由的职业……他将组织和个人的关系进行了比较，系部给予的物质回报有限，这好比是雇主和员工的关系是一样的，你给予的回报多，我付出的就多；没有报酬，也就没有回报……(14－HUO－02)

大英部教师教学身份的缺失，一方面，是由于教师所受到的外部影响因素很多，如对于物质回报的追求，使教师的关注中心偏离了教学的发展；另一方面，大学中存在的以科研为主的评价制度也使教师对于教学的重视不足，教学处在次要的地位。莫利指出，在大学中，教学通常是处于边缘化的地位，教学和科研对于大学教师的职业影响也有很大的差异，注重科研的教师在职业上会取得长足进展，因为科研生产力是大学衡量教师职业能力的一个首要绩效指标。而注重教学的教师会赢得一些心理和道德安慰，但他们也会失去职业上的发展①。

雇主和员工的关系是市场经济下的行为方式，雇主给予的多，员工就会努力工作；雇主给予的少，那么员工也就失去参与的主动性和积极性，这是一种缺乏人情味的市场关系。对于这种关系的认识，大英部教师的主观感受和情感因素构成了组织身份中的重要部分，教师的情绪反应就会影响到他们对于自我的认识以及自我身份的形成过程，工作中情感因素的缺失会导致教师的身份认同的缺失。不能忽略这样一个最基本的社会事实，即情感因素是集体身份形塑过程中的一个重要环节，对于组织和集体的身

① ［英］路易斯·莫利，罗慧芳译．高等教育的质量与权力．北京：北京师范大学出版集团，2008：30.

份认同本身就是一种情感表达，它表明个体在对组织的认同过程中，通过表达对内群体的“热爱”以及对其他群体的“不热爱”，从而表明个体的一种情绪诉求①。如何重塑大英部教师的教学使命和教学责任感是关系到大英部课程变革能够取得预期效果的关键，也是影响大英部教师职业身份建构的重要因素。“教书育人本身就是一个高尚的、受社会尊重的、以良心和道德为内在动力的职业”②。因而，从这层意义上来讲，大学教师的教学责任感和道德感是可以被唤起的，也是可以形成的。但这一身份的确立，需要组织作出改变，尤其是在教师的职业发展和职称晋升方面的制定有利于促进教师向教学倾斜的措施。

三、学术：“我是学者”

洪堡曾指出，学校是传授知识的场所，更是探求未知的场所。学术研究是大学教师的另外一项重要职责，是由大学高深文化、高深学问的性质决定的，也是大学教师区别于其他层次教师的重要标志。大学的核心属性就在于学术性，是贯穿大学组织活动的始终的根本性质。它决定了大学的发展方向，影响着大学内部其他活动的存在和发展。正因为“学术”这一特有属性才使大学与其他社会组织区别开来。因而，学术研究在当前高等教育中占有越来越重要的分量，是衡量大学教师的重要参考标准。“最好的研究者才是最优良的教师，只有这样的研究者才能带领人们接触真正的求知过程，乃至于科学的精神”③。而随着高等教育中新管理主义的兴起，学术研究俨然成为衡量大学教师职业的唯一标准。但对于大多数的大英部教师而言，他们的教学与科研基本处于分离状态，从事的是语言本身的教学内容，而研究的是文学、翻译和语言学或是其他学科专业。这就造成了他们“研究领域与从教内容不吻合，科研方向与教学目标相脱离。④

（一）大英部教师眼中的学术工作

大英部教师对于学术工作的理解是他们建构自我身份的重要来源，也构成了他们职业发展中的重要内容。对于大英部教师而言，他们对学术工作的解读存在三种不同的类型：一是学术研究是他们发自内心的兴趣，也

---

① 聂文娟．群体情感与集体身份认同的建构．外交评论，2011，28（4）：83－95

②④ 李爱．大学教师教书育人本位价值回归的思考．大学（学术版），2012（3）：42－45.

③ 雅斯贝尔斯．什么是教育．北京：生活·读书·新知三联书店，1991：29.

是他们置之首位的内容；二是学术研究是作为“大学”教师必须要做的工作，但是却没有做好的工作或者难以做好的工作；三是他们放弃了在学术研究方面的发展，只专注于教学工作和其他自己感兴趣的事情。

首先，对于第一类教师而言，他们对学术研究的热爱成为他们职业身份建构的重要来源，也是教师职业最吸引他们的地方。教师 HUO 认为，大英部教师应该成为一名公共知识分子，成为一位教育家，而他在实践中也一直践行这样的理念原则。

我的研究方向是文学，而文学里面有很多有意思的领域值得去探索。目前，我的研究兴趣是哈贝马斯的公共领域理论，这些理论都可以指导我在教学中的实践，就是让我们成为一位批判者，或者知识分子类型的教师，或者说你是个大学教师，不是中学教师。而且也要培养学生成为这样的人。作为大学教师不能一味地去教书，同时还要学会反思，去做科研，而科研最重要的一点是能够激发对未来的设想……所做的就是将这些设想变成现实，所以这些研究给了我很多启示，也会带来很多惊喜，这是最吸引我的地方。(14 - HUO - 02) 教师 HUO 于去年申请到了教育部人文社科课题，其研究内容主要就是哈贝马斯的公共领域理论在文学中的体现。

教师 LI 也都持有类似的看法，做研究、读书、写书能够真实地表达自己的想法，能够让自己的所思所想成为现实，让自己成为真正的学者，让学术成为自己的生活方式，这才是最好的境界。对这类教师而言，学术研究不仅是一项工作而已，而是已经成为个体对于自我意义界定和身份阐释的来源。学术研究可以为教师带来乐趣。教师学术工作就是研究与教书育人的紧密相连，是实现研究者个人价值和创造力的体现，是大英部教师学术身份的重要体现，也是教师个体身份认同的重要组成部分。“学者”“知识分子”“研究者”“自由者”的身份是他们对自我界定的核心。

在教师 HUO 看来，文学研究工作是清苦的，没有对于学科的兴趣和热爱肯定是不行的，文学需要大量的阅读和思考，成果自然出的很慢，一篇文章往往需要几个月甚至一年的时间完成，没有兴趣和爱好肯定是坚持不下来的，在缺乏个人娱乐的情况下，还能够感觉到工作，其实还是挺快乐的一件事情的。(14 - HUO - 02)

其次，并非所有的研究都是内心的乐趣使然，对于大学教师而言，很多学术工作是必须要做的事情，但却是没有做好的工作或者难以做好的工作，对于大学英语来说，学术研究的不确定性增多。教师 LING 谈道：

刚来的几年，教学部给安排了大量的教学工作，有时候每周会达到 16

节课，根本没有时间去做科研。但是作为大学教师，科研才是最重要的，没有学术的话就不能叫作大学教师了，教得再好也不行，所以自己多读书，多做些学术研究还是非常有必要的。这几年我的时间和精力都用在教学上了，自己在学术方面就做得太差了。(15 – LING – 02)

对于大英部教师而言，教学可能是他们需要付出最多时间的工作，然而却并没有受到教师的重视，原因就在于学术研究的评价体系，大学对教师的评价主要基于学术水准而非教学能力。尽管教学当前也被认为是一种学术能力，但由于大学教师的学术能力主要体现在科研水平而非教学能力，从而使得科研成果对教师的影响在逐年增加，而教学能力由于评判标准的差异化，从而使得教师的职称晋升和物质待遇的提高主要取决教师的科研能力。因而导致大学的教学质量和效果在教师的职业发展和晋升中处于被边缘化的地位①。

这几年也没有像样的课题和文章，好的课题申请不到，而投出去的文章基本是泥牛入海了，对自己是个很大的打击，很多时候自己也灰心丧气。所以还是很佩服那些教学和科研都做得很好的教师，需要很大的勇气和毅力才行。现在自己的研究是在弥补过去几年在学术研究方面亏欠的时间，挫折失败也不能怨天尤人，还是自己做得不够好，要持之以恒才行，“屡败屡战”吧。(15 – LING – 02)

当教师的科研付出无法获得外界认可时，这对教师而言是个很大的打击，因而教师容易产生挫折的情绪。这正是很多像教师 LING 一样的教师所经历了同样的历程。对于教师 LING 来说，她并没有放弃学术研究的念头，她内心对于学术研究还是非常认可的，只是目前还没有做好，还需要调整来面对失败。在所调查的教师之中，像 LING 这样的教师在大英部内部占据多数。在谈到对科研的看法时，教师 YI 认为：

学校的评价体系有要求，想评职称，没有高质量的科研成果是不行的。所以想向前更进一步，学术研究是必须要做的。我的专业是语言学，这个与教学还是有一定的关系，所以教学中的一些案例我拿来作为我的科研对象，这在一定程度上帮助了我，但是教学方面的文章发表太难了，而且周期又特别长，想写一篇好的文章需要付出很多，而我们的研究其实就是别人剩下的小鱼，肯定比不了一些理工、经济方面的研究，我们也只能从这些最基本的研究做起。(10 – YI – 02)

---

① 李爱．大学教师教书育人本位价值回归的思考．大学（学术版），2012（3）：42 –45.

学术评价体系是促使教师进行研究的重要动力，作为教师身份的一部分，学术工作在很大程度上塑造着大英部教师对自我的认识和看法，而随着研究者身份的稳固或者退出，再加上外界的期望以及教师对自我的认定共同塑造了教师的学术身份。

对于大英部教师而言，在学术研究中以量取胜还是以质取胜常常是他们所纠结的问题，很多时候往往退而求其次。

好的期刊就那些，想发表还是很难的，而对于基础的教学研究更是难上加难，所以你想评副教授或教授就得以量取胜了，这个就是必须要过的门槛，没有一定的数量肯定是不行的。(教师 -11 -JIAN)

学术研究如果不能出自教师本身的研究兴趣抑或研究都是一些无用的内容，常会使教师产生一种内疚感。单纯的数量追求可能不是他们所想要的，但又是不得不追求的内容。

这就是一个选择的问题，如果求质量的话，可能没有文章或者只有一两篇文章，这个在评职称的时候肯定达不到分数的要求，所以“to do or not to do”，这就是一个选择的问题了。好的期刊投稿周期都一年多，由于时间限制，就会做一些让步，所以就接受一般的期刊了。如果时间充足，又没有压力的话，我还是会选择高质量的期刊。(教师 -11 -JIAN)

然而，对于大英部的教师而言，仍有一部分教师排斥科研，而他们也自动放弃了在职称方面的动力，从而将自我的兴趣转向了教学和其他方面的发展。

研究对我来说是一件很痛苦的事情，这与我个人喜好有关，我是一个坐不住的人，而且我认为语言教学就是很实用的，如果非要做成研究的话很别扭。把教学做好，把课上好，如果学生认可，能够接受你的课，喜欢你的课就是对教师最大的鼓励，也是最好的科研。我认为教学也是一种学术，需要一些理论、方法和技巧，未必非要形成书面的、发表的才叫科研，科研对我来说只要能完成最基本的要求就行了，职称的事情就顺其自然吧，也没有想很多。(6 -LONG -02)

对于教师 LONG 来说，教学是一种艺术，他对于自我的学术身份认同更多来自教学学术而非科研学术，这一评价标准因学生的认可和尊重又构成了他对于自我身份的积极认可和看法。而对于教师 SA 来说，科研是她放弃的事情，而教学是她“糊口”的基本工作，她的个人兴趣已转移到了其他职业的发展上了。

To be frank，我自己在律所有一些事情做，可以说是我个人很喜欢的

工作。因而科研已不在我的词典里面了，教学方面，我只完成核定的任务。法律的学习对我个人科研没有任何帮助，对教学倒是有一定帮助。律所的工作和教学是平行的两件事。(20 - SA - 02)

在大英内部有不少像 SA 一样的教师，他们的兴趣方向已经全面转向了其他职业的发展，而大学中的教师身份则成为其发展第二职业的起点和基础。

（二）学术身份的建构：寻求发展的自主空间

1. 学科特点与组织评价机制之间的张力。

学科特点是影响教师身份建构的重要因素。作为基础性的公共学科，大学英语的研究缺乏潜在的市场价值，其课题研究主要以纵向课题为主。在高等教育市场化的背景下，效率和效益成为主要的衡量标准，语言研究难以获得横向研究的支持，与企业和政府合作的研究空间和可能性比较小。而作为基础性的理论研究，语言研究的受众更小。对于大英部教师来说，其研究主要还是以教师本身的学科特点为主，这在很大程度上决定了教师的研究具有一定的纯粹性，与实践教学是脱离的，而不是基于学科本身的发展而进行的研究。这在访谈教师 DAN 时就体现出来。

我的硕士和博士的研究方向都是文学，我做的研究也都是文学方向的，与我的实际教学有一定的关系，在课堂中我会穿插一下这方面的内容，但肯定不是主流，我教的课程更多的还是培养学生的基础能力，而且又与商务和财经密切相关。科研，归根到底还是为了应用，有用才有价值，才会被真正认可，才能显出科研本身的价值所在。(23 - DAN - 01)

在教师 DAN 看来文学对于教学而言价值很小或者几乎没有，因为文学的研究更多是文本的探讨和理论的评述，因而，在她的教学中没有体现出真正的价值所在。而在社会科学领域中的其他学科，如大学中的经济学、金融学和管理学与国家及社会关注的现实问题联系紧密，更容易受到各类基金和课题的青睐，因而，在以市场配置和政府主导下的科研申请中就占据很大的优势地位。教师 SUN 的研究方向是高等教育，这一学科受关注程度也远远超过语言教学类：比较贴近社会和生活，是带着问题去做研究，很有意义，对实践有很好的参考价值。但高等教育研究的学科特征与语言教学虽有交叉，但完全又是另外一门新的学科。差别还是很大的，高等教育研究的还是相对比较宏观，一些理论是可以指导语言教学研究的，但语言教学研究还是微观层面的多一些，毕竟不是一个

学科。(教师-2-SUN)

案例大学的学术评价机制是影响大英部教师对待科研的重要因素。在科研工作量考核、职称晋升评价、学术奖项评定等评价环节中，国家级、省部级课题以及高质量的学术发表是关键的评价内容，决定着个体教师在评价中的优劣地位，大学最看重的首先是国家级的课题以及一些国际知名期刊，再就是国内的核心期刊。

如果能在一些国际期刊发表论文那是最好的选择，虽然大家是学英语的，但是用英文发表国际期刊论文是另外一回事，像 *Applied Linguistics*, *Second Language Research* 这些顶级期刊，目前还没有教师能够发表。而国内好的期刊发表难度一点也不差，还是“僧多肉少”。(18-RU-01)

由于案例大学的特色，在所提供的A类核心期刊目录里面语言和教学研究是最少的，由于核心期刊发表的难度很大，因而可以通过发表的数量来弥补科研考核分数的不足。因而，对于大英部教师而言，选择一般期刊发表就成为他们完成科研的主要途径。正如YI教师所说：一般的期刊发表还是会容易很多，虽然分数不多，但发多了还是可以完成学校的科研分数和要求的，质量不行，可以通过数量来弥补。即便在职称考核中，发的文章不多，文章层次也不高，她还是仍然坚持写些东西，在她看来，发不了好的文章并不意味着没有做的价值，而是作为大学教师的一个基本态度：我觉得作为大学教师一定还要写点东西，虽然发表不了或者就是一些感悟，还是会坚持，我觉得自己写的还不错，即便现在不被认可，以后可能就会被认可了。(10-YI-01)

随着市场化和新管理主义的入住，改革最终都落脚到了大英部教师的个体层面，“就个体层面而言，教师个体主要面对的是因内外部问责和竞争所带来的排名压力和学术发表压力”①，因而科研也就显得更加重要。

2. 个体化：寻求自主发展。

大英部教师的学术身份既受到组织特征的影响，同时又具有主观选择的意义和主观建构的能动性，是组织与个体互动的结果。他们学术身份的发展既有组织的特征，又具有个体选择的特性，在其身份建构中他们不断调整自我的发展方向和目标，试图寻求自主的个人空间。对于大英部教师而言，实现学术职业的发展和转型才能适应当前社会和学校发展的需求。

对于大部分大英部教师而言，由于多年的英语语言学科专业训练，逐

① 黄亚婷．全球化与大学教师学术身份重构：情境变革与分析框架．外国教育研究，2015，42（3）：86-97.

渐形成了对于本学科的身份认同，很多教师最终也是选择了在本专业内的发展。国外进修是他们实现自我发展的重要途径。国外学习项目通常是半年时间，但申请的过程又受到很多因素的影响，教师 XUN 谈到自我的经历时谈到过程的曲折性，但最终她还是坚持了下来并获得了国外进修的机会。

我最初申请的是英国几所大学，第一次申请是被拒绝了，可能是研究计划不合格，后来又重新做了修改，才通过他们的要求；学校还是非常支持教师出国进修发展的，但被留学基金委拒绝的时候，理由也不清楚，可能还达不到要求，也不是他们认为的核心学科，去不去都不会影响很大。最后，不得不推迟了半年，一波三折，还好机会还是掌握在自己手里……(25 - XUN - 01)

谈到在国外进修的经历时，她认为：在英国的学习还是帮助很大的，读了很多书，听了很多课程，对我现在的教学和科研都很有启发，除了视野的开阔，他们对于科研态度和方法对我帮助特别大，尤其对于语言教师来说，还是要出去多交流才行，没有这个进修肯定是不行的。如果时间充足，能在国外读一个学位是最好的选择。

受到各种因素的限制，海外留学进修或者攻读博士学位对于大部分教师而言并没有那么简单，因而，很多教师选择了在国内攻读其他专业方向的博士学位，对于大部分教师，他们又不想脱离最初的语言教学工作，同样跨专业攻读博士学位教师的压力不仅仅来自不同学科本身，还来自于工作和家庭，但实现自我学术职业发展方面的转变并非易事。个体更愿意寻求自我身份的一致性，他们更愿意寻求那些不损害对自我熟悉视角和行为有参考意义和价值的变革①。而对于从语言文学向其他专业方向发展的教师而言，很容易造成教师职业身份认同的双重性。一方面，他们需要从事基础的教学工作；另一方面，他们的研究已经转向了其他专业方向，这就造成了教师职业发展的双重性。教师 LI 觉得：

文学的修养也不是靠教师讲出来的，需要学生去阅读大量原著才行，而实际上他们对于经济类的东西以及与英语考试相关的东西更热情，自己在专业领域越是努力做好研究，感觉与教学偏离得越远，也只能靠自己去寻求一种研究的乐趣和折中了……JS (13 - LI - 01)

很多教师选择了跨专业的学术发展，跳出了语言和文学的局限，对于

① Chreim, S. Influencing organizational identification during major change: A communication-based perspective. *Human Relations*, 2002 (55): 1117 - 1137.

教师的跨专业发展一方面是个人兴趣使然；而另一方面，更多是由于组织特征的影响，使教师根据学校学科专业发展的特征而做出改变。这一过程对于教师来说也并非是一个很简单的选择过程，教师 XI 选择了经济学作为自己的学术研究方向：

跨专业的研究完全是另外一种不同的挑战，面对全新的知识和领域，需要付出的更多，数学对于文科生来说就是一个坎，我在这里花费了很多时间；经济学科和英语学科完全是两种不同的范式，需要做好切换准备，英语学科的研究思维往往会干扰经济学科的研究，而真正进入研究的时候，虽然很辛苦，但也收获了很多的乐趣，毕竟自己喜欢这个领域。(12 - XI - 02)

在她看来，自己的研究方向“一直在摇摆不定”，但最后的选择还是“跟随了自己的兴趣”。从语言学向经济学的转变是一个很艰难的过程，因为学术的成长需要时间的积累，她最终忠于自我内心，通过不断地尝试，寻找到了个人兴趣和研究的结合点。

没有兴趣肯定不能长久，我现在做的能够和现实中的很多热点和问题结合起来，也能够解决自己的很多疑虑。做好语言和金融专业的结合，这个确实困扰了我好多年。而现在的国际金融研究需要有很好的语言能力，包括我在国外的进修和一些学术会议，语言优势还是帮忙很多的。目前的课程教学中也可以用到很多我的知识，上课也会有很多成就感，真正做到了相辅相成。(12 - XI - 02)

而作为已经在 2 年前获得了经济学博士的教师 SONG 看来，从语言到经济的职业发展至少有两个方面的困难：

首先，考试这一关就必须要通过，我硕士是语言学的专业，和经济没有半点关系，和我竞争的基本上都是专业方向的考生，他们的知识积累肯定是比我们要扎实，这个与我们的教学和科研又发生了冲突。其次，得挤出很多时间来才行，我们大量的时间和精力用在了教学方面，要想跨专业的发展，必须挤出时间才能看点书，做些研究。(21 - SONG - 02)

对于跨专业发展的教师来说，教师 SONG 还是希望能够尽量将自己的研究与现实实践结合在一起，能够开展一些学术性的实践活动。然而在现有的组织体制下，教师 SONG 认为实现自己学术与实践相结合的个体化取向还是非常难的。一方面，是她个人必须要朝着自己的研究方向走下去，但作为“外来户”，她需要付出比别人更多的时间和精力，“自己是否具备足够的意志和动力”，是关键。我个人的研究还是以博士的研究主题为

主，但做得还是不够，比较有限，现在对我来说怎么样能够把博士的研究内容和实践更好地结合在一起，这是一个很大的挑战和困难。另一方面，则是组织自由度的问题，个体的发展离不开组织环境，受到组织环境的影响，在教师SONG看来，最理想的组织环境是"给教师足够的自由度，尤其是学术发展方面，可以按照教师自己的理想实施工作"，在职称晋升方面，大学规定教师的科研成果认定必须与所在学科保持一致，对于大英部教师来说就必须以语言文学为主，而其他的科研成果只能有分数，但是不能作为代表作。"这样的规定就很不人性化，我的核心成果都是与经济学相关的，根本没有精力再去回到语言和教学上，但职称晋升必须有这些才行，所以不得不去做这些，你还是无法脱离这种环境，必须老实待着，我只能尽量做到两者之间的平衡吧"。正是由于两边都要兼顾，使得教师SONG的学术成果发表在任何一个学科领域都不多，因而她在学校的考核评价体系中处于不利位置。在她看来：人文社会科学的东西不能单纯用量来表示，更应该注重研究所带来的价值判断和内涵，研究的东西要得到圈内的认可才行，这样才符合真正的学问和学者。

寻求自我发展的过程也是教师职业身份建构的过程，教师在自我身份的建构中有其能动性，从而实现职业身份和组织身份的匹配整合，正如艾尔威森和威尔姆斯特（Alvesson and Willmost）指出，在组织中发挥作用的是个体的自我"身份管理"，从而实现组织成员的自我形象与组织的管理目标相一致①。教师SONG所追求的正是很多教师所面临的核心问题，学术自由和自主发展是大学教师所追求的理想状态，然而组织环境会在一定程度上限制个体的自由度。因而，在个体和组织的互动中，她仍然去试图创造自主的空间，构建属于自我的身份。需要指出的是，教师的身份是由组织机构（大学和院系）赋予的，但是，与学问有关的研究活动则是由机构外部的专业组织或共同体认可的。因此，就学术职业而言，正如克拉克所言，尽管获得机构的学术任职资格和承担组织内部的教学事务是必要的，但因为专业意义上的研究比大学内部的教学和管理更容易获得声誉。故而，以学术为业者其实更看重所在专业领域的学术认可以及社会认可，而不是他们在大学内部的身份②。对于学术身份的追求，刘传霞认为，大

① Alvesson, M, & Willmott, H. Identity regulation as organizational control: Producing the appropriate individual. *Journal of Management Studies*, 2002, 39 (5): 619 - 644.

② Clark S M. The Academic Profession and Career Perspectives and Problems. *Teaching Scoiology*, 1986, 14 (1): 24 - 34.

学教师是大学文化、大学精神最直接的表现者，大学教师应该重塑知识人的身份，教师应该回归本色建立良性大学的文化生态，成为大学文化的灵魂守卫者和承担者，把以学术发展为目的的知识人作为自己的第一角色认同①。教师在个体自我发展的过程中成为能动者，通过“个体—情境”的互动从而对自我的意义作出阐释，进而在变革的情景下实现学术身份的重构。而这一身份的形成也影响了大英部教师个体未来的职业发展。“如果把诗比作梦想，把远方比作科研，对于我来说，我愿意走向诗和远方”。教师 RU 的话或许是对于大学精神以及大学教师身份的最好的描绘和回应。

第三节　组织：“万花筒”

大英部组织身份的建构不仅受到组织发展以及组织文化惰性的影响，同时还有来自局内人和局外人的影响。从而使任何组织的变革都不是一帆风顺的，相反，组织变革的过程中充满了很多阻力和困难。

一、身份期望：“好钢用在刀刃上”

组织形象可以促使组织成员反思组织的身份并影响他们对于组织身份的阐释。组织形象同样可以作为外部的力量影响身份，促使组织成员反思并重构组织中的自我。当面对市场化的浪潮，当学生和管理者的期望发生变化时，大英部长期以来建立的组织形象开始发生变化，从而会形成新的形象和身份。学校管理者更多从学校总体规划的角度来看待大英部的改革和发展，它并不是大学支持的重点所在。对于教师而言能够拓展自我职业发展的途径，能够获得更多的回报则成为他们对于组织的首要期望；学生则希望能够获得高质量的语言教育。组织身份建构过程中充满互动，组织身份的建构是组织成员和利益相关者之间复杂的、动态的互动过程。“组织身份的建构是不同利益相关者之间竞争的、协商的和反复互动的过程”②。

---

① 刘传霞．当代大学教师身份认同与大学文化精神建构．现代教育管理，2013（5）：79－82.

② Scott，S G，&Lane，V R. A stakeholder Approach to Organizational Identity. *Academy of Management Review*，2000，25（1）：43－62.

（一）学校眼中的大英部："做好后勤保障"

经费不足似乎成为当前大学发展中所面临的共同困境。随着当前高等教育投资体制的变化，使得经费问题成为贯穿大学发展的主线，而筹集办学资金则变成大学的头等要务。随着市场经济的发展，市场机制在国家行政教育调控改革中的运用，国家对大学的投资体制以及拨款模式也在悄然发生改变。大学从原先完全依赖国家财政拨款的方式转变为多方筹措资金办学，而且即使是国家的拨款，原来纯粹赠予式的方式也一定程度上发生着改变，转而为带有竞争性质的问责性拨款。从这层意义上说，大学要想争取到更多的国家拨款，需要有足够充分的理由让国家愿意为它买单，并觉得花这钱是值得的。案例大学之所以能够获得"211"和"985"工程的青睐，主要原因在于其经济和管理学科的强势，同样大学的发展策略重点在于经济和管理等优势学科，加大对优势学科的投入力度，全球招聘优秀人才，使部分学科能够达到国际水准。

在案例大学，从校长到职能部门的管理者大多是出自经济领域，学校管理者把更多的精力和资源投放到了学校优势学科的建设和发展上。正如它在发展目标上的陈述，"以重点学科建设为核心，瞄准学科前沿和国家重大需求，全面规划，重点突破，努力形成面向经济建设的主战场，适应经济建设、科技进步和社会发展需要的科学合理的学科布局与学科结构；重点学科的基础更加巩固，特色更加鲜明，优势更加突出，部分重点学科进入国际先进行列，产生一批标志性研究成果，达到或接近世界先进水平，成为解决国家经济建设和社会发展重大问题的重要基地。通过学科特色型大学的建设从而跻身世界高水平大学之列，实现把我校建设成为有特色、多科性、国际化的研究型大学的战略目标奠定了坚实的基础。"一位校领导谈到的：我们学校虽然是国家重点大学，但更多的是学科特色型大学，在一些学科建设上还是与其他同类高校有差距，比如，在国家级学科建设以及博士培养方面我们还比不上对外经贸大学，比不了西南财经大学和东北财经大学等高校。"好钢要用在刀刃上"，学校发展的重中之重还是要加大对学校优势学科和特色学科的支持力度，加强国家级学科的建设，力争使学校在国际级学科建设和博士培养建设上达到国家研究型、特色型大学的标准。(29 - PING)

这一发展思路与当前世界研究型大学的发展思路基本一致。过去我国研究型大学的学科发展战略定位，追求"高、大、全"，平均发展和机械模仿现象突出，无法突出重点、形成特色。由此导致综合性、多科性和高水平等成为我国研究型大学学科发展战略定位上的流行术语，背离了世界各著名研究型大学反对平均发展和机械模仿，强调以突出重点、形成特色为指导思想的学科发展战略①。大学发展策略中效率和效益是其追求的重要目标之一，优势学科不但可以给高校带来学术声誉同时还可以带来市场效益，能得到社会的认可和国家的大力支持。正如王亚杰等指出，特色学科的形成是大学、产业和政府共同作用的结果。通过组织结构性安排与制度设计等机制，交叉影响，螺旋上升，实现各自效益的最大化②。无论是在学术贡献还是在市场效益方面，大英部显然不符合这些特质，并不是大学发展的重点，它更多充当了后勤保障的角色。

“对于组织的管理者来讲，需要明确组织具有独特的、中心的和持久的特征。组织具有怎样的特征并非是最重要的，重要的是能够使成员参与协商和对话，最终建构组织的身份并将其呈现出来”③。大学的出发角度更多是基于实用主义角度，这也无可厚非，毕竟经济和经贸专业的学生学习英语的热情会更高涨，在实践中应用语言的机会更多。因而，工具性是他们的首要选择，同时又由于学科话语权的消失，从而使大英部在学校管理者眼中成为服务学校优势专业的后勤保障机构。

（二）教师眼中的大英部：“我属于学术团体”

寻求一定程度的组织身份，这对于个体和组织来说都有重要意义。组织是由个体组成的，满足人们的最基本的社会归属感、自尊、自控和有意义的生活需求。“个体身份和组织身份是固有的联系在一起。构成个体身份的因素在组织中是变化的，以一种整合的行为增加或减少”④。因而教师对于“我们是谁”“我们在做什么”，以及“我们将来成为什么”等问题的回答和看法对组织的发展以及身份的形成至关重要。

教师 GM 说起了自己的感受：我们对自己的定位起点就不高，系部每次开会谈论最多的就是教学问题，似乎有说不完的话题，但这个对教师而

① 郭树东等．我国研究型大学的学科发展战略定位模式与生态位对策．北京交通大学学报（社会科学版），2008，7（4）：95－99.

② 王亚杰等．英国学科特色型大学发展战略特征与政策建议．高等工程教育研究，2011（1）：11－17.

③ Scott，S G，&Lane，V R. A Stakeholder Approach to Organizational Identity. *Academy of Management Review*，2000，25（1）：43－62.

④ Jordan，C G. *Rethinking Inculsion：Case Studies of Identity，Integration，and Power in Professional Knowledge Work Organizations.* Case Western Reserve University，2009，P. 51.

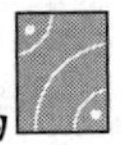

言不是最重要的，大家教课都很认真。我们最关心的肯定不是这个，而是关心自己的研究和专业发展。有时候就觉得自己是游离于之外的存在。如果在教学之余，能够有一些学术研究团体，能够让教师参与到学术研究中岂不是更好，这对教师的职业发展肯定是有很大帮助的。(16 - KUO - 02)

很多学者指出，无论是学科还是学院在教师的身份形成的过程中都发挥着重要的作用（Becher and Trowler，2001；Clark，1987）。但斯帝卡（Sidika）在研究中发现，大学教师认为他们的学科比他们所在的学院更特殊更有名气，因而他们更认同自己的专业，而不是学院，他们更加倾向于用自己的研究领域和学科来定义自我①。哈里斯认为，教师的学术身份与其学科而不是所属的组织学院更加密切。温特（Winter）也认为，大学教师更多表现出对学科的忠诚而非组织管理和事业的忠诚。学科是“大学教师构建他们的身份，价值和工作知识的基础，工作模式和自尊的主要情景”②。但对于学科本身的认同会弱化对于组织的认同，“对某一群体的钟爱会使个体偏离整体组织的方向，这会阻碍组织身份的发展和形成”③。因而在教师的眼中，他们更多是属于一个学科和专业，而非一个组织。同时这一问题也反映出语言更多的是工具性的属性，似乎并没有将语言教学与大学教师等同起来。这也说明在当代的社会中，尤其是在英语教学与研究的“语言中心主义”环境之中，作为特定社会人群的大英部教师被视为某种工具和机器，再加之以“学生”为中心的教学理念与教学范式的盛行，这就自然导致英语教师作为人的某些精神情感需要和欲望诉求被忽略、被漠视，更多是作为工具性而存在。在谈到大英部的定位和地位时，教师 CHEN 认为：学校对我们的定位就是要做好全学校的英语教学服务工作，自己的发展是次要的，因为比不了会计、金融、财政等传统的强势学科，他们是社会资源寻找的热门，这么多年咱们没有多少起色就说明了很多。学校的定位还是在教学上，课程和师资的发掘也只能靠内部挖掘了，想赶超其他人，基本不可能了。教师 CHEN 的身份更多聚焦于大英部的教学和发展上，她比较了学生的期望：十几年前的学生和现在的学生差别很大，以前的学生你说什么就是什么，都乖得很；而现在学生要求完全不一

① Sidika, G A. Qualitative Case Study on the Organizational Identity of Faculty Members. *Educational Sciences: Theory&Practice*, 2014 (14): 1309 - 1324.

② Henkel, M. *Academic Identities and Policy Change in Higher Education.* London: Jessica Kingsley. 2000, P. 22.

③ Billot, J. The Imagined and the Real: Identifying the Tensions for Academic Identity. *Higher Education Research and Development*, 2010, 29 (6): 709 - 721.

样了，他们的思维更活跃，对不同的知识持开放态度，获取信息的能力和手段都很强；他们的语言基础都不错，对于专业知识的获取更感兴趣。课堂教学会结合自己的专业来讲解经济和管理学方面的内容，学生既学到了知识，又锻炼了英语能力，学生也很喜欢这样的授课安排。

在谈到出现这种状况的原因时她认为：学校的优势是财经，这也是大部分学生来到这里的主要目的，我们自己的专业设置除了基础能力的训练、语言的训练，也应该向这方便的内容靠拢。(26 - CHEN)

教师 GM 和教师 CHEN 代表了很多内部的声音，除了学科和学术团体对于教师的身份建构有很大的影响外，教师对组织的身份认同也受到来自工作中的尊重和满足感，学生的兴趣和热情显然影响了她对于组织的身份认同，教师 CHEN 职业身份的满足感更多来自学生所展现出的热情和对她所教内容的兴趣，而非组织内部给予她的满足感。根据社会交换理论，组织成员通过他们的努力和奉献来换取组织的支持，表现为组织所提供的工资和津贴以及社会情感回报，如自尊、认同和工作满意度。而显然组织并没有提供足够的自尊和满意度，因为教师很难从组织本身获得这种满足感。教师个体满足感的获得更多来自学术团体的自我认同感和学生所给予的尊重。

二、身份缺失："我们需要关注"

（一）组织支持的缺失

组织支持的缺失体现在大英部身份建构中的内外两个方面，内在因素是组织发展过程中师资力量的不足，外在因素是院校领导力的缺失。

院校领导力和组织支持是组织身份建构的重要基础。"会影响对于身份的不同阐释，成为新的意义建构的基础"①。"在一个变化的情境中，院校领导力发挥着重要的作用，它不但可以成为意义的生成者（sense-maker），同样可以成为意义发起者（sense-giver），为组织的发展提供参考和象征，从而可以激发组织成员更多的行动、讨论和积极性"②。然而，在

① Stensaker B. Organizational Identity As a Concept for Understanding University Dynamics. *High Education*, 2013, 69 (1): 103 - 115.

② Gioia, D. A., & Chittipeddi, K. Sensemaking and Sensegiving in Stretegic Change Initiation. *Strategic Management Journal*, 2015, 12 (6): 433 - 448

大英部的变革过程中，院校领导虽有一定的的改革蓝图，但对于大英部的发展方向还是存在不同的分歧，从实践来看变革更多来自教师职业发展的诉求。从对教师的采访中可以看出，大学的管理者缺乏对组织发展的支持，是导致其落后的重要原因之一。大学的管理者基本上出身于强势学院和学科出身，是金融，财政等领域的专家和教授，他们对于语言和文学了解的并不多。

学校各个部门的领导都不是学习语言和文学的，可以说他们不太了解这一领域的发展，资金的支持，教师发展的支持以及人才引进的支持力度不够，不是说想发展或者想变革就能成功的，学校的发展思路重点并不在这里。（16－KUO－02）

支持力度的缺失使大英部的变革缺乏资金的支持和校领导的支持，是造成变革中师资力量的不足和缺失的重要原因。教师是大学变革的基础和根本，大学和课程的多样化最终取决于教师本身多样化和教师知识多样性，因而无论是新学科的设立还是新专业的发展，都离不开教师的参与。对于课程变革来说，教师本身的知识储备显得尤为重要。教师知识的形成是一个动态的发展过程，教师在专业成长的不同阶段，教师知识是不一样的，教师在不同的教学阶段，需求的知识量也是不一样的。对于新课程的设立，最理想的状态是通过引进相关专业的教师来实现，然而，对于大英部而言大规模的课程变革，就只能依靠现有的教师资源来实现。哈维（Harvey）就曾指出，是不是变革的主人（Ownership）、有没有官方的支持（Administration Support）、会不会令人厌倦（Boredom）和增加负（Increased Burdens）、有没有安全感和回报等都会导致人们对变革的抵制[①]。从学校管理者的视角来看，只要下达改革的行政命令，教师就一定能够去执行。然而由于师资对于课程的匹配需要一个过程，教师资源的缺乏以及教师职业准备的不足使课程改革的效果大打折扣。

对于长期从事语言教学的大英部教师来说，课程从语言到内容的转变并非是一蹴而就的。一位接受采访的教师谈道：教师需要做好知识的储备才行，不然教学方面的转变就会流于形式，必须做好职业发展的规划，才能实现自我发展的真正转变。（JS－26－CHEN）然而，现实却不尽如人意，从受采访的教师来看，无一例外对自我的职业发展和培训方面的落后和缺失提出了建议。教师 YIN 是改革的坚定支持者，在谈到改革时她认

① Harvey，T R. *Checklist for change：A pragmatic approach to creating and controlling change.* Lancaster：Technomic Publishing，1995，P. 38.

为：从学校发展的角度来看，他们也是希望我们能够做大做强，然而无论是学科的设立还是课程的改革，最根本的就是要投入才行，无论是商务英语、财经英语、学术英语还是法律英语等课程必须通过引进新的人才或者通过持续教师培训才能真正实现课程从语言向内容的转变。谈到新课程的设置时，另外一位受访教师指出，课程的设置都需要一些前期的准备和深思熟虑才行。根据学生的发展和需求设课，实际上教师没有任何变化，就是多了一些不同课程，课程的设置其实更多应该遵循一定的教学规律，目前的课程设置基本上是以教师为中心，教师能开什么课程就可以上什么课程，但实际上教师们并没有做好准备，从语言到内容的转变也需要一个过程。(13 – LI – 02)

在实践上，因为缺乏足够的训练有素的教师来开展和教授这一课程，除了教师外，其他一些配套的措施，尤其是缺乏来自学校的支持，更是阻碍着大英部的发展，也阻碍着大英部新的身份的形成。

（二）组织认同的缺失

在组织身份的形成过程中，不同的声音会使变革难以形成统一的决定和认识。学院会变成一个弱单位（weak unit），如果教师在组织发展的问题上难以形成统一的意见，会在一定程度上阻碍教师对于组织身份的认同①。

对于大英部教师而言，基础教学部的性质决定了教学是其最基本也是最重要的任务，一方面，学校希望能够高质量地完成教学任务，另一方面，教师却不得不处理好教学、科研、家庭以及职业发展之间的关系。周燕认为，“教师的课时量并不能完全反映出他们的工作负担，合班和大班上课给教学带来的困难和体力消耗以及统考带来的压力常使教师们疲于应付和难以实施有效的教学手段”②。在她对大英部教师的调查中发现，有44%的教师认为教学负担过重，没有时间进行职业进修与发展，47%的教师认为缺乏进修机会，更有68%的教师对自己的收入水平不满意。授课的繁重加上经济的压力使大英部教师不得不面对很现实的经济问题，在采访的教师中，除了部分教师之外，不同年龄阶段的教师基本上表达了对于生存压力的担忧，尤其是在北京这样的大城市，生存成为首要的选择。

---

① Michael, R M. Organizational Identity and Identification During a Departmental Reorganization. in *Theoretical Frameworks in Qualitative Research*, 2006, P. 74.

② 周燕. 高校英语教师发展需求调查与研究. 外语教学与研究, 2005, 37 (3): 206 – 210.

读书的时候没有觉得生活压力有多大，等工作后才发现生活不易。对我们来说一切都是从头开始，收入只是来自工资，不像其他强势学科的教师，他们课题很多，讲课的机会也多，像我们也只能去带带课，付出的很多，报酬和他们比起来真的太少了，其实就是两难，要么就静下心来教课做清净的学问，要么就得融入这个大环境，要努力工作赚钱养活自己和家人。(15 - LING - 02)

住房可能是教师首要考虑的问题。在教师 FENG 看来，住房问题可能是年轻教师最关心的，教师收入不高，学校给予的住房补贴有限，买房只能靠贷款，这都是一些无形的压力，最后不得不努力工作，我知道很多教师都是每周工作 30 ~40 个小时，其实就是为了还房贷。在这种情况下哪还有心思去考虑其他事情？衣食足而知荣辱是有道理的。(22 - FENG - 02)

在高等教育人事制度变革之前，大学教师职业是作为“铁饭碗”而存在的，意味着教师的一切都是国家来负责，教师仍然享有福利分房制度，也不必担心失业问题。而 20 世纪 90 年代后，中国逐渐实施了市场化经济改革，取消了住房福利制度转而以现金的方式发放住房补贴，同时在高校中实施全面的聘任制改革。因而，教师所具有的隐形福利基本消失，取而代之的是他们不得不去面对市场化所带来的冲击。一方面，生存的压力使一部分教师暂时会放弃职业方面的发展，寻求经济利益的回报；另一方面，也促使一部分教师不得不做出职业发展的选择，无论是寻求专业内发展还是其他专业方向的发展都是教师为适应变革而做的变化，这一转变的过程并非一蹴而就，无论是组织因素还是个人因素使很多教师在一定的时间段内放弃了职业发展，这一行为影响了教师对自我身份的确立，从而也就反过来影响组织身份的重构，以及教师的组织认同。

组织身份重构的过程也促使教师去适应这个变化。变革中，随着教师自我优势地位的丧失，他们不得不去重构自我的身份从而适应组织的变革。

无形的压力还是很大的，要么需要在专业内提升自己，要么就是科研得拿得出手，这个对于大部分的教师来说还是很有难度的；或者以自我的兴趣爱好为主，选一个自己喜欢的兴趣点或者专业来发展也是很不错的选择，不需要一定要做学术方向来发展，如果能够专心教学或者专心做自己喜欢的事情也是一个很好的选择。(JS - 17 - GM)

教师对于自我身份的重构是教师试图弥补个人与组织发展之间差距的过程。然而这个转变并非易事，大英部教师原先优越的身份与当前的身份危机之间形成了巨大的反差，使他们感到彷徨和无助，教师发展机会的缺失以及教师本身所受到的阻碍因素，使教师难以有较好的发展机会。由于组织内机会的缺失，使他们对于组织的依赖渐行渐远，使很多教师会脱离组织本身的发展从而寻求其他方向的发展，进而丢掉了归属感和认同感。由于对组织身份的不认同，造成了大英部教师对自我身份的偏离，教学、科研不再是他们工作的重心，变成一种刻意的偏离。这些教师无法构建适合大英部身份的自我职业身份，对于大英部的变革也缺乏兴趣，势必造成教师对于自我认知与组织身份构建的冲突。

组织认同描述了基于个体身份与组织身份之间认知关联的自我概念。而认同缺失（disidentification）则是个体身份与组织身份在认知和情感上的分离，是自我与组织之间关系的疏远，也是个体与组织内部他人身份的分离，从而形成脱离其他群体的不同类属的身份。当个体不具备组织所具有的共有特征时，就出现了认同的缺失①。什里姆在研究中指出，无论是新的组织认同还是组织认同的缺失都意味着组织成员的行为和身份需要做出改变从而适应新的组织身份。个体对组织的认同可以促使组织身份更加合理化，而相反，认同的缺失会阻碍组织成员形成新的组织身份，从而也就影响组织的变革和发展②。对于大英部而言，大英部教师身份认同的缺失彰显了大英部变革中还没有建立明确的组织身份，因而会影响组织的变革和发展。在大英部的变革中师资力量的缺乏并不能完全实现其课程变革的多元化目标，新设立的课程随着对内容的强调反而忽略了语言教学的最本质属性，即语言应用能力的提升，发展和定位的多元化使大英部的目标过于分散，所有这些都会阻碍大英部新的身份的确立和未来的发展前景。

三、身份变化："穷则思变"

"对今天的组织来说，变化不仅仅是为了成功，更是为了在日益激烈的竞争环境中获得生存"③。组织身份的形成依赖于一定的外部环境，"一直以来，组织都具有多重身份，一方面，是组织能够利用日益复杂多变的环境所提供的机会重构自我，另一方面，还可以应对情境环境中日益增多

① Chang K, Kuo, C C, SU, M, and Taylor, J. Dis-identification in Organizations and Its Role in the Workplace. *Industrial Relations*, 2013 (3): 479 – 506.

② Chreim, S. Influencing Organizational Identification During Major Change: A Communication-based Perspective. *Human Relations*, 2002 (55): 1117 – 1137.

③ Kotter J. P. *Leading Change Mass.* Harvard Business School Press, 1996, P. 18.

的限制和规则"[①]。"面对市场化和国际化的变革，大学都经历着巨大的变化，在市场竞争的环境下，构建全新的身份从而区别于其他竞争对手。21世纪的人才培养，大学既需要提供专业知识的课程同时还应提供需要面向就业市场的项目课程"[②]。20世纪90年代以来，大学卷入了市场经济的改革，市场经济的要求意味着充分利用自身资源直接回应市场的需求，通过竞争的方式争取更多的资源以求发展，这也是案例大学在建设特色研究型大学过程中对各院系提出的要求。哈特利和沙尔（Hartley and Schall）提出，在一定的时期内特定的教育价值占据显著地位，然而组织会随着时间的变化而重新定义其目标，这也是组织能够焕发生机所必须的[③]。尽管成功的学院目标根植于一定的核心价值中，但他们也必须要适应变化的环境。对于大英部而言，一方面变革的原因是由于市场的竞争，因而必须改变其人才培养的模式；另一方面，其变革也是要面对资源（学生、收入等）的竞争。

院系追求各自利益的目标会激发他们改善学术环境、提高学术水平的热情，但是在集体行动的逻辑上，也容易产生"公用资源的悲剧"。大学所能够调配的资源总是有限的，有限的资源发挥最大的效用需要采取竞争性的策略，这也是许多大学在变革过程所采取的政策措施，实际上即使是国家、地方政府层面的资源配置也是需要通过学校的评审才能上报的[④]。于大英部而言，由于在大学中地位的非主流，其经费的来源主要是教学、课程改革，以及科研相关配套经费，大英部的教学性质决定了其科研向来是其发展的弱项，科研经费偏少，学校所给的教学经费仅仅用在了课程方面，经费不足的影响是全方位的，成为制约大英部发展最重要的问题，也是成为影响教师积极性的重要因素。因而筹集发展资金变成了大英部的头等要务。

教授WAN告诉笔者，20世纪80年代末到21世纪初的很长一段时间，教学部一直没有什么起色，她提到了两个经历：我当时记得参加科研会议，学院就给1/3的补贴，剩下的还得自己出，谁还会出去参加会议呢；

---

① Albert，S，& Whetten，D A. Organizational Identity. *Research in Organizational Behavior*，1985（7）：263－295.

② Vicki L B & Roger G B. A Case Study of Liberal Arts Colleges in the 21st Century：Understanding Organizational Change and Evolution in Higher Education. *High Education*，2015（40）：247－261.

③ Hartley，M，& Schall，L. The Endless Good Argument：The Adaptation of Mission at Two Liberal Arts Colleges. *Planning in Higher Education*，2005，33（4）：5－11.

④ 张洪峰．大学组织变革中的博弈分析．华东师范大学博士论文，2010：34.

另外一个事情就是当时我在国外认识的一个很有名的教授，正好他在国内有研究合作，当时想把他请来给我们教师做一下职业培训，由于没有足够的资金支持，我只能动用了自己的关系给做了一次免费讲座。(JS－3－WAN)。

教师ZHAO也深有感触她谈道：过去几年教师上一节课只有10元的补贴，我记得这种状况持续了好多年，而同期的其他学院一节课有50～100元的额外学院补贴，再加上年终的奖金，能够拿到几万甚至十几万的额外补贴。我们现在也就平均下来不到1万元的年终奖金，都不好意思说。(7－ZHAO－02)

教师的职业发展更需要资金的支持，教师XUN谈到了大英部教师职业发展所面临的窘况：作为英语教师，出国进修是教师最重要的发展途径，我们出去的太少了，原因很简单，就是学院没钱，只能靠国家和学校的资助，而这些资助的名额太少了，没办法，只能等。(25－XUN－02)

大英部的状况也基本上反映了20世纪90年代前大学的历史和现状，就是国家的“听话的孩子”，大学教师沿袭了中国传统知识分子的政治关怀和学术清高，至于社会和市场所需求的知识并不是其考虑范围，商业社会中的金钱和效益更不是其考虑范围之内。然而90年代以来，随着市场经济的发展以及国家调控中市场机制的引入，大英部有了面向市场办学的空间和可能，在积极回应社会需求中增强自身活力并谋求发展。2001年随着我国加入WTO，特别是2003年《中外合作办学条例》颁布以后，国际合作办学成为大英部寻求突破性发展的一种新途径。持续的“窘迫”也促使大英部放下知识分子的清高，转而寻求市场的帮助，经过几年的筹备，“英语＋专业”项目终于在2009年启动了。该项目是与英国高校之间的合作，为广大高中毕业生及同等学历者提供了在国内接受国外优质教育资源的机会，采用“3＋1”和“3＋1＋1”的模式，即国内学习3年，国外学习1年或2年，并最终拿到国外的本科和硕士学位。学校的名声加上“英语＋专业”和海外学位的优势，使得该项目自开办以来一直受到社会的欢迎和认可。由于该项目收费的昂贵，经过几年的发展，使得大英部一跃成为全校最“富有”的院系之一。中外合作办学的开展带来了经济上的回报，大英部对于教师的教学和科研的支持力度也在逐年增加。

组织支持感与组织的产出呈现出正相关，如工作满意度、组织成员的情绪、成员承诺、工作的参与度、组织成员的努力和创造力以及工作表现等。“组织支持感通过满足组织成员的社会情感需求从而实现组织成员的

满意度"[①]。博格莱和尼尔（Bogler and Nir）在研究中指出，当教师认为他们所在的院系能够提供足够的组织支持时，能够重视他们的贡献并关注他们的福利，教师无论是从内心还是行动上都会表现出对于工作的满意度[②]。组织成员的工作满意度必然会提升，对于组织的身份认同也就进一步得到加强。

面向市场化的办学终归不是大英部最主要的业务常态，对于正常的管理和教学也带来了一定的冲击，这也是造成组织异化的重要原因之一，这在组织的分裂维度已经有所讨论。但是受制于市场化和管理主义的影响，"大学组织环境已经从坚守信念、追求真理的学术共同体发展成了充满竞争、管理和市场化的企业式组织"[③]。

四、身份形塑："多面手"

组织变化的发生往往是由于既定的计划所引发的，是对组织的目标、策略、系统和结构的反应。一般来说，有计划地组织变革往往可以取得成功，而有计划的变革也可以对个体的发展和组织的表现产生积极的影响[④]。尽管面临组织内部的抵制和持续的冲突，多元化发展成为大英部新的发展方向。通过课程的变革、合作项目的开展以及教师的职业发展，大英部获得了新的身份认同。然而从对教师的访谈得知大英部的变革和发展的实践来看，很多变革和发展更多是流于形式而非实质性的进步，而其主要的课程多元化并没有达到变革的预期。宋（Song）指出，有组织、有计划地组织变革并不一定能产生预期的效果。组织变革的成功取决于一系列因素。首先，组织的变革与组织内成员的动力密切相关；其次，要确认组织变革的动因是来自内部还是外部，如组织内部的张力或者外部的一些超越组织的事件等；再其次，组织的变革在多大程度上与组织的一致性、秩序密切关联；最后，组织的变革必须具有一定的持续性[⑤]。

---

① Eisenberger，R，and Stinglhamber，F. *Perceived Organizational Support*：*Fostering Enthusiastic and Productive Employees*. Washington，DC：American Psychological Association，2011，P. 145.

② Bogler，R，& Nir，A E. The Importance of Teachers' Perceived Organizational Support to Job Satisfaction：What's Empowerment Got to Do with It? *Journal of Educational Administration*，2012，50（3）：287 – 306.

③ 黄亚婷．全球化与大学教师学术身份重构：情境变革与分析框架．外国教育研究，2015，42（3）：86 – 97.

④⑤ Song Y. H. The Leadership Effectiveness in the Process of Planned Organizational Change. *Public Organization Review*，2009（9）：199 – 212.

大英部的变革在很多受访教师看来有一种“万花筒”的感觉。首先，体现在其课程的变革方面，而课程的变革也会影响教师对于自我职业发展方向的选择，也是课程影响教师的过程。

课程的定位很重要，我们对于课程其实没有太明确的定位，就是大杂烩，是个万花筒。什么都不落下。而且很多变革也因为别人已经这么做了，我们也必须这么做才行。比如，课程的改革到底是以语言为主还是以知识为主，是否要加入学校的优势平台资源；师资发展如何跟上课程的变化，在这个过程中是否鼓励教师的跨专业发展跟上课程的改革速度，是一个问题。(18 - RU - 02)

其次，组织的变革还体现在，教师职业发展方向的转变带动了课程和其他变革的进行，这个是教师的职业选择影响课程的过程。

虽然自己选择了管理学作为研究和发展方向，但教学内容多年来一直是大学英语，只是这几年，课程才发生了巨大的变化，等我真正去教学术英语的时候，发觉自己研究的东西原来对教学的作用这么大。(JS - 26 - CHEN)

“当组织成员能够融入组织变革的过程，接受组织变革所带来的变化时，组织的变革才会成功”①。组织成员能够分享变革所带来的益处，他们才能真正地融入有计划的组织变革中。如果组织成员没有任何行为的改变，组织的提升和改变是不可能发生的，组织变革的成功与组织成员的行为态度密切相关。

过去的定位其实很简单，学校就是希望教师能把语言教好，把课教好。而现在呢？要做的事情越来越多，大家还没有一个统一的认识，学校和系部也不会去规约教师，大家的职业发展是各个方向都有，那最终学院要成为一个什么样的机构呢？还是大英教学部吗，还是双语教学部，还是EAP教学部？那和其他学院教师开设的双语课程或者专业英语课程又做如何的区别呢，最终是一个“四不像”的存在。但教师FU同时又指出：“四不像”并不是一个坏事，这说明学院是个多面手，在一个名号下，大家有不同的发展，从长远看反而是件好事。(16 - KUO - 02)

当组织变革是一种自上而下的改变时，而改变又没有统一的方向和标识的时候，组织的变革往往容易使身份认同走向了模糊不清的“四不像”。

---

① Kimberly, J R. Reframing and the Problem of Organizational Change. In Quinn, R E, & Cameron, K S (Eds.). *Paradox and transformation: Toward A Theory of Change in Organization and Management.* Cambridge: Ballinger, 1988, P. 165.

而随着管理主义和市场主义的引入，绩效原则也影响了大英部的身份建构，绩效意味着业绩为主，效率为先，对大英部也产生了很大的影响。绩效首先体现在大英部对于教师的考核原则和进人原则上：将教师的行为量化为一系列的指标加以考核，并根据教师的业绩决定资助的多少，打破“大锅饭”和“铁饭碗”的体制，其基本的假定则是通过对教师学术水平各种量化指标的把握，就可以实现每年系部学术水平上一个台阶，最终能够实现教师在学术研究方面的突破。教师 CHEN 也提出了自己的各种担忧：问题的关键在于，如果以学术为主，那么学术的方向在于什么地方？一个很核心的问题在于，非英语文学的研究是否也应得到资助和奖励，是否也会鼓励教师可以开展超越本学科的研究？教师在职称评定的时候这些成果是否也作为参考呢？研究无边界，如果未来发展是这样的趋势，那么就应该放开这方面的限制，实现不同院系教师之间的自由流动，这会是未来发展的一个新趋势。(JS－26－CHEN)

随着市场经济的介入，整个大学都如置身于市场中的企业。而对一家企业经营好坏的评价就是经济效益，同样对一个院系的评价也变成了有多少收入来源。教师 YIN 说：是个很现实的经济问题，这说明学校发展到一定阶段，没有资金的支持寸步难行了。

教师 YIN 所提出的问题或许就是在是市场经济的参与和渗透下，组织身份的企业化和市场化趋势。但大英部所实施的市场化办学项目所带来的负面影响在前面已经有所讨论，这样的市场化行为是一种长期的发展还是权宜之计。肯定会对正常的教学有影响，毕竟领导要拿出精力和时间来管理这个项目，而很多教师也在承担这个项目的课程以及学生的管理工作，这个报酬要高很多，教师们也很上心，方便了大家的收入，本质上与培训机构是一样的，说不影响正常的教学和科研，但这个得打个问号。(5－SHEN－02)

市场化行为对于组织身份的建构是一种双向的影响，这种以市场效益为主要目的的行为对于大英部的发展带来怎样的影响。一方面是必须要完成的工作，是教师个体留在组织内的必需；另一方面，是额外的收入工作，能带来丰厚的收益。到底孰重孰轻，可能也只有教师自己心里最清楚。在不同的时期，国家、市场和大学之间的发展状态以及三者之间的相互对比关系决定了大学中院系的身份特征与状态。大学在一定程度上践行以业绩主义为导向的市场竞争管理体制，特别是在国家对大学的拨款资助方面，同样也影响案例大学对于各个院系的拨款评价标准。在大学内部，各院系引入市场机制成为其标识，也是各院系在新的宏观环境中的生存策略。在这个过程中，大英部的管理方式会越来越类似于企业运作。我经常被问的两个问题，一是你们办的那个国际合作项目如何，都是怎样的运作方式，学生未来的就业如何，很少有人问我，你们的教学怎样，科研如何；二是很多学校其他学院的教师会问我，你们现在应该是最有钱的系部了吧，你们每个月能挣多少钱，一年有多少奖金，而这些似乎与我作为大学教师并没有太多的关系。(5 - SHEN - 02)

“个体身份的社会建构最终形成了个体核心的稳定性，而组织的社会建构形成了组织适应性的不稳定性”①。在市场化的过程中，大英部的组织结构和行政管理模式都没有发生实质性的变化，所谓的市场化行为，在研究者看来也是一些表面的市场化特征，是一种为获得自身发展获取资源而实施的一种市场行为。对于大英部的评价也缺乏区别对待的准则，如以经费和科研的数量对大英部教师的评价方式对他们而言就显得不公平，而这些都是受到大环境的影响，并左右着大英部发展的方向，因此，大英部的身份建构很大程度都是源于外界的影响，如国家的政策导向或大学的政策导向，作为基础教学部门更多是一种被动回应，根据这些需求和政策导向调整自身的发展策略。对于大英部内部一些急需关注的问题，如教师的职业发展方向问题；课程如何开展问题；未来大英部的组织形式等都缺乏真正地回应。但值得欣慰的是，大英部在面对大环境的变革时，总能去积极地回应，从而使得其组织身份被赋予了时代的意义。尽管在身份形塑的过程中面临很多阻力，在某种程度上破坏了组织原有的核心特征，引起个体对于变革的抵制②，当受到外力的影响时候，大英部内部会出现一种万花筒中的图案，不断地转，图案也在不断地变化，最终大英部成为一个“万花筒”。而这一过程也是大英部最终在寻觅自我身份认同的过程，正如教师 FU 谈到的，“做一个多面手的四不像并非是坏事”。

第四节　小　　结

大英部是一个处于不断分化与整合的组织。大学组织的含义“因时而

① Gioia, D A. From Individual to Organizational Identity. In Whetten, D., &Godfrey, P. C. (Eds), *Identity In Organizations: Developing Theory Through Conversations.* Thousand Oaks, CA: Sage, 1998, P. 22.

② Whettten, D A. Albert and Whetten revisited: Strengthening the concept of organizational identity. *Journal of Management Inquiry*, 2006 (15): 219 - 234.

异、因地而异，它通过改变自己以适应社会环境的变化，同时通过保持自身的连贯性来保持自己的活力”①。组织的分化并非四分五裂，整合也并非铁板一块，这样组织才能保持生机与活力。身份与所处的社会关系密切相关，处在与情景的互动中，市场经济和管理主义在高等教育中的兴起构成了组织身份建构的社会情景。大英部的身份整合体现了与社会情景的互动，对于大英部而言，实现组织的整合，课程体系是其重要切入点，从单纯的语言教学向以“语言 + 内容”的教学模式发展，这一变革的本质在于力求实现不同学科知识之间的整合，并增设国际类课程，实现国际合作。这些变化使大英部在一定程度上适应了变革的需求。尽管大英部在整合的过程中受制于一定的情景条件：一方面是大英部的改革难以获得学校领导的重视，也缺乏学校资金的支持；另一方面，缺乏相应的教师职业发展支撑，使大英部的课程变革缺乏后续的师资支持力量。但大英部仍开展了一系列的国际合作，使得在资金收入方面一跃成为较为富有的院系，在一定程度上解决了组织发展资金匮乏的问题，对于教学和科研的资金资助，对于大英部教师的职业发展都有积极的促进作用；在组织身份整合的过程中，教学身份构成了大英部教师最根本的身份，是教师对于自我意义阐释的核心基础，随着管理主义对于科研绩效的考量，使得教师对于自我的身份建构更多以科研为中心，学术被认为是作为“大学教师”的标签和衡量标准，大英部教师在自我身份的整合过程中更倾向于以“学术人”的身份定义自我。身份的确认过程往往一开始处于一种无序的状态中，这种无序并不仅仅是指组织上的无序，而且指人们对事物与他者的真实感受本身的丧失。这些反应是认知和情感失去方向的反应②。大英部在身份建构的选择上，既有试图构建以学术英语为主要方向的学术团体的意图，同时又想兼顾其他方面的发展。因而组织身份的建构处于一种焦虑的选择状态中，而焦虑会影响组织建构的内核，组织看上去就如同一个无序的“四不像”，它想包容所有，但又无法形成一种确定。由于学术活动的本质就是一个整体建构，尤其是在于现代社会面临的问题日益复杂，需要来自不同学科和不同学院的学者共同探究③。因而大英部的身份建构必须既要体现出课程变革的理念和科研变革的目标，同时还要反映“他者的存

① 伯顿·R. 克拉克主编，王承绪等译．高等教育新论．杭州：浙江教育出版社，2001：21.

② 安东尼·吉登斯．夏璐译．现代性与自我认同，中国人民大学出版社，2016：34 – 35.

③ 大卫·格里芬编．马季为译．后现代科学—科学魅力的再现．北京：中央编译出版社，1995：31 – 38.

在”，需要适应一些存在性场域，比如，大学的变革和发展，并随着社会和文化情景的变迁而变化。“穷则变，变则通，大家只要努力，未来还是美好的”（JS－11－XI）。但组织身份的建构必须在一种无序中寻找到一种确定性，才能完成。

第八章

结论与展望

通过以上章节的文献研究及案例分析，本章概括总结了研究的主要内容。首先，是对研究问题的回应，总结各章节的主要内容；其次，讨论本书的理论贡献和实践意义，为大英教学部的改革以及大英教师的职业发展提出政策意见；最后，进一步反思研究局限，并展望本书的后续研究方向。

第一节　主要的研究结论

本节是对本书四个研究问题的回应。(1) 组织面临危机时如何理解其身份困境？包含以下子问题：在我国高校变革的背景中，大英部的组织现状是什么？是否存在身份危机？如果有，大英部教师是如何理解这些危机的？大英部教师的理解是否存在一定的群体特征？(2) 组织在差异维度具有怎样的身份分化？包含以下子问题：在我国高校变革的背景中，大英部教师对于组织身份的理解和阐释是否存在差异？如果有，这些差异表现在哪些方面？大英教师的理解是否存在群体特征的差异？(3) 组织在分裂维度产生怎样的身份模糊？包含以下子问题：在我国高校变革的背景中，大英部教师对于组织身份的理解和阐释是否存在模糊性和矛盾性？如果有，主要体现在哪些方面？(4) 组织如何在整合维度建构其身份理解？包含以下子问题：在我国高校变革的背景中，大英部教师对于组织身份的理解和阐释是否存在一致性的认识和理解？表现在哪些方面？这些一致性的理解是否重构了组织的身份？从哪些方面重构了组织的身份？

组织身份是组织成员对“我们是谁”的回答，是一个集体概念。组织身份的形成取决于组织成员如何看待自我，如何阐释组织内的意义，既受到组织外部环境的影响，又有组织内部各种因素的作用，这个过程构成了组织身份的自反性和建构性。20 世纪 80 年代，随着以中央调控为主的管理模式向以市场化为导向的管理模式的演进，对于效率的追求成为影响高等教育变革的最重要因素。本书所回应的正是大英部如何适应当前高等教育的变革，其身份是如何回应整个高等教育组织情景变化的。

对于组织身份建构的研究，有学者将其看作一个线性发展的过程（Flores and Day，2006；Geijsel and Meijers，2005）；有的将其看作一个阶段，并试图构建组织身份发展的路径与模型（Chreim，2002；Fiol，2002）；也有研究指出组织身份形成过程中的张力和冲突（Larson and Pepper，2003；Skalen，2004）。但通过本书的研究发现，组织不是一个静止的结构而是时刻处在一种动态变化的过程中，受到一定社会和文化情境的影响。组织身份的建构并非完全是一个线性发展的过程，也不仅仅是张力和冲突的阶段过程，而是一个多维的、互动的建构过程。危机、差异、分裂和整合构成了组织身份建构的过程性，同时又构成了组织身份建构的层次性和共生共存性，身份并不是“早已存在的，超越了地域、时间、历史和文化的存在”①，组织身份的建构呈现出二元结构特征，既有结构主义的特征又有建构主义的特征。

一、危中有机，身份意义寓于困境与机遇中

本部分是对第一个研究问题：“大英部面临危机时如何理解其身份困境？”的回应。“只有面临危机，身份才成为问题。那些一向被认为是固定的、连贯的、稳定的特征被不确定性和怀疑所取代”②。长期以来，大英部不存在身份危机问题，尤其是 20 世纪最后的一二十年，大学英语取得了快速的发展，体现在教材的丰富性、大纲的前沿性、测试的高水平性、学科地位的稳定性以及社会的认可度上，可以说这个时期是大学英语最辉煌的时期，大英教师享有很高的社会地位，教师富有成就感。从而使大英部的身份角色、社会期望和市场地位三种因素之间取得了空前的一致，身份根本不成为问题。随着进入 21 世纪后，市场经济和管理主义在高等教

① Hall，S. Cultural Identity and Diaspora. In J. Rutherford（Ed.），*Identity*：*Community*，*Culture*，*Difference*（pp. 222 - 237）. London：Lawrence and Wishart，1990，P. 225.

② Mercer，K. Welcome to the Jungle：Identity and Diversity in Postmodern Politics. In Jonathan Ruther for（ed.）. *Identity*，*Community*，*Culture*，*Difference*. London. Lawrence &Wisher，1990，P. 43.

育中的地位得以确立，高等教育处于快速发展和国际化的发展趋势中，当原有的组织身份被社会的发展潮流洗去痕迹，而建立新的体系尚处于探索之中的时候，大英部必然面临着身份的认同与构建，而身份意识和身份变化的直接动力正是来源于身份危机的出现和问题的解决。大英部原有的身份被解构，失去了在组织内的地位和尊重，身份失去平衡从而面临危机，“我们是谁”作为一个身份问题就被提出来了。在缺乏一个清晰的组织身份来统领组织内部的各种利益群体时，各种问题也就随之而来了。

组织身份危机就源于组织身份的完整性、社会认同以及组织生存空间的缺失。对于大英部而言，身份危机表现在学科地位、职业身份和组织生存空间三种表征。近几年来，随着市场化的入住，大学英语课程的可替代性变得越来越强，无法实现知识的商品化过程，缺乏竞争性和稀缺性。一方面由于英语的普及，大量外籍教师的引入，学生的水平越来越高；另一方面，大量优质培训机构的存在使得大学英语失去了作为一门课程的吸引力，学生更愿意选择校外的培训机构来提升语言能力，大英课程成为大学课程中的“鸡肋”课程；随着现代大学学科建制的规范化，大学英语是一门学科还是一门课程的讨论也日渐尘嚣，其学科的独立性和专业性受到很多外行和同行的质疑，从而导致其学科地位的模糊性，因而在发展上也存在难以后继的动力，“随着基础教育水平的提高，高校、特别是重点大学公共外语课程已经失去作为课程存在的理据”①。学科的模糊性和二元性（教学和科研可以相互独立）使大英部教师的教学工作和科研工作相脱离，教师实施语言教学的行为和教师的研究方向是两条平行线，导致教师对于英语教学研究本身的不重视，造成了教师在英语教学领域科研的薄弱。大英部教师学科身份的缺失，使他们无法看到自己“学科”的出路和学术发展的方向，这都使得大英部教师的职业发展规划受到限制，从而陷入发展的困境。又由于组织地位的受限（学科和个体均处于弱势），教师在教学和科研中付出的时间和精力并没有因此而减少，再加上外部的经济压力，大英部教师产生了很强的职业倦怠感、焦虑感和无意义感，于是这种“个人的无意义感，即那种觉得生活没有提供任何有价值的东西的感受，成为根本性的心理问题”②，成为影响教师职业身份的核心问题，“人们都希望

① 冯燕．去外语化：重点大学公共外语教师发展的必然选择．大学教学科学，2010（3）：67－72.

② 安东尼·吉登斯．现代性与自我认同．北京：生活·读书·新知三联书店，1998：9.

自己有稳定的社会地位，希望自己的能力和成就能够得到社会的承认”①。然而现实中，无论是来自外部的压力，还是内部个体的怀疑，都在逐步挫伤大英部教师对职业尊重和地位的需求，从而使他们产生一种职业危机感和地位缺失感。由于市场在整个大学资源配置中发挥越来越关键的作用，市场对于效率的支持，使得一些与市场密切相关的学科可以有限获得最好的资源支持和外部资助，而市场化偏低的语言教学难以获得市场的青睐，大英部基本上是以文学和语言学专业构成的组织机构，其学科的“边缘性”，既难以获得国家和学校层面的大量资金支持，又难以获得市场的青睐，因而这些专业特征决定了大英部既缺乏纵向课题的来源，又缺乏横向课题的企业合作，从而成为“市场边缘人”。大英部在整个大学中失去了传统的优势地位，随着大英部辉煌地位的陨落，逐渐沦落为社会中的边缘学科和组织机构，大学英语及其附着的组织大英部也面临着在高校逐渐衰弱乃至最后消亡的困境和危机②。

从群体特征而言，大英部在面临危机时的身份建构并无明显的群体特征差异，对于危机的感受和理解并没有因为教师的年龄、职称、性别以及不同专业方向的差异而有明显的偏差，几乎所有的教师都提到了不同程度的危机感，来自课程的变革、职业发展的困境以及整个组织地位的变化均给大英部教师带来了冲击。但不同职称的教师对于危机感的理解存在一定的偏差，采访中具有“教授”职称的教师虽也感受到了危机和压力，但这种危机和压力更多是基于一种对于大英部整体发展的感受，这种危机感的全面性明显要小于“副教授”职称的教师，而“讲师”职称的教师的全方位的压力感要强于以上两个职称教师。职称在一定程度上以意味着物质保障和社会地位的高低，这也在一定程度上说明了职称较低的教师的危机感要强于职称较高的教师的原因。

表面上看，大英部的身份危机是由于社会预期的落差和市场竞争力的不足所导致的，而其深层原因是大英部无法形成有效的身份认同，处在各种身份角色的矛盾冲突中，生存的唯一目的性导致价值感的失落，从而无法获得自我的价值感和身份感。但身份本身随着情景环境的变化而变化，是一个不断破坏和重构的动态过程。大英部的身份危机状态对于变革提出了新的要求，是一个自我建构的过程，因为身份“不是给定的，是我们自

① 亚伯拉罕·马斯洛，许金声等译．动机与人格．北京：中国人民大学出版社，2007：72.

② 蔡基刚．大学英语生存危机及其学科地位研究．中国大学教学，2013（2）：10－14.

己设计的”[①]。“危”中有“机”，危机孕育着变革，变革意味着新生，压力产生动力，动力带来前行。

二、发展理念的差异导致组织身份分化

本部分是对第二个研究问题：“大英部在差异维度具有怎样的身份分化”的回应。分化的物理学内涵指的是一个力沿任何特定方向分解的部分，又称为分力。组织本身是一个异质化的结构，在不同院系内部，利益主体的差异导致权力的分化，知识的差异导致学科的分化，文化的差异导致价值观的分化[②]。大英部作为一个整体组织，其在身份建构过程中出现的亚文化身份和亚文化群体就是组织身份建构中的分力。组织身份的本质是符合组织特征的一套规范、权利和义务的行为模式，它应该与组织内的社会角色和身份相一致。在一个组织内部，其成员往往既有组织身份又有职业身份的特征，这些身份往往会产生一定的分化，身份所被赋予的认同感之间也会产生一些相互影响[③]。由于组织内教师具有不同的价值评价和选择标准，大英部在身份建构的过程中呈现出不同的亚文化身份，体现在课程身份、职业身份和组织身份选择的差异上，也正是对于组织变革所产生的不同价值理念，使得大英部的变革产生了分化。

对于大英课程而言，大英课程的工具性和人文性之争使得组织内教师一部分恪守语言应用的“精致主义者”，即以语言的应用为第一身份取向；另外一部分教师成为“文化摆渡人”，人文性成为对于自我意义阐释的来源。随着组织变革中的多元化和组织对于效率的强调，教师对于自我职业身份的认知和职业方向的选择也产生了分化，而组织所呈现出的机会有限性会导致教师不发展或向组织外发展，从而脱离大英部教师职业的发展方向。一部分教师寻求向学科外发展，形成对其他学科的身份认同，另外一部分教师仍然坚守传统的英语语言文学专业，试图在社会人、大英部教师与研究者中寻求一种平衡，从而认可所从事的大英教学和科研工作的价值和意义。

---

① 哈贝马斯．新历史主义的局限，与 J. M. 费里的对话，见哈贝马斯：自治与团结，伦敦：弗叟，1992：243.

② 吴立保．论大学组织的分化与和谐发展．高教探索，2010（2）：5-9.

③ van D R，Wagner U，Stellmacher J，& Christ O. The Utility of A Broader Conceptualization of Organizational Identification：Which Aspects Really Matter? *Journal of Occupational and Organizational Psychology*，2004（77）：171-191.

差异在大英部教师群体特征上主要因教师学科背景的不同而分化。学科构成了个体学术身份的主要意义来源，教师对于自我的界定主要基于学科知识和学术专长①。群体特征的差异既体现在同一学科下，即语言教学方向和文学翻译方向教师的分化，又体现在不同学科上，即英语语言文学与其他学科的分歧，如经济学、管理学、法学等。语言教学方向的教师更愿意做一个纯粹的工具主义者，他们愿意向“×东方”等培训机构看齐；而文学翻译教师更愿意做一个人文主义者，核心在于人文性的培养，语言本身居于次要地位；对于具有经济学、管理学研究背景的教师来说，他们实际上已经脱离了本组织的发展轨道，研究兴趣已不在大英部之内，而是形成了对于新学科的身份认同。比彻和特罗尔（Becher and Trowler）认为，由于学科的差异从而使得学术职业形成了不同群体部落，其差异不仅在他们所研究的内容不同，同时作为学术人他们对于自我的界定，其所扮演的角色，以及与他人和社会互动的方式都有所区别②。职称和性别对组织分化的影响不大，但年龄是教师做出选择的一个重要原因，向组织外发展的教师以 20 世纪 70 年代中后期和 80 年代初的教师群体为主，这一部分教师正处在职业发展的黄金期，这说明他们对于自我职业发展的方向有更多的自我建构的主动性，从而去主动适应社会环境的变化。

正是由于在大英部存在不同的发展理念和声音，使组织的改革保留了所有的可能，既保留了普通英语（EGP）的方向，即强调语言本身；又增加了通识英语（EGD）的方向，即以培养学生的人文素养为核心；同时还加大了对于学术英语（EPA）的改革。这三者之间并非是前后的时间关系排列，而是一种并列关系。大英部在改革中并没有规约哪种类型的内容孰先孰后的关系，EGP、EGE 和 EAP 在组织发展的水平方向上形成了不同的分力，从而产生了组织内部的亚群体身份和亚文化身份。各种亚文化之间的差异和分化从而形成了大英部的“联邦”性质的身份，形成了学科邦联，即在组织内部所形成的亚文化身份群体均拥有一定的自主权，相互之间虽然相互支撑，但不同学科教师群体之间缺乏明确的依赖关系，从而形成了组织的分化。

---

① Brew，A. Disciplinary and Interdisciplinary Affiliations of Experienced Researchers. *Higher Education*，2008，56（4）：423－438.

② Becher，T，Trowler，P. *Academic Tribes and Territories*：*Intellectual Enquiry and the Culture of Disciplines*（2nd ed.）. Buckingham；Philadelphia：Society for Research into Higher Education & Open University Press，2001，P. 98.

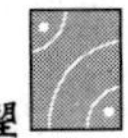

三、模糊性产生了身份建构的张力

本部分是对第三个研究问题："大英部在分裂维度具有怎样的身份模糊性?"的回应。张力指物体内部的牵引力，其隐含意义与矛盾相当，由此引发了组织内部的不确定性和模糊性，这也是组织分裂维度所强调的基本内涵。由于组织内部不同的利益群体的差异，对组织身份的理解自然充斥着模糊的、困惑的甚至是矛盾的认识。由于意义是可以被阐释的，模糊性就成为一个主观感受的概念。马丁指出，模糊的产生是由于组织内部缺乏清晰性或者由于组织本身的复杂和组织内部的矛盾造成的。

在大英部的案例分析中"我们是谁"的困惑充斥在教师对组织的叙事中，在课程发展方面，随着大学英语这门课程的逐渐被弱化，课程内容更多强调了对于文化和学术性内容的掌握，其困境在于开发内容的同时如何保留语言训练的一席之地。对于大英教师来说，两者的比例如何分配，到底是以哪个为主，大英部并没有给出统一的定论。而这一模糊性延伸到了教学语言的选择上，教师在课堂中增加了对于汉语的使用频率，挤压了英语的使用空间，使得对于英语语言课程的认识产生了矛盾性，即如何在流利的英语语言和专业课程知识之间做出合理的平衡。研究发现大英部教师对于自我身份的界定始于教师对于教学意义的建构，并内化在了教师的职业梦想里面，但当教师在反思专业价值与专业权益的过程中，教师在对自我身份的界定上赋予了更多的学术意义，使得教师在教学和科研之间的选择上不得不偏向科研。因而，如何处理好教学和研究之间的关系，化解两者之间的矛盾，一直是大英部面临的最为棘手的问题。另外，随着市场的介入，教师作为"市场人"的身份使其具有了更多的经济话语权，因而在一定程度上增强了大英教师的组织身份和组织认同，但却挤压了教师作为"教育者"的身份感受。也就是吉登斯指出的，由于与客观世界之建构性特征相关的自我认知变得模糊不清，逐渐增加的焦虑感变回威胁到对自我身份认同的认知①，从而导致教师在对于自我教育者主体的选择上存在一定模糊性。

模糊性仍然体现了一定的教师群体特征的差异。首先，教师的专业背景决定了教师对于不同课程选择的差异，但两者之间并没有必然的联系，

① 安东尼·吉登斯. 夏璐译. 现代性与自我认同，中国人民大学出版社，2016：42.

对于 EAP 和 EGE 课程来说，知识性是课程的首要追求，因而也就自然递减了对于语言本身的强调，“汉语”在课堂上得以频繁使用，因而对于“英语”课程的认知模糊性就增加；其次，对于教学身份的追求是教师职业的天然本质所致，是大英教师建构其自我身份的首要意义来源，但对于学术身份的追求使得教师不得不把重点放在了科研上，从而造成了教学和科研的冲突。这一层面的群体差异在于具有博士学位或者教授职称的教师更加注重对于自我学术身份的追求，但他们也没有放弃对于教学意义的反思；而具有硕士学位的教师更加关注自我教学身份的意义，源自自我内心的热爱和学生的认可成为他们身份意义建构的源泉，学术身份则居于意义阐释的次要地位。市场人和学术人的矛盾则体现在不同群体教师的身份上，他们在获得物质回报的同时，也在感慨学术人身份的丢失。博克（Bok）指出，在大学的市场化活动中，大学更加重视学者个体对于生产率和价值的贡献[①]，这体现在了教师除了基本的教学和科研活动外，还必须通过市场化的活动对组织的发展做出价值贡献，从而使得教师对于这一冲突的感受是普遍性的存在。对于组织内部教师的“隐形出走”而言，群体特征的差异不明显，更多是基于教师本身的兴趣和爱好，以及教师自我职业发展理解的差异，但女教师的重心更多关注家庭和孩子，大英部的工作处于次要地位；而“教学身份”和“学术身份”的矛盾冲突更多体现在了中青年教师身上。

随着高等教育的市场化变革以及人事制度的变革，教师和院系以及大学之间的关系成为企业文化中的雇佣关系。一方面，随着这种外部环境的变化，组织身份重构的结果使得组织无法为教师的教学和科研活动提供足够的保护空间，导致教师对于组织的依附感缺失，造成了教师向组织外发展从而影响了大英部的身份建构也使其未来的发展充满着不确定性。但另一方面，模糊性的存在反而使教师的身份建构具有较高的可塑性，具有了更丰富的内在阐释，使他们可以向其他专业方向发展，即“语言 + 专业”的身份建构成为了可能。而对于大英部本身而言，如果未来的发展方向以 EAP 为主，大英部是否还有继续存在的必要，是否需要打破大英部的建构使教师按照不同的学科知识方向分流到不同的院系中去。由于不同的学科成员“彼此之间难以分享知识，他人难以进入和享受话语权”[②]，也就难

---

① Bok, D. *Universities in the Marketplace: The Commercialization of Higher Education*. Princeton: Princeton University Press, 2003: 58.

② 童蕊．大学跨学科学术组织的学科文化冲突分析．教育发展研究，2011（13）：82－87.

以形成合力。正如克拉克所说，“学科的亚文化围绕各个学科周围而形成的。随着研究的不断专业化，研究者无论是在学术背景还是研究问题方面会缺乏共性。因而导致他们既没有相互交流的冲动，也缺乏这样的专业能力”①。这一推论使得大英部未来发展方向的模糊性和不确定性被进一步地强化。

四、“三管齐下”的组织身份整合建构

本部分是对第四个研究问题：“大英部如何在整合维度建构其身份理解?”的回应。同时也是组织身份重构的阶段性理解和结果。大英部的身份建构体现了基于组织本身并与社会情景的互动过程，大英部身份整合的本质在于对组织内的文化机制、市场机制和科层机制的整合和确认的过程。

而所谓整合，在组织层面就是对组织活动进行统筹协调和控制。组织的整合，不单是某个具体的协调和手段，更是组织进行协调的一套相互关联的措施，在整合的过程中组织能够实现组织身份的重构。身份整合的本质就在于以自我为轴心展开和运转的对自我身份的确认过程，从而进行自我身份识别②。大英部在自我身份的整合过程中就如同一个“万花筒”，外在的压力和内在的变化很容易就引起了组织的变化。

（一）基于文化机制的组织身份整合

作为一个文化机构，建立文化机制从而整合组织的发展更符合组织的本质。文化整合的本质在于突出文化对大英部整合的重要作用，使文化向教学和科研中渗透，从而实现大英内部不同教师的群体信念和价值观的和而不同。组织文化是一种无形的力量，它可以为组织成员提供共享的价值和理念，从而指引组织成员的行动。文化决定在一个组织里人们如何相互沟通，哪些行为受到鼓励，哪些行为是不可接受的，以及如何分配权利和地位③。组织变革的真正动力应该来自于组织内部价值观念的改变，而不是来自外部压力的强迫。著名组织管理专家巴纳德说过，一个组织要留住组织成员，要么通过提供诱因，要么改变人们的心理感受。如果一个组织

---

① Clark, B. Faculty culture [A] in T. F. Lunsford (ed) The Study of Campus Cultures. Boulder [C]. CO: *Western Interstate Commission for Higher Education*, 1963, P. 2.

② 王成兵．对当代认同危机问题的几点理解．北京师范大学学报（社会科学版），2004(4)：97-99.

③ 理查德·L. 达夫特．组织理论与设计精要．北京：机械工业出版社，1999：183.

无法将两者结合起来，就会造成组织的失衡。组织文化机制特别适用于组织目标和组织变革复杂和多变的情况，这也恰恰契合了大英部在整合过程中所呈现的多维特征。对于大英部而言，实现组织的多元化变革，课程体系是其重要切入点，从而建立变革型的课程文化。通过建立内容型的课程文化进而整合课程变革的活动，使得大英部从单纯的语言教学向以内容为主、语言为辅的课程文化发展；而教师职业文化的整合过程则显得更为复杂多变，个体是大英部教师身份建构的主体，自我内在对话是身份的意义生成机制，是在“过往的我”这一基础上，“当前的我”审视当下情境，并构想和致力于成为“将来的我”的过程。作为基础教学部，教学的重要性不言而喻，在组织变化的过程中，大英部教师对自我意义的审视首先是来自教学，构成了个体最根本的身份，是教师对于自我意义阐释的核心基础，但随着管理主义对于科研绩效的考量，使得教师对于自我的身份建构更多偏向为以科研为中心，学术被认为是作为“大学教师”的标签和衡量标准，从而造成教师的教学身份不足，这就与组织外在的身份期望在建构上产生了偏离，损害了大英部组织教学身份的确认和组织形象的形成；但另一方面，对于教师个体而言，对学术身份的追求强调自我学术的发展空间，使得教师能够最终确立个体的学术职业身份。大英部教师对于自我职业身份的阐释主要建构于教学、研究者角色的张力关系之中，教学与科研的关系成为主要矛盾，如何处理二者的关系，很大程度上体现了个体作为一名大学教师的自我定位。当组织期待与自我期待之间存在矛盾时，很多教师选择了自我调整，从而屈从于组织环境。这是一种“臣服者”的身份阐释①。尤其是作为基础教学部门，教学本应该成为教师的主要职业身份，然而现实中学术成为其身份的核心，教学则相对次要。但课程文化和职业文化的确认和形成对组织改革理念的践行有着强大的影响力，“学内部文化机制的功能在于通过共享价值和信念系统进行协调正是对于院系松散耦合系统的一种补偿”②。从而能够促进组织文化朝着积极的方向变革，形成组织身份整合过程中的合力。

（二）基于市场机制的组织身份整合

对组织层面而言，科层和市场这两种截然不同的组织方式，在不同程

① Churchman, D, & King, S. Academic Practice in Transition: Hidden Stories of Academic Identities. *Teaching in Higher Education*, 2009, 14 (5): 507 - 516.

② Orton, J D, Weick, K E. Loosely Coupled Systems: A Reconceptuafization. *Academy of Management*, 1990 (2): 203 - 230.

度上影响着世界各国的大学组织①。市场机制的确立是组织在面向外部压力时的一种回应，其本质在于组织通过付出一种价值（如知识资本），而获得另外一种价值（如物质回报）的过程。通过迈向市场，向市场获取资源和保障，增加组织发展的活力，使得大英部具备了市场化下的自主驱动力，在资金收入方面一跃成为较为富有的院系，在一定程度上解决了组织发展资金匮乏的问题，尤其是解决了教学改革和科研发展的资金不足，对于大英部整体的变革以及教师的职业发展都有积极的促进作用。在市场化下，组织和组织成员之间是一种契约关系，组织内部的各种关系可以通过市场来调节。“雇佣工人（教师）从事学术工作进行增值以使得顾客（学生）未来能参与日益激烈的全球竞争，以此实现个人和组织的经济回报最大化”②。市场机制的介入可以在一定程度上保证组织与市场的畅通，通过市场供求关系，从宏观方面调整大英部的组织发展方向。同时通过市场机制，还可以调节组织内部教师和不同群体的收入从而也可以调节教师个体的行为。大英教师作为教育者和学术人的能动者角色被弱化，因为他们还需要进行各种市场化的创收活动以确保对院系的贡献。正如克拉克认为，市场的功能在于可以整合员工、顾客及高等教育机构的不同利益诉求，增进其选择的自由，从而间接地促进组织的弹性及适应性③。

（三）基于科层机制的组织身份整合

从科层机制的整合维度来看，大英部作为一个科层组织应该具有明确的组织目标、组织任务和组织分工，并以奖惩和报酬来协调组织内部成员的活动。科层机制的核心就在于形成完备的等级体系和规章制度从而协调组织内部的各项活动。大英部在身份整合的方向上，试图建立以学术英语为主的学术团体，建立一套以学术英语为核心的权威制度，即“语言＋专业”的建构成为了可能，并应该把其他相关的专业学科、人员纳入这个体系内，但由于在大学内部，知识和学科的相对独立性，使得各院系之间的关联很少，从而割裂了各个院系之间的联系，这也造成了大英部在试图建

---

① Franck，E，Opitz，C. Incentive Structures for Professors in Germany and the United States：Implications for Cross-national Borrowing in Higher Education Reform. *Comparative Education Review*，2006，50（4）：651 －671.

② 黄亚婷．全球化与大学教师学术身份重构：情境变革与分析框架．外国教育研究，2015，42（3）：86 －97.

③ Clark，B. The Many Pathways of Academic Coordination，*HigherEducation*，1979（8）：251 －268.

立以 EAP 的过程中难以发挥大学的整体优势，从而造就了大英部的孤立。“人文学科为主的大学组织，由于更多地依赖学者个人的思考和体验，较少运用科层机制”①，这也就形成了以专业知识为主的专业权威和学者共同体。在大学自治和学术自由等传统理念下，专业学术人员对组织的规则和体系有一种天然的抵抗。因此，这也就使得大英部在科层机制的整合上较为松散，因而看上去就如同一个“万花筒”和“四不像”。

随着 EAP 的入住和确认，可以为大英部带来至少三种不同的组织整合力，一是使组织具有了一个明确的身份，即从大英教学部向学术英语学部转变，组织身份目标的明确能为组织的变革和发展提供动力和方向，大英部发展的方向应该在于多元化的组织建构，即负责知识的生产和传播同时还可以为全校师生提供一个基于语言为主的多元服务的机构。二是对于教师而言，他们职业发展的方向有了一个合理的身份认同，只掌握单一学科知识的教师是不能胜任这种需求的，具备综合性的知识才是教师职业发展和职业培训的方向，大英部教师应该具有相关的科学知识、人文知识与社会知识。在本书中“语言”和“专业”教师之间存在身份的冲突，而冲突的原因就在于组织身份定义的不明确，而 EAP 发展方向的确立从而能够整合“语言”教师和“专业”教师身份之间的冲突，为“语言 + 内容”的教师职业发展提供了理论支持，因而“大英部教师看到了明确的培训和科研方向，甚至找到了自己学科的地位”②。大英部教师要顺应时代的发展，为适应未来大英部教师知识的发展方向做好充分的准备。三是为学科发展提供了充足的理论依据，从而结束“大学英语不是学科，它只是一门课程”③ 的尴尬和模糊性。即大学英语向 EAP 内容的改变不仅能使课程适应学科和社会发展的需要，从而促进大学英语课程的发展，同时可以确立 EAP + EGP 的学科方向，“跨学科研究必须是学科之间的相互接触、对话、跨越甚至融合”④。对大英部而言应该重构大英教师行动的外部情景环境，创设互动开放的学科平台，实现不同学科文化之间的相互渗透，相互交流，改变不同学科之间的“松散网络状态”和“邦联”状态，从而创建共识的学科文化，推动学科研究，为建立大学外语教育语言学科奠定实践基础。

---

① 金顶兵，闵维方．论大学组织的分化与整合．高等教育研究，2004，25（1）：32 – 38.

②③ 蔡基刚．大学英语生存危机及其学科地位研究．中国大学教学，2013（2）：10 – 14.

④ Becher，T. The Significance of Disciplinary Differences. *Studies in Higher Education*，1994，19（2）：151 – 161.

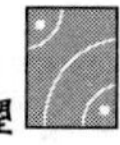

大英部在身份建构的过程中呈现出危机、差异、分裂和整合的特征，这些特征并非仅仅是一个线性发展的过程，而是相互交织在一起的。科层机制、市场机制和文化机制是组织整合过程中所呈现出来的三种机制，共同构成了组织身份构建的复杂性特征。

第二节　意义和贡献

一、研究的理论贡献

本书考察了大英部在高等教育变革的话语体系下如何建构并协商自我身份，同时也考察了大英部教师如何应对组织的变化。本书有三个方面的理论贡献：（1）组织身份理论的内延和外涵的丰富；（2）身份视角对大英部教师发展理论的关照；（3）大学学科的组织化变迁。

首先，是对组织身份的综合纬度与叙事视角的分析。这一研究取向丰富了组织身份研究的理论广度，弥补了当前组织身份研究中的不足，扩展了马丁的三维度分析理论。一方面三维度的分析只是对一个组织复杂状态的呈现，并没有体现出组织的变化起因和过程性，缺失了组织危机维度的理解；另一方面，马丁的三维度分析并没有给出一个最终的组织变革的结果，在其三维度的分析中，整合维度更适合作为一个组织变革的结构结果而呈现，尤其是在身份建构中的分析，整合维度是对组织身份建构的统一认识更适合，即组织身份建构的结果。

叙述视角可以使研究者认识到组织身份是一个社会的、关系的建构；而通过多维度的分析可以看到组织身份建构的复杂性和动态性。组织身份的形成不仅仅是微观的组织层面的独立构建，更是宏观层面社会系统下的宏观构建。正如何和布朗（He and Brown）指出，“对于组织身份虽然有多视角的研究，然而却缺乏交叉研究和综合研究”①。正是对于组织身份研究中应该回答“怎么样”“是什么”“为什么”的回应，本书从一个综合的概念框架角度出发，研究了组织身份的危机、发展以及形成过程。综

① He，H and Brown，A D. Organizational Identity and Organizational Identification：A Review of The Literature and Suggestions for Future Research. *Group & Organization Management*，2013，38（1）：3－35.

合纬度的分析更能看到不同利益群体在组织身份形成的互动过程中所面临的挑战和机遇，而互动的过程和实践可以使大学、市场、大英部、管理者、教师和学生等群体共同粘合在一起，从而构成了组织身份形成的情境因素。

在本书中，重要的是将本土概念放在组织机构的宏观研究中，而在具体的研究策略采用微观的叙事策略。叙事研究更多应用在个人生活史以及个体职业发展的研究中，本书将其放在个体身份和组织身份的建构中，尤其考察了不同利益群体的感受和影响，使大英部组织身份的建构能够回应不同利益群体，这一研究策略表明对于个体的叙事研究同样可以用于对于组织的较为宏观的架构研究，这样就避免组织身份研究中的抽象和空洞，因而拓展了这一研究方法在教育领域中的应用。叙事的分析视角可以打破传统的本质主义研究范式，既关注组织之所以为组织的核心特征以及组织成员对组织核心特征的理解和认知，又关注社会建构视角下教师是如何理解大英部的，是一种情感因素的叙事视角切入。因而，组织身份的形成是内外因素互动的结果，这也为将来对于组织身份的研究提供了一个多方位的整合维度。

其次，是身份视角对于教师职业发展理论的观照。除了对于组织身份理论的贡献外，由于本研究的研究个体对象为中国语境下的大英部教师，即第二语言教师。对于语言教师的发展研究，更多是从第二语言习得理论，教师发展理论等客观的视角入手，缺失对于教师主观意识和主观意义上的发展。

在大英部的组织情境中，大英部教师如何理解他们的身份关系到他们在组织中如何理解意义以及如何行动。外在的一些制度性因素会限制或者促进身份的建构①。组织身份特征的变化会引起个体强烈的情感反映②。过去的几十年是大学英语最辉煌的时代，而进入 21 世纪后职业地位却急转日下；在高等教育人事制度变革前，高校教师意味着终身职位，享受国家的住房、医疗等一些福利，大学为教师提供了一切，是教师对于自我定义和社会分类的主要根基。教师对于院系不仅仅是认知的依附，即我是大英部的一名教师，更是一种情感的依附关系，我是这个大家庭中的重要一

① Chreim, S, Williams, B E, Hinings, C R. Interlevel Influences On the Reconstruction of Professional Role Identity. *Acad. Management J*, 2007, 50（6）: 1515 – 1539.

② Dutton, J E and Dukerich, J M. Keeping an Eye on the Mirror: Image and Identity in Organizational Adaptation Reviewed work. *The Academy of Management Journal*, 1991（34）3: 517 – 554.

员。而随着聘任制的改革以及以效率为主导的市场化的介入，大英部与大学、教师与大英部之间的关系成为一种市场化下的雇佣关系，从而使得教师与组织处在一种非依附的，而是松散的关系中。

在组织身份的变化中不能忽视对于职业身份的关注，组织身份的变革可能会引起个体职业身份的变化，但两者并非是一种同步的线性发展关系。在大英部的案例分析中，我们发现，教师对职业身份的确认一方面是由于教师感受到职业发展的危机寻求自我职业的发展和转变；另一方面，教师的职业转变是由于组织身份的转变，教师需要去适应这种外部环境的变化所带来的身份转变。然而无论是哪种职业发展途径，教师的身份建构并非与组织身份同步，甚至出现了偏离。在大英部的案例中，大英部组织身份的变化并不能一定导致教师职业身份的变化，知识主体—教师之间出于离散状态，巴纳德说，“正式的组织是一种在有意识的、审慎的、有意图的人们之间的合作”①，由于学科组织是学者们学术生活的最基本的社会存在，是学者们实现学术社会化的“初级群体”。大英教师无法将学术的情感寄托在共同体的学术研究活动之中，因而缺乏对于英语学科的归属感，这势必会影响教师的心理契约与行为范式，也就是组织理论中的另外一个话题，即组织变革与院系文化。对于大英部教师而言，他们对于自我和对于工作的理解与大英部密切相关，职业身份与组织身份是交织在一起的，身份建构中自我的缺失会造成个体的迷失从而会影响组织身份的建构进程。职业身份是个体作为职业成员的自我界定，“职业者在组织和社会中扮演重要的角色，因而对于研究者而言非常有必要理解职业角色身份的变动机制”②，这种变动机制影响到教师最终的职业身份建构。

身份的视角可以从主观的角度来考察教师对于自我意义的认识。在身份理论视角下，身份是个体和群体组织共有关系的结果，组织身份是社会身份的特有形式，是在特定环境中的呈现。身份在不同的组织环境中会发生变化，在本书中正是考察了教师如何协商并认同自己在工作中的不同身份，教师对于自我的确认会影响到教师对于未来发展的选择以及组织身份的建构。

最后，是对大学学科组织化的启示。“大学学科组织化是指在大学组织中按照知识分类的体系在二级学科上建立知识劳动组织并使之形成逐渐

① C. I. 巴纳德. 经理人员的职能. 北京：中国社会科学出版社，1997：59.

② Chreim, S, Williams, B E, Hinings, C R. Interlevel Influences on the Reconstruction of Professional Role Identity. *Academy of Management Journal*, 2007, 50 (6): 1515 – 1539.

有序的过程，是以知识的创造、传播和应用为使命，以学者为主体，以知识信息和各类学术资源为支撑，按照知识的具体分类开展科学研究、人才培养及社会服务的大学基层学术组织建构和有序演化”①。围绕学科领域而形成的学科归属感是组织身份建构的重要方面。大学中的院系是按照某一学科领域所展开的知识探究的机构，具有同一性的本质。本书中对于组织中亚文化群体的身份考察发现，大英部教师的研究者身份与学科身份之间既可以是重叠的，又是可以偏离的。大英部教师虽然“身”（教学身份）在大英部，而由于其学科发展的差异，“心”（学科身份与研究者身份）不在大英部。而造成这一偏离抑或重叠的原因还在于国内高等教育中院系是以学科为基础核心组成的科层机构，学科是影响组织群体层面身份建构的重要方面。大英部教师的学科认同是在语言学和文学，而在职业发展过程中转向了其他专业方向发展，从而具有了其他专业的学科身份。这种由研究者身份所构成的“圈子”以及由学科所构成的“人脉关系”与教师本身所处的组织之间的差异会造成教师身份的分裂，西方社群主义者（communitarian）多强调学者学术工作状态的群体性，并以学术共同体（academic community）意指学者群体的存在形态（Kogan，2000；Henkel，1997，2000）。而在本土概念的构建中这种群体性是以“圈子”“人脉”等本土概念而出现的，实际上仍凸显出了本土情境下教师学术群体和大学学术体制的独特运行过程和规则。巴纳德说：“正式的组织是一种在有意识的、审慎的、有意图的人们之间的合作”② 因而能否将不同个体统一到共同的目标之下形成良性互动对组织身份的形成至关重要。“学科在组织化的过程中逐渐清晰学科边界和学科使命，这不但满足了学者在特定领域进行知识劳动的使命感，也使学者们拥有了共同的学科目标和基于特定学科传统之下的心理契约与行为范式”③。大英部不同的学科范式差异，使教师的职业发展产生了偏离，并分化了组织的身份建构。

随着全球经济向知识经济的转变，职业和知识组织的范式也发生了改变，亚瑟等（Arthur et al.）认为工业化时代的“组织人”是“忠诚的、向上流动的服从者”身份，而新经济时代“灵活性”成为重要的标志，知识在不同的学科之间流动，因而“无边界职业”成为知识组织的重要形式。基于单一组织依附关系是传统的个体和组织的关系结构，即强调稳定、忠诚。这一结构关系使教师难以实现不同组织之间的流动，而随着教

①③ 宣勇，凌健．大学学科组织化建设：价值与路径．教育研究，2009（8）：31－37.

② C.I. 巴纳德．经理人员的职能．北京：中国社会科学出版社，1997：59.

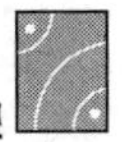

师在新的学科领域的发展，这种单一的学科组织结构可能会限制教师在知识领域的发展。对于大英部而言，其主要任务是实现学科在知识整合与应用功能上的组织化，而对于教师个体而言随着教师向新的学科领域的发展，研究与知识的发现功能应该成为其主要的任务。“在大学内以学科为基础组织来进行科学知识生产活动能够满足科学知识生产者的专业诉求”。依据斯格特从理性系统视角出发所提出的“组织是意图寻求具体目标并且结构形式化程度较高的社会结构集合体”① 的观点，随着组织内部专业学科的转型，其学科组织也应该突破自身组织的限制，从而实现跨学科组织的发展。对于大英部的学科组织而言，打破传统的语言和文学的学科身份，构建一种跨专业、跨学科的身份，从而能够在更大程度上整合不同的资源，实现大英部大学学科的组织化发展。

二、研究的实践贡献与政策建议

对大英部变革的考察，可以在一定程度上了解大英教学部的变化和发展，尤其反映出当前他们所面临的各类转型问题，无论是对于大英部的发展和变革而言还是对于大英部教师而言都有很好的实践借鉴意义。

首先，是对于实践中教学和科研关系的处理。随着高等教育中管理主义的兴起，以效率为主的评价方式成为大学中主要的评价标准。在效率的主导下，科研成为评价教师学术身份的主要标准。对于大英教师而言，一周至少 12 学时的教学工作量已经使大部分教师“喘不过气来”，但由于教师的职业晋升与科研直接相关，科研成为阻碍教师职业发展和身份认同的最主要障碍。大学教师的学术水平由科研水平而不是教学能力来判别，所以，实际上科研成果对教师晋升和薪酬待遇的影响在增加，而教学的能力和质量则基本被忽略不计。大学的教学质量和效果在教师的职业发展和晋升中处于被边缘化的地位。“大学首先是个传授普遍知识的地方”②，因而对于大学的政策制定者和管理者而言应该适当加大教学在大英部教师中考核的比重，减少对于科研考核的依赖，充分发挥大英部作为基础教学单位的角色，提高教学质量，教学是大学教师为师的首要责任与价值所在，对

① W. 理查德·斯格特. 组织理论：理性、自然和开放系统. 北京：华夏出版社，2001：24.

② ［美］雅罗斯拉夫. 帕利坎，杨德友译. 大学理念重审——与纽曼对话. 北京：北京大学出版社，2008：46.

于大英部的教师而言，教学应该成为教师的首要学术职责，而非一味地以科研为最终的评价标准，允许大英部成为一个研究型大学中的教学型单位，同样也就允许大英部教师的科研的多样化发展，加大对于他们教学的考评。

其次，是基础教学部如何应对经费来源问题，从而提升组织支持感。随着高等教育中的经费向科研的转移，使得一些优势学科能够获得大量的科研经费和政府拨款，这也使这些院系的教师获得了丰厚的经济回报，而作为教学单位的大英部，由于科研的弱势很难获得科研方面的大量资助，教师只能去寻求其他方面的经济回报，代课培训成了他们额外收入来源的重要基础，而这样必然会加重教师的教学负担，最终成为一种恶性循环。根据组织支持理论，当组织忽略个体的贡献以及个体福利时，会降低组织成员的组织支持感，而组织支持感的降低反过来对组织成员的工作满意度、组织忠诚度以及他们的离职倾向有负面的影响（Eisenberger et al. 1986；Rhoades and Eisenberger 2000；Benjamin E. Bara et al. 2012），教师必然会寻求组织外的支持，同时随着教师教学和科研投入的减少也必然影响大英部的组织形象。经济因素是导致大英部教师职业隐性偏离的重要因素，教师的工作重心不在大英部内部，而是转向其他方面的发展。正“当组织处于重构和变革的过程时，组织支持感会影响组织成员对于组织变革的参与度和他们的组织忠诚度”①。组织成员会通过额外的努力和动力来回报组织所给予的支持。如何给予教师足够的物质回报，增强组织支持从而推动教师对于组织的认同感是任何一个组织单位需要解决的问题。在大英部的案例分析中，国际合作办学是一个很好的参考模式，一方面国际合作办学可以为大英部提供足够的资金来源，反过来这些资金可以支持大英部的变革和发展；另一方面，也可以为大英部教师“足不出户”提供上课机会获得额外福利以及职业发展中的国际发展机会。当教师得到组织支持时，便会产生对组织的义务感，进而通过提高自己的组织承诺以及组织认同。但如何处理“市场人”和“学术人”“教育者”之间的关系，避免身份的冲突是需要大英部在发展过程中需要解决的问题。

再次，实践意义是如何提升基础教学部教师在组织变革中的参与度和认同度的。在全球化和国际化的背景下，院系需要提升自身的声誉和吸引

① Jaewon L & Riccardo P. Perceived Organizational Support and Affective Commitment：The Mediating Role of Organization – Based Self – Esteem in the Context of Job Insecurity. *Journal of Organizational Behavior*, 2007 (6)：661 –685.

力，提供高质量的课程，实现这一目标的关键在于教师，随着教育变革中对于人事变革以及市场化的改革，传统的组织关系中，单位就是“家”的观念被现在聘任制中的“市场人”所取代，教师不再依附于院系，而是可以根据市场的需求实现职业的流动，因而教师对于特定院系的组织认同也随之削弱。在大英部的案例分析中可以看出，教师对于院系的发展和变革缺乏参与度，只关注与自身密切相关的事情，即便是有教师的声音也难以被接收，由于“教师几乎是所有组织学习过程的卓越领导者、媒介和协调者”①，如果教师缺乏对于组织变革的认同感，组织中改革的效果就大打折扣。一方面对于院系而言，如何改革组织中的教师治理结构，赋予教师在教学和科研等学术事务上更多的决定权，使他们参与到院系的重大决策和变革中去，这不仅仅是赋予教师组织决策权的过程，同时更重要的是在这一过程中可以提升教师的组织认同度；另一方面，对于院系来说应该提供切实的组织支持促进教师的参与热情，如增加教师的经费支持，改革基础教学单位教师的晋升机制，从科研为主要评价方式到以教学为主、科研为辅的综合评价方式等措施促进教师对于组织改革的参与度和认同度。柴尔德里斯（Childress）认为院校层面的一些制度性因素，如缺乏经费来源、专业发展的分化以及晋升机制等构成了教师参与院系国际化变革的重要制约因素②，相反如果院系有充足的资金援助并且支持组织变革的实践，那么就会促进教师的国际化参与③。

最后，是对大学英语学科课程构建的政策意义。随着高等教育国际化的深入，本土国际化成为当今中国大学的重要特征，而本土国际化的核心在于课程国际化，而衡量课程国际化的标准在于能否实现学生的跨文化理解和交流。课程国际化实现的重要手段是开设通识教育课程，包括各类语言和文化课程、国别研究课程、跨文化交流课程等通识教育课程。对于某大学而言，衡量专业是否成功的标准就是就业率和受市场的欢迎程度，在某大学的专业课程中，商务、国际贸易、金融、管理等课程受到重视，而一些通识教育课程受到忽视。大英部所提供的课程并非是领导者眼中的“香饽饽”，这也是造成大英部在某大学地位不高的重要原因之一。而过分

① 陈学飞．高等教育国际化：跨世纪的大趋势．福州：福建教育出版社，2002：13.

② Childress，L K. *Faculty Engagement in the Operationalization of Internationalization Plans.* Doctoral Dissertation of the George Washington University，2008，P. 81.

③ Ellingboe，B J. Divisional Strategies to Internationalize A Campus Portrait. in J. A. Mestenhauser & B. A. Ellingboe. *Reforming the Higher Education Curriculum：Internationalizing the Campus.* Phoenix，AZ：The Oryx Press，1998，pp. 198 –228.

对于市场和效率的强调，使得某大学在人才培养方面以职业为导向，只是培养了“就业机器”，仅仅成为学生就业的跳板；纵观当今世界高等教育的变革，培养学生的综合能力，通识教育成为重要的标志，通识教育的变革不能仅仅停留在口头，而应该落在实处。对于大英部而言如何实现高等教育变革背景下的积极转型和定位是其重要的组织变革目标，而通识教育课程的实施可以在一定程度上解决课程定位模糊的问题，对于大英部而言，其提供的课程不仅仅包含语言和文化课程，同时还包括语言商务课程、国别研究、跨文化交际等课程，这对于大英部未来的课程变革具有重要的指导意义。

第三节　研究局限性和研究展望

一、研究的局限性

本书采用建构主义的理论框架，以教师的叙事为主要收集资料的研究手段，考察了大英部的组织身份建构，尽管本书尝试呈现组织身份建构的过程的复杂性，但仍存在一些研究的局限性。

首先，在样本的选取上需要更大的广泛性和代表性。基于方便抽样的原则，有些教师并没有被纳入到研究的案例中，对于跨专业发展的教师选取的样本还不够多，而面临同样困境的其他大学的英语教师也并未纳入本书的研究范围；实施大英变革的管理机构和人员的话语也同样是应该被倾听的对象，需要进一步的扩大样本范围；学生群体是获取对于大学英语教学的第一手经验资料来源，而对于学生的采访或许会更能增加研究的可信度。斯科特和莱恩指出，组织身份是组织内外不同利益相关者之间相互竞争、协商和互动的结果，相关利益者的视角可以对组织内部不同关系和意义系统做出合理的解释①。因而，对于未来的研究将更多的利益相关者纳入身份的研究范围，能够全方位地洞悉身份内涵。

其次，数据的收集还需要进一步地完善，本书主要采用访谈的方式进行，对于教师个体来讲是通过个体的叙事来展现对意义的理解和构建，为

① Scott, S G, & Lane, V R. A stakeholder approach to organizational identity. *Academy of Management Review*, 2000 (25): 43 – 62.

了尽量呈现访谈的真实性，研究者对教师的叙述进行三角验证，并将教师的叙述放在大的时代背景中并通过相互比较，以更好地获得第一手资料。但一方面教师本身受制于一些主客观因素难以在意义上形成最完整的表述；而另一方面，对教师意义世界的理解受制于笔者本身的阅历和研究技巧，尽管对访谈做了精细的打算和布置，难免会有一些信息的遗漏，同时在对于访谈数据的理解上，也会受到个人主观认识的影响。但研究者本人的大英教师身份更能够理解访谈者所处的情境，能够接近教师的内心感受，从而在一定程度上避免了断章取义。

最后，组织身份虽然是一个相对稳定的状态，但组织本身是一个不断变化的、持续发展的过程机构。纵观大英部的发展过程，其身份一直处在历史的变化中，而建构论的视角就是将意义的建构放在一定的情境因素中。在当前中国高等教育持续变革阶段，作为院系的组织身份也是一个持续演进的过程。“现代的组织，变革无处不在，变化成为一种常态，而组织变革会引起的最大变化就是身份的变化”①。由于组织本身处在一个持续的变化过程中，因而，本书对于组织身份的考察是对组织发展某一阶段的回应，对于组织身份的研究需要放在整个中国高等教育变革的情景因素中分析，做好因果关系分析，做好对宏观环境的把握，这是研究者感到力不从心的地方。

二、后续的研究问题

从研究结论中可以看出，组织身份的形成是个复杂的过程，组织的整合、形象、文化以及阐释之间的关系取决于构成组织的各种内部关系又取决于过程形成机制，因而需要更多的实证研究来考察组织内部的独特机制，从而将组织变化置于更广泛的情景中并以整体的视角对组织的变革进行研究将是未来重要的研究方向，也才能更好地理解组织身份的发展过程。

首先，是以身份为概念工具分别考量组织内部不同身份的表现形式。对组织身份的研究表明，院系都希望将自己看作一个独特的组织机构，但这一定位很可能是与其他院系没有本质的区别。要想了解本质的差异，就要透过现象了解本质，了解大英部所涵盖的个体身份、群体身份、组织身

① Corley，K G，Gioia，D A. Identity ambiguity and change in the wake of a corporate spinoff. *Administrative Science Quarterly*，2004（49）：173－208.

份和文化身份。因而一方面研究对象群体要扩大，从建构主义视角来看，身份建构是观察组织发展的、具有连续性的过程。后续研究中，如果透过身份概念，进一步分析不同发展阶段大英部的组织身份，有助于我们形成对高校管理体制改革脉络中组织身份的全景式认识。另一方面，是有关研究的侧重点。本书从身份概念切入，对内含其中的教师个体身份和组织身份的分析，受论文篇幅和研究时间等方面的局限，若能对四个身份维度进行更具深度的分析，对于组织身份的认识会有更多的发现。身份的视角能够透过现象了解组织的本质特征，从而理解到底“我们是谁”，因而未来的研究中应该关注不同类大学中大英部的组织变迁过程，从而了解他们的组织身份建构是否与本案例的研究一致。

其次，以身份为切入点研究组织内部教师的职业身份。教师群体的研究应该考虑到整个高等教育环境的变革，尤其是高等教育治理以及功能的变化。正如麦克唐纳（MacDonald）所指出的，教师的学术和个体身份是可以多元化的，与组织身份之间的关联也有强弱之分，组织身份可以促进教师个体形成共同参考的心里框架，但这并不意味着大学教师对于组织身份的认识是一样的，从而具有同样的行为方式①。因而从院校的视角出发重新构建能被教师和学生所接受的组织身份和个体职业身份对于理解组织身份形成的条件和机制有更多的参考意义，尤其是在市场化的背景下，个体教师更加重视自身地位和声誉，如何定义并建构自我的职业身份是未来组织和个人研究中的一个重要话题。

最后，组织身份与教师职业满足感（job satisfaction）以及组织忠诚度（organizational commitment）和教师离职（faculty turnover）之间的关系研究需要进一步地挖掘。在对教师的访谈研究中，教师通过“教育者”的身份提升可以获得学生的认可，从而获得尊重感，通过“市场人”的身份获得足够的物质回报进而获得满足感，而“学术人”的身份则明确了个体作为“大学”教师的角色，而不同身份角色的提升和认可，是否意味着教师职业满足感和教师忠诚度的提升，从而有利于形成积极的组织身份？而不同身份之间的冲突是否也会造成教师对于自我身份角色的不满，最终会导致教师的离职？这些问题都需要未来研究的进一步确认。并采用质性与量化相结合的方法就组织身份、教师身份、职业满足感和教师忠诚度以及教师离职之间的关系进行质性和量化的研究。

---

① MacDonald, G P. Theorizing university identity development: multiple perspectives and common goals. *High Education*, 2013 (65): 153 – 166.

参 考 文 献

［1］蔡基刚．大学英语生存危机及其学科地位研究．中国大学教学，2013（2）：10－14.

［2］蔡基刚．大学英语教学：回顾、反思和研究．上海：复旦大学出版社，2006.

［3］蔡基刚．我国大学英语教学重新定位的思考．外语教学与研究，2010（4）：306－308.

［4］陈坚林．计算机网络与外语课程的整合：一项基于大学英语教学改革的研究．上海外语教育出版社，2010.

［5］陈兴明．新一轮高校管理体制改革的实质、特点与方向．江苏高教，2002（2）：38－40.

［6］陈玺名，肖凤翔．公立高校教师法律身份的变迁与思考——基于高校教师人事制度市场化改革视角．现代教育管理，2010，4（16）：60－63.

［7］陈向明．质性研究方法与社会学科研究．北京：教育科学出版社，2000.

［8］［美］Fessler，R. & Christensen，J. C. 董丽敏等译．教师职业生涯周期：教师专业发展指导．北京：中国轻工业出版社，2005.

［9］刁彩霞，孙冬梅．大学教师身份的三重标识．现代大学教育，2011（5）：22－26.

［10］方泽强，刘星．大学教师角色本真——兼论高职院校教师角色的“破”与“立”．现代教育管理，2010（3）：88－91

［11］冯燕．去外语化：重点大学公共外语教师发展的必然选择．大学教学科学，2010（3）：67－72.

［12］弗洛姆，刘小枫译．人的潜能和价值//马斯洛等著．林方主编，生产性的爱和生产性的思维（丛书）．北京：华夏出版社，1987.

［13］高一虹等．研究和研究方法对英语教师的意义：4 例个案．现

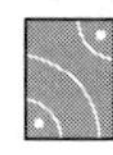

代外语，2000（1）：89－98.

［14］郝成淼．我国外语教育政策研究的概况与前瞻——基于中国期刊全文数据库的文献计量分析（1993～2012）．现代大学教育，2013（1）：57－64.

［15］郝彩虹．大学英语教师职后学历学习与专业认同变化研究．外语界，2010（4）：84－90.

［16］胡海青．中国大学教师聘任制改革的回顾与展望——基于理性选择制度主义分析．现代大学教育，2010（3）：99－106.

［17］金顶兵，闵维方．论大学组织的分化与整合．高等教育研究，2004，25（1）：32－38.

［18］李永鑫等．组织公正、组织认同与教师离职意向的关系．心理与行为研究，2009，7（4）：253－257.

［19］刘传霞．当代大学教师身份认同与大学文化精神建构．现代教育管理，2013（5）：79－82.

［20］刘熠．*Professional Identify Construction of College English Teachers: A Narrative Perspective*．北京：北京大学，2009.

［21］刘熠．隐喻中的大学公共英语教师职业认同．外语与外语教学，2010（3）：35－39.

［22］李茂森．教师的身份认同研究及其启示．全球教育展望，2009，38（3）：86－90.

［23］李云鹏．论大学教师的角色冲突．教育学术月刊，2012（4）：47－50.

［24］李志峰等．“编制”之困：高校教师的组织身份属性与身份认同．高校发展与评估，2013（5）：82－89.

［25］罗云．20世纪80年代以来中国大学的身份重构：对个案大学的叙事研究．香港中文大学，2006.

［26］陆海棠．知识人与政治人：大学教师角色研究．桂林：广西师范大学出版社，2008.

［27］马克斯·韦伯．康乐，简惠美译．宗教社会学：宗教与世界．广西师范大学出版社，2011.

［28］马万华．大学教育国际化与人才培养新趋势——环太平洋大学联盟国际化问题研究．大学教育科学，2006（2）：12－18.

［29］马万华，温剑波．高校教师出国进修效益分析．清华大学教育研究，2016（1）：78－89.

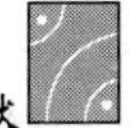

[30] 马永全．我国“教师身份”研究述评．上海教育科研，2015（4）：40－43.

[31] 孟樊．后现代的认同政治．台湾：扬智文化实业股份有限公司，2001.

[32] 潘杨．高校教师职业认同、组织认同与创新行为研究．西南财经大学博士学位论文，2014.

[33] ［美］帕森斯，张明德等译．社会行动的结构．译林出版社，2003.

[34] 超英．身份概念与身份意识．深圳大学学报（人文社会科学版），2000（2）：89－94.

[35] 石中英．教育哲学．北京：北京师范大学出版社，2007.

[36] 宋德发；李林静．论大学教师的身份危机．理工高教研究，2008，27（6）：50－53.

[37] 孙立平．“关系”、社会关系和社会结构．社会学研究，1996（5）：20－30.

[38] 田梦，冯建新．我国教师身份认同研究述评．教师教育论坛，2015，28（11）：47－50.

[39] 童蕊．大学跨学科学术组织的学科文化冲突分析．教育发展研究，2011（13）：82－87.

[40] 温剑波．大学外语教师职业认同的个案研究．外国语文，2015，31（1）：144－149.

[41] 魏淑华．教师职业认同研究．重庆：西南大学博士学位论文，2008.

[42] 王成兵．对当代认同危机问题的几点理解．北京师范大学学报（社会科学版），2004（4）：97－99.

[43] 王成城等．组织身份同一性对员工行为有效性影响的实证研究．人力资源管理，2010（7）：184－191.

[44] 王力平．身份——社会学视野中的社会资本．黑龙江教育学院学报，2006（5）：7－90.

[45] 王夫艳．中国素质教育改革中教师专业身份及其构建．香港中文大学博士学位论文，2010.

[46] 王娟．课程改革中教师身份认同研究．西北师范大学硕士学位论文，2012.

［47］王亚杰等．英国学科特色型大学发展战略特征与政策建议．高等工程教育研究，2011（1）：11－17.

［48］王哲，李军军．大学外语通识教育改革探索．外语电化教学，2010（5）：3－8.

［49］许家龄．香港通识教育科学生教师其教师身份形塑的敘事研究．香港中文大学博士学位论文，2013.

［50］阎光才．我国学术职业环境的现状与问题分析．高等教育研究，2011（11）：1－9

［51］杨杰，刘玲．组织认同与身份的质性分析与基模建构．社会科学家，2010，2（154）：126－130.

［52］张洪峰．大学组织变革中的博弈分析．华东师范大学博士论文，2010.

［53］张军凤．教师的专业身份认同．教育发展研究，2007（4A）：39－41.

［54］张宁俊等．高校教师职业认同与组织认同：理论与实证研究．成都：西南财经大学出版社，2013.

［55］张勇敏．从缺位到归为：聘任制下高校教师权利救济的法律保障．教育发展研究，2011（4）：66－70.

［56］周光礼，彭静雯．从身份授予到契约管理：我国公立高校教师劳动制度变迁的法律透视．高等教育研究，2007（10）：37－41.

［57］张银霞．高校管理体制改革背景下大学初任教师的学术身份及其建构——中国两所大学的个案研究．香港中文大学2013年博士学位论文，2013.

［58］朱伏平，张宁俊．职业认同与组织认同关系研究．商业研究，2010（1）：68－72.

［59］朱伏平．中国高校教师职业认同与组织认同研究．西南财经大学博士学位论文，2012.

［60］Abrams，D & Hogg，M A. Collective Identity：Group Membership and Self Perception. In M. B. Brewer & M. Hewstone（Eds.），*Self and Social Identity*，2004，pp. 147－181. Oxford：Blackwell.

［61］Albert，S，Ashforth，B E，& Dutton，J E. Organizational Identity and Identification：Charting New Waters and Building New Bridges. *The Academy of Management Review*，2000（25）：13－17.

[62] Albert, S, & Whetten, D A. Organizational Identity. *Research in Organizational Behavior*, 1985 (7): 263 –295.

[63] Allcorn, S & Diamond, M. *Managing People During Stressful Times: The Psychologically Defensive Workplace.* Westport, CT: Quorum Books, 1997.

[64] Andersen, S M, & Chen, S. The Relational Self: An Interpersonal Social-cognitive Theory. *Psychological Review*, 2002, 109 (4): 619 – 645.

[65] Anderson, H, Goolishian, H. Human Systems As Linguistic Systems: Preliminary and Evolving Ideas About the Implications for Clinical Theory. *Family Process*, 1988 (27): 371 –393.

[66] Archer, M S. Structure, Agency and the Internal Conversation. Cambridge, UK: Cambridge University Press, 2003.

[67] Arthur, M B, Inkson, K, & Pringle, J K. *The New Careers: Individual Action and Economic Change.* Thousand Oaks, CA: Sage, 1999.

[68] Ashforth, B E & Mael, F A. Social Identity Theory and the Organization. *Academy of Management Review*, 1989 (14): 20 –39.

[69] Ashforth, B E, Rogers, K M, Corley, K G. Identity in Organizations: Exploring Cross – Level Dynamics. *Organization Science*, 2011, 22 (5): 1144 –1156.

[70] Beijaard, D. Teachers' Prior Experiences and Actual Perceptions of Professional Identity. *Teachers and Teaching: Theory and Practice*, 1995 (1): 281 –294.

[71] Beijaard, D, Meijer P, C, Verloop, N. Reconsidering Research on Teachers' Professional Identity. *Teaching & Teacher Education*, 2004, 20 (2): 107 –128.

[72] Beaucham, C, Thomas, L. Understanding Teacher Identity: An Overview of Issues in the Literature and Implications for Teacher Education. *Cambridge Journal of Education*, 2009, 39 (2): 175 –189

[73] Bellou, Victoria. "Organizational Culture as a Predictor of Job Satisfaction: the Role of Gender and Age", *Career Development International*, 2010, 15 (1): 4 –19.

[74] Benjamin E B, Linda R S, Lindsay R M. Advancing Organizational Support Theory Into the Twenty – First Century World of Work. *Journal of Busi-*

ness Psychology, 2012 (27): 123 – 147.

[75] Berger, P L, Luckmann, T. The Social Construction of Reality: a Treatise in The Sociology of Knowledge. *Sociological Analysis*, 2013, 131 (2): 400 – 403.

[76] Billot, J. The imagined and the Real: Identifying the Tensions for Academic Identity. *Higher Education Research & Development*, 2010, 29 (6): 709 – 721.

[77] Birnbaum, R. *How Colleges Work: The Cybernetics of Academic Organization and Leadership*. San Francisco: Jossey – Bass, 1988.

[78] Bjørn Stensaker. Organizational Identity as A Concept for Understanding University Dynamics. *High Education*, 2015 (69): 103 – 115.

[79] Bogler, R, & Nir, A E. The Importance of Teachers' Perceived Organizational Support to Job Satisfaction: What's Empowerment Got to do With it? *Journal of Educational Administration*, 2012, 50 (3): 287 – 306.

[80] Bogdan, R, & Biklen, S. *Qualitative Research for Education: An Introduction to Theory and Methods* (Third ed.). Boston, MA: Allyn and Bacon, 1998.

[81] Brickson, S. Organizational Identity Orientation: Forging a Link Between Organizational Identity and Organizations' Relations With Stakeholders. *Administrative Science Quarterly*, 2005 (50): 576 – 609.

[82] Brown, A D. Organization Studies and Identity: Towards A Research Agenda. *Human Relations*, 2001 (54): 113 – 121.

[83] Brown, D A, & Starkey, K. Organizational Identity and Learning: A Psychodynamic Perspective. *Academy of Management Review*, 2000 (25): 102 – 120.

[84] Brown, S L and Eisenhardt K M. The Art of Continuous Change: Linking Complexity Theory and Time – Paced Evolution in Relentlessly Shifting Organizations. *Administrative Science Quarterly*, 1997, 42 (1): 1 – 34.

[85] Burr, V. *An Introduction to Social Constructionism*. London: Routledge, 1995.

[86] Berger, P L & Luckman, T. The Social Construction of Reality: A Treatise in the Sociology of Knowledge. *Sociological Analysis*, 2013, 131 (2): 400 – 403.

[87] Canagarajah, A S. Interrogating the "Native Speaker Fallacy": Non-linguistic Roots, Non-pedagogical Results. In G. Braine (Ed.). *Non-native Educators in English Language Teaching*, 1999, pp. 77 - 92. London: Lawrence Earlbum.

[88] Casanave C P, Schecter S R. *On Becoming A Language Educator: Personal Essays on Professional Development*, 1997.

[89] Cattonar B, Draelants H, Dumay X. Exploring the Interplay Between Organizational and Professional Identity [A]. Communication at the 7th International Conference on Organizational Discourse. https://Halshs. Archives-ouvertes. fr/Halshs - 00563864.

[90] Chang K, Kuo C C, Su M, and Taylor J. *Dis-identification in Organizations and Its Role in the Workplace.* Industrial Relations, 2013 (3): 479 - 506.

[91] Cheney, G, & Christensen, L T. Organizational Identity: Linkages Between Internal and External Communication. *New Handbook of Organizational Communication*, 2001, pp. 231 - 258.

[92] Choi S J. The Experience of Non - English Speaking Teachers and Their Professional Identity Constructions in an ESL Context. University of Illinois at Urbana - Champaign, 2007.

[93] Chreim, S. Influencing Organizational Identification During Major Change: A communication-based Perspective. *Human Relations*, 2002 (55): 1117 - 1137.

[94] Chreim, S, B E Williams, C R Hinings. Interlevel influences on the Reconstruction of Professional Role Identity. *Acad. Management J*, 2007, 50 (6): 1515 - 1539.

[95] Churchman, D, & King, S. Academic Practice in Transition: Hidden Stories of Academic Identities. *Teaching in Higher Education*, 2009, 14 (5): 507 - 516.

[96] Christensen, L T, Cheney, G. Articulating Identity in an Organizational Age. In S. Deetz (Ed.), *Communication Yearbook* (Vol. 17). Thousand Oaks, CA: Sage, 1994.

[97] Clark, B R. *The Higher Education System.* Berkeley: University of California, 1983.

[98] Coldron, J, & Smith, R. Active Location in Teachers' Construction of their professional identities. *Curriculum Studies*, 1999, 31 (6): 711 –726.

[99] Connelly, F & D Clendenin. *Shaping a Professional Identity: Stories of Educational Practice*. New York: Teachers College, 1999.

[100] Coupland, C, A D Brown. Constructing Organizational Identities on the Web: A case Study of Royal Dutch/Shell. *J. Management Stud*, 2004, 41 (8): 1325 –1347.

[101] Clark, B R. *Creating Entrepreneurial Universities: Organizational Pathways of Transformation*. New York: International Association of Universities Press/Pergamon—Elsevier Science, 1998.

[102] Cooley, C H. *Human Nature and the Social Order. Publisher: General Books LLC*, 2012.

[103] Corley, K G, Gioia, D A. Identity Ambiguity and Change in the Wake of A Corporate Spinoff. *Administrative Science Quarterly*, 2004 (49): 173 –208.

[104] Corley, K G, Harquail, C V, Pratt, M G, Glynn, M A, Fiol, M, & Hatch, M J. Guiding Organizational Identity Through Aged Adolescence. *Journal of Management Inquiry*, 2006 (15): 85 –99.

[105] Creswell, J. *Qualitative Inquiry and Research Design: Choosing Among five Traditions*. Thousand Oaks, CA: Sage, 1998.

[106] Day, C and Kington, A. Identity, Well-being and Effectiveness: the Emotional Contexts of Teaching. *Pedagogy, Culture and Society*, 2008, 16 (1): 7 –23.

[107] Duff, P D, & Uchida, Y. The Negotiation of Teachers' Sociocultural Identities and Practices in Postsecondary EFL Classrooms. *TESOL Quarterly*, 1997 (31): 451 –486.

[108] Dutton, J E and Dukerich, J M. Keeping an Eye on the Mirror: Image and Identity in Organizational Adaptation Reviewed Work. *The Academy of Management Journal*, 1991 (34) 3: 517 –554.

[109] Dukerich, J M, Golden, B R, & Shortell, S M. Beauty in the Eye of the Beholder: The Impact of Organizational Identification, Identity, and Image on the Cooperative Behaviors of Physicians. A*dministrative Science Quarterly*, 2002 (47): 507 –533.

[110] Dutton, J E, Dukerich, J M & Harquail, C V. Organizational Images and Member Identification. *Administrative Science Quarterly*, 1994 (39): 239 –263.

[111] Edwards, M R. Organizational Identification: A Conceptual and Operational Reviews. *International Journal of Management Reviews*, 2005, 7 (4): 207 –230.

[112] Eisenberger, R, Stinglhamber F. *Perceived Organizational Support: Fostering Enthusiastic and Productive Employees.* Washington, DC: American Psychological Association. Wiley, N. The micro-macro problem in social theory. *Sociology Theory*, 2011, 6 (2): 254 –261.

[113] Elsbach, K D, Kramer, R M. Members' Responses to Organizational Identity Threats: Encountering and Countering the Business Week Rankings. *Administrative Science Quarterly*, 1996, 41 (3): 442 –476.

[114] Empson, L. Organizational Identity Change: Managerial Regulation and Member Identification in an Accounting Firm Acquisition. *Academy of Management Annual Meeting Proceedings*, 2004, 29 (8): 759 –781.

[115] Erickson, E. *Insight and Responsibility.* New York: Norton, 1964.

[116] Fiol, C M, Hatch, M J, & Golden – Biddle, K. Organizational Culture and Identity: What's the Difference Anyway? In D. A. Whetten & P. C. Godfrey (Eds.), *Identity in Organizations: Building theory Through Conversations* , 1998, pp. 56 –59. Thousand Oaks, CA: Sage.

[117] Flores, M A, & Day, C. Contexts Which Shape and Reshape New Teachers Identities: a Multi-perspective Study. Teaching and Teacher Education, 2006 (22): 219 –232.

[118] Canagarahah, A S. *Resisting Linguistic Imperialism in English Teaching.* Oxford, UK: Oxford University Press, 1999.

[119] Gaziel H H. Sabbatical Leave, Job Burnout and Turnover Intentions Among Teacher. *International Journal of Lifelong Education*, 1995, 14 (4): 331 –338.

[120] Geijsel, F, Meijers, F. Identity Learning: the Core Process of Educational Change. *Educational Studies*, 2005, 31 (4): 419 –430.

[121] Gee, J P. Identity as an Analytic Lens for Research in Education. *Review of Research in Education*, 2000 (25): 99 –125.

[122] Geijsel, F, & Meijers, F. Identity Learning: the Core Process of Educational Change. *Educational Studies*, 2005, 31 (4): 419 -430.

[123] Giddens, A. *The Contours of High Modernity*. Cambridge, UK: Polity Press, 1991.

[124] Gioia, D A, & Chittipeddi, K. *Sensemaking and Sensegiving in Strategic Change Initiation. Strategic Management Journal*, 1991, 12 (3): 446, 433 -448.

[125] Gioia, D A. From Individual to Organizational Identity. In Whetten, D. , & Godfrey, P. C. (Eds), *Identity in Organizations: Developing Theory Through Conversations*, 1998, pp. 17 - 31. Thousand Oaks, CA: Sage.

[126] Gioia, D A, Schultz, M, and Corley K G. "Organizational Identity, Image, and Adaptive Instability." *Academy of Management Review*, 2000, 25 (1): 63 -81.

[127] Gizir, S, & Simsek, H. Communication in an Academic Context. *Higher Education*, 2005, 50 (2): 197 -221.

[128] Goodson I, Cole A L. Exploring the Teacher's Professional Knowledge: Constructing Identity and Community. *Teacher Education Quarterly*, 1994, 21 (1): 85 -105.

[129] Gustafson, L T, & Reger, R K. Using Organizational Identity to Achieve Stability and Changing High Velocity Environments. *Academy of Management Best Papers Proceedings*, 1995 (1): 464 -468.

[130] Hall, S. Cultural Identity and Diaspora. In J. Rutherford (Ed.), *Identity: Community, Culture, Difference*, 1990, pp. 222 - 237. London: Lawrence and Wishart.

[131] Hall, S. The Question of Cultural Identity. In S. Hall, D. Held, & A. McGrew (Eds.), *Modernity and Its Futures*, 1992, pp. 273 - 325. Cambridge, UK: Polity Press.

[132] Harris, M J. Strategic Planning in an International Nongovernmental Development Organization: The Creation of a Meta-identity. *Administration and Society*, 2011 (43): 216 -247.

[133] Harris, G E, & Cameron, J E. Multiple Dimensions of Organizational Identification and Commitment as Predictors of Turnover Intentions and

Psychological Well-being. *Canadian Journal of Behavioral Science*, 2005, 37 (3): 159 –169.

[134] Hargreaves, A. The Emotional Practice of Teaching. *Teaching & Teacher Education*, 1998, 14 (8): 835 –854.

[135] Hawkins, M, & Norton, B. Critical Language Teacher Education. In A. Burns & J. Richards (Eds.), *Cambridge Guide to Second Language Teacher Education*, 2009, pp. 30 –39. Cambridge: Cambridge University Press.

[136] Hatch, M J, & Schultz, M. Scaling the Tower of Babel: Relational Differences Between Identity, Image, and Culture in Organizations. In M. Schultz, M. J. Hatch, & M. H. Larsen (Eds.), *The Expressive Organization: Linking Identity, Reputation, and the Corporate brand*, 2000, pp. 11 – 35. Oxford, UK: Oxford University Press.

[137] Hatch, M J, & Schultz, M. The Dynamics of Organizational Identity. *Human Relations*, 2002 (5): 989 –1018.

[138] Hatch, M J, Schultz, M. Relations Between Organizational Culture, Identity and Image, *European Journal of Marketing*, 1997 (31): 356 – 365.

[139] Hawkins, M, & Norton, B. Critical Language Teacher Education. In A. Burns & J. Richards (Eds.), *Cambridge Guide to Second Language Teacher Education*, 2009, pp. 30 – 39. Cambridge: Cambridge University Press.

[140] He, H and Brown, A D. Organizational Identity and Organizational Identification: A Review of the Literature and Suggestions for Future Research. *Group & Organization Management*, 2013, 38 (1): 3 –35.

[141] Henkel, M. *Academic Identities and Policy Change in Higher Education.* London: Jessica Kingsley, 2000.

[142] Hogg, M A and Terry, D J. Social Identity and Self – Categorization Processes in Organizational Contexts. *The Academy of Management Review*, 2000, 25 (1): 121 –140.

[143] Holland, D, & Lachicotte, Jr. Vygotsky. Mead and the New Sociocultural Studies of Identity. In H. Daniels, M. Cole, & J. V. Wretch. (Eds.). *The Cambridge Companion to Vygotsky*, 2007, pp. 101 –135. New York: Cambridge University Press.

[144] Huberman, A M & Miles, M B. *Qualitative Data Analysis*. 2nd Edition, Sage Publications, Thousand Oaks, 1994.

[145] Huff, J O, Huff, A S, & Thomans, H. Strategic Renewal and the Interactions of Cumulative Stress and Inertia. *Strategic Management Journal*, 1992 (13): 55 - 75.

[146] Ibarra, H, and Barbulescu, R. Identity as Narrative: Prevalence, Effectiveness, and Consequences of Narrative Identity Work in Macro Work Role Transitions. *Academy of Management Review*, 2010, 35 (1): 13 - 15.

[147] Johnson, R E, Chang, C H, & Yang, L Q. Commitment and Motivation at Work: the Relevance of Employee Identity and Regulatory Focus. A*Cademy of Management Review*, 2010, 35 (2): 226 - 245.

[148] Joseph E. Davis. Identity and Social Change. Transaction Publishers, 2000.

[149] Knight J. Internationalization of Canadian Universities. Doctoral Dissertation of Michigan State University, 1994.

[150] Knight J. Internationalization Remodeled: Definition, Approaches, and Rationales. *Journal of Studies in International Education*, 2004 (8): 5 - 33.

[151] Kotter, J P. *Leading Change*, Mass. Harvard Business School Press, 1996.

[152] Larson, G S, & Pepper, G L. Strategies for Managing Multiple Organizational Identifications: A Case of Competing Identifications. Management Communication Quarterly, 2003 (16): 528 - 557.

[153] Lichtman, M. *Qualitative Research in Education: A user's guide*. Sage Publications, 2005.

[154] Locke, W, Cummings, W K, & Fisher, D (Eds.). Changing Governance and Management in Higher Education. The Perspectives of the Academy. Dordrecht: Springer, 2011.

[155] Malcolm, J, & Zukas, M. Making a Mess of Academic Work: Experience, Purpose and Identity. *Teaching in Higher Education*, 2009, 14 (5): 495 - 506.

[156] Martin, J. *Cultures in Organizations: Three Perspectives*. New York:

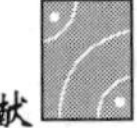

Oxford University Press, 1992.

[157] McCall, G P and Simmons, J L. *Identify and Interaction.* New York: Basic Books, 1978.

[158] MacDonald, G P. Theorizing University Identity Development: Multiple Perspectives and Common Goals. *High Education*, 2013, (65): 153 – 166.

[159] Mead, G H. *Mind*, *Self and Society.* Chicago: University of Chicago Press, 1934.

[160] Mead, G H, & Morris, C W. *Mind*, *Self & Society From the Standpoint of A Social Behaviorist.* Chicago, Ⅲ: The University of Chicago Press, 1934.

[161] Merriam, S B. *Qualitative Research and Case Study Applications in Education.* San Francisco: Jossey – Bass, 1998.

[162] O'Reilly, C A & J Chatman. Organizational Commitment and Psychological Attachment: The Effects of Compliance, Identification, and Internalization on Prosocial Behavior. *Journal of Applied Psychology*, 1986, 71 (3): 492 – 499.

[163] Palmer, P J. *The Courage to Teach*: *Exploring the Inner Landscape of a Teacher's Life* (1st e. d.). California: Jossey – Bass Inc, 1998.

[164] Phillipson, R. *Linguistic Imperialism.* Oxford: Oxford University Press, 1992.

[165] Pratt, M G, & Foreman, P O. Classifying Managerial Responses to Multiple Organizational Identities. *Academy of Management Review*, 2000, 25 (1): 18 – 42.

[166] Pratt, M G. Disentangling Collective Identity. In J. Polzer, E. Mannix, & M. Neale (Eds.), I*dentity Issues in Groups*: *Research in Managing Groups and Teams* (Vol. V, pp. 161 – 188). Stamford, CT: Elsevier Science, 2003.

[167] Reger, R K, Gustafson, L T, Demarie, S M, & Mullane, J V. Reframing the Organization: Why Implementing Total Quality is Easier Said Than Done. *Academy of Management Review*, 1994, (19): 565 – 584.

[168] Reis, D S. *Non-native English-speaking Teachers and Professional Legitimacy.* The Pennsylvania State University, 2010.

[169] Ricoeur, P. *Oneself as another* (K. Blamey, Trans.). Chicago:

University of Chicago Press, 1992.

[170] Valsiner, J. *The Guided Mind: A Sociogenetic Approach to Personality*. Cambridge, MA: Harvard University Press, 1998.

[171] Ricoeur, P. Narrative identity. In D. Wood (Eds). *On Paul Ricoeur: Narrative and interpretation*, 1991, pp. 188 – 189. London, New York: Routlege.

[172] Rousseau, D M. Why Workers Still Identify With Organizations. *Journal of Organizational Behavior*, 1998 (79): 217 – 229.

[173] Sanne F Akkerman, Paulien C Meijer. A Dialogical Approach to Conceptualizing Teacher Identity. *Teaching and Teacher Education*, 2011, 27 (2): 308 – 319.

[174] Schein, E. *Organizational Culture and Leadership: A Dynamic View*. San Francisco: Jossey – Bass, 1985.

[175] Skalen, P. New Public Management Reform and the Construction of Organizational Identities. *International Journal of Public Sector Management*, 2004 (17): 251 – 263.

[176] Stensaker B. *Organizational Identity as A Concept for Understanding University Dynamics. High Education*, 2015 (69): 103 – 115.

[177] Scott, S G, & Lane, V R. A Stakeholder Approach to Organizational Identity. *Academy of Management Review*, 2000 (25): 43 – 62.

[178] Somers, M R. Deconstructing and Reconstructing Class Formation Theory: Narrativity, Relational Analysis, and Social Theory. In J. R. Hall (Ed.), Reworking Class, 1997, pp. 73 – 105. Ithaca, London: Cornell University Press.

[179] Susanne G. Scott and Vicki R. Lane. A Stakeholder Approach to Organizational Identity. *The Academy of Management Review*, 2000, 25 (1): 43 – 62.

[180] Sue Clegg. Academic Identities Under Threat? . *BritishEducational Research Journal*, 2008, 34 (3): 329 – 345.

[181] Suo Huijun. *Understanding Organizational Identity From Ecological and Interpretive Perspectives: NGOS in Contemporary China*. Purdue University, 2013.

[182] Taylor P G. Making Sense of Academic Life. Buckingham: SRHE &

Open University Press, 1999.

[183] Tajfel, H, & Turner, J C. The Social Identity Theory of Intergroup Behavior. In S. Worchel & L. W. Austin (Eds.), *Psychology of Intergroup Relations*, 1986, pp. 7 – 24. Chicago: Nelson – Hall.

[184] Thomas L & Beauchamp C. Learning to Live Well as Teachers in a Changing World: Insights Into Developing a Professional Identity in Teacher Education. *The Journal of Educational Thought* (*JET*), 2008, 41 (3): 229 – 243.

[185] Thomas G & Reio Jr. Emotions as A Lens to Explore Teacher Identity and Change: A Commentary. *Teaching & Teacher Education*, 2005, 21 (8): 985 – 993.

[186] Tichy, N M and Devanna, M A. *The Transformational Leader*, New York: John Wiley & Sons, Inc., 1986.

[187] Trow, M. Departments as Contexts for Peaching and Learning. In D. E. McHenry (Ed.), *Academic Departments*, 1977, pp. 12 – 33. San Francisco: Jossey Bass Publisher.

[188] Trow, M Trust. Markets and Accountability in Higher Education: A Comparative Perspective. *Higher Education Policy*, 1996 (4): 309 – 324.

[189] Van Dick, R. Identitication in Organizational Contexts: Linking Theory and Research From Social and Organizational Psychology. *International Journal of Management Reviews*, 2001, 3 (4): 265 – 283.

[190] Varghese, M, Morgan, B, Johnston, B, & Johnson, K A. Theorizing Language Teacher Identity: Three Perspectives and Beyond. *Journal of Language, Identity, and Education*, 2005, 4 (1): 21 – 44.

[191] Von Dick R. Identification in Organizational Contexts: Linking Theory and Research From Social and Organizational Psychology. *International Journal of Management Reviews*, 2001, 3 (4): 265 – 283.

[192] Volkmann, M J, Anderson, M A. Creating Professional Identity: Dilemmas and Metaphors of A First-year Chemistry Teacher. *Science Education*, 1998, 82 (3): 293 – 310.

[193] Weick, K E. *Sensemaking in organizations*. London: Sage Publications, 1995.

[194] Whetten, D A and Mackey, A. A social Actor Conception of Or-

ganizational Identity and its Implication for the Study of Organizational Reputation. *Business and Society*, 2002, (41): 393 –414.

[195] O'Reilly, C A, Chatman, C, & Caldwell, D F. People and Organizational Culture: A Profile Comparison Approach to Assessing Person-organizational Fit. *Academy of Management Journal*, 1991, 34 (3): 487 –516.

后　记

本书是在笔者博士论文的基础上修改而成的。作为一个在职博士生，工作以后的读书和学习总会受到很多羁绊。在北大 8 年的时光一晃而过，但岁月的痕迹依稀还留在心间，8 年时光漫长而又短暂，岁月辗转成歌，时光流逝如花。在北大求学读书的 8 年对我来说是苦中作乐，能有这样的机会与她相识，是我一生的荣幸。她不但给予了我获取知识的机会，还了却了我的一桩心愿，让我在滚滚红尘中获得了些许宁静与思考，让我对于未来也更加充满了希望，与她同行，此生无悔。

最要感谢的就是我的导师马万华教授，马教师曾在美国康奈尔大学求学生活十几年，她身上不但具有中国文化的含蓄与美德，同时还有西方文化的求实与率真，能够成为她的学生是我人生的一大幸事。而如今北大教育学院已不再招收在职的全日制 Ph. D 学生，我又感到自己当时是多么的幸运。我依然清晰地记得 8 年前决定要报考北大的时候忐忑地给马教师写了一封信，没想到很快就收到了马教师的回信："欢迎报考，好好努力。"寥寥数字却秋光满纸，使人倍感振奋。回首读书的历程，马教师循循善诱的指导仍历历在目；教师崇高的品格和渊博的知识让我受益匪浅；教师严谨的学风、深邃的思想和睿智的思维，使我总是充满景仰和敬佩。一路走来，酸甜苦辣自有体会，如果没有教师的鼓励，我可能早已半途而废，每次在我毫无头绪，情绪失落，快要放弃的时候，总能想起教师的话，"不着急，你既要工作又要读书，不要有太大压力，坚持下去，不要放弃"，话语不多，但总能让我感觉如沐春风，自信满满。

感谢北大教育学院，给予我一个自由、宽容、兼容并蓄的学术成长环境，这里的教师们博学、谦逊，感谢这里给我启迪的教授和学者们，让我感受群星闪烁，星光灿烂。我得到了陈洪捷教授、陈向明教授、阎凤桥教授、文东茅教授、郭建如教授、蒋凯教授、刘云杉教授、施晓光教授、岳昌君教授、沈文钦副教授、展立新副教授、林小英副教授、张冉副教授的教诲，是他（她）们精深的思想扩大了我的理论视野，启迪了我的理论思维，让我终身受益无穷，在此，对这些教师的付出深表感谢。

写作的过程是艰辛的。许多看似简单的问题，可一旦涉及其中，方能感到其理论上的难度和分析中的复杂，写作进展缓慢，尤其是像我这样有自己的教学工作，每周担任很多教学课程的“学生”来说，写作过程愈显艰难，修修改改，断断续续，持续了好几年的时间，思路几经打断，又重新捡起；这也充分说明了我个人的思路短浅、内心浮躁、无法聚焦，使我真正体会到了治学的不易，也感悟到了治学的真正涵义。同时真诚地感谢本书中所有的受访教师、同事和领导，如果没有他们，本书无法完成，在此我无法一一说出他们的名字，但是这份名单我会深刻于心。

最后，应感谢我的亲人们，至亲至爱无法言表，唯有铭记在心，是他们默默地奉献和无私的爱给予了我无尽的慰藉。他们永远是我学习、工作和生活的支柱和前进的动力。

感谢自己的这份经历、陪伴和坚持，唯有心存感激，栉风沐雨而砥砺前行。

温剑波

2018 年 1 月于燕园